FEST-NOZ
SUR
LE NIL

Aux Éditions Alain Bargain

Dans la collection

ENQUÊTES ET SUSPENSE :

Michel Renouard
- La Java des voyous
- Les castrats de Bombay
- Requiem sur le campus
- Le bouillon de minuit *(épuisé)*
- La farine du Diable *(épuisé)*
- La Vénus de Malifeu

Jean-Christophe Pinpin
- Qui voit Groix voit sa croix
- Qui voit Sein voit sa fin *(épuisé)*
- Qui voit Ouessant voit son sang
- Qui voit Belle-Ile voit son île *(épuisé)*
- Qui voit Molène voit sa peine
- Toulouse au bout du siècle *(épuisé)*
- Traque à Hoëdic *(épuisé)*

Aux Éditions Alain Bargain

Dans la collection ***POL'ART :***

Serge Le Gall
- Sombre dessein à Pont-Aven
- Meurtres du côté de chez Proust
- Eaux-fortes à Sainte-Marine
- Ciel rouge au Pouldu

Loïc Gourvennec
- Le râle du basson

Yves Horeau
- Monsieur Butterfly

Renée Bonneau
- Nature morte à Giverny *(épuisé)*
- Séquence fatale à Dinard *(épuisé)*
- Sanguine sur la Butte

Stéphane Jaffrézic
- Toiles de fond à Concarneau
- Le Rubis de Châteauneuf-du-Faou

Cet ouvrage de pure fiction n'a d'autre ambition que de distraire le lecteur. Les événements relatés ainsi que les propos, les sentiments et les comportements des divers protagonistes n'ont aucun lien, ni de près, ni de loin, avec la réalité, et ont été imaginés de toutes pièces pour les besoins de l'intrigue. Toute ressemblance avec des personnes ou des situations existant ou ayant existé serait pure coïncidence.

Michèle CORFDIR

FEST-NOZ SUR LE NIL

Collection

ENQUÊTES & SUSPENSE

Quadri Signe - Editions Alain Bargain
125, Vieille Route de Rosporden - 29000 Quimper
E-mail : editions.alain.bargain@wanadoo.fr
Site Internet : http://pagesperso-orange.fr/editions.bargain

— ÉGYPTE —

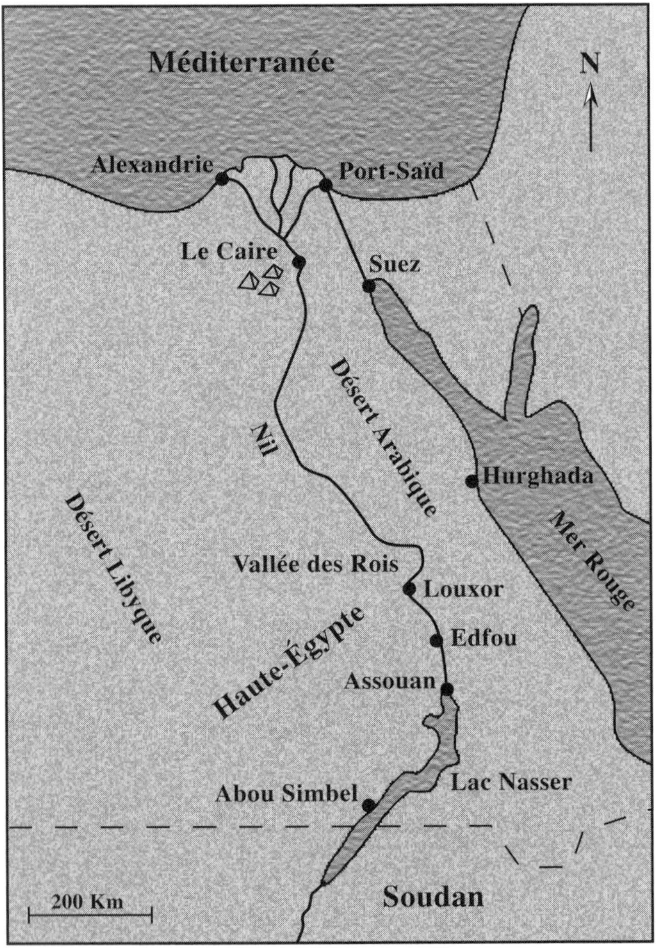
Méditerranée
N
Alexandrie
Port-Saïd
Le Caire
Suez
Désert Arabique
Nil
Hurghada
Désert Libyque
Mer Rouge
Vallée des Rois
Louxor
Haute-Égypte
Edfou
Assouan
Lac Nasser
Abou Simbel
200 Km
Soudan

Aux Éditions Alain Bargain

Dans la collection
ENQUÊTES ET SUSPENSE :

Michèle Corfdir
- Le Crabe
- Mortel Hiver sur le Trieux
- Chasse à corps à Bréhat
- Larmes de fond ou le retour du crabe
- Vent contraire à Loguivy-de-la-Mer
- Herbes amères à Belle-Isle-en-Terre
- Il court, il court, le furet des Abers
- Fest-Noz sur le Nil

Françoise Le Mer
- Colin-maillard à Ouessant
- La Lame du Tarot
- Le Faucheur du Menez-Hom
- L'Oiseau noir de Plogonnec
- Blues Bigouden *à l'Île-Chevalier*
- Les Santons de Granite rose
- Les Ombres de Morgat
- Le Mulon rouge de Guérande
- L'Ange de Groix
- Buffet froid à Pouldreuzic

Chaix d'Est-Ange
- La filière d'Arradon
- La petite dame de Locminé
- Ratissage dans le golfe
- L'Écluse de Malestroit
- Copie conforme à Larmor-Baden
- Les Truands de Saint-Goustan
- Coup de barre à Étel
- Vilaine affaire à La Roche-Bernard
- Perfusion à Quiberon

Gisèle Guillo
- Dernier rendez-vous à Vannes
- Du Léman au Morbihan *(épuisé)*
- Tempête à Quiberon
- La Belle de Carnac
- Le Saigneur de Quimper
- Vol de pigeons à Arradon
- Cash-cash au Crouesty

Martine Le Pensec
- Onde de choc sur Fermanville
- Angoisse sur Penmarc'h
- Lumière noire sur la Penfeld
- Printemps funeste à Brest
- Treizième lune à Concarneau

Anne-Soizic Loirat
- Lorient l'interdite

Anne-Solen Kerbrat-Personnic
- "Mi Amor" à Rochefort
- Jour maudit à l'Île-Tudy

Firmin Le Bourhis
- La neige venait de l'Ouest *(épuisé)*
- Les Disparues de Quimperlé
- La Belle Scaëroise
- Étape à Plouay
- Lanterne rouge à Châteauneuf-du-Faou
- Coup de tabac à Morlaix
- Échec et tag à Clohars-Carnoët
- Peinture brûlante à Pontivy
- En Rade à Brest
- Drôle de chantier à Saint-Nazaire
- Poitiers, l'affaire du Parc
- Embrouilles briochines
- La Demoiselle du Guilvinec
- Jeu de quilles en Pays Guérandais

Serge Le Gall
- La secte de l'Aven
- Sables mouvants à Bénodet
- La Douarneniste et le Commissaire
- Corps-mort à l'Île-de-Batz
- Traque noire à Audierne
- Fugue mortelle en RÉ
- Le moine rouge de Carantec
- La Sirène de Port Haliguen

Christophe Chaplais
- Pâté de Corbeau aux amandes amères
- Le calisson jusqu'à la lie
- Farz aux herbes de Portsall
- Addition salée au Croisic
- Salade russe aux noix de Grenoble
- Fourchette mortelle à Chinon

Philippe-Michel Dillies
- Meurtres à Monnaie
- Chasse à Tours
- Train d'enfer pour Saint-Pierre-des-Corps
- Les roses noires de Chartres
- Du raisiné à Vouvray
- Partie truquée à Descartes

Bernard David-Cavaz
- Traboules
- La Fille de Sein

Aux Éditions Alain Bargain

Dans la collection
ENQUÊTES ET SUSPENSE :

Annie Le Coz
- Les Maudits de Kérogan *(épuisé)*
- Plumes sèches à Beg-Meil
- Quimper sonne les cloches
- "Caval" à Saint-Guénolé
- "Clap" de fin à Langolen
- Mortelle Bigoudène

Simone Ansquer
- Téviec, le Secret
- Aux tours de La Rochelle

Lise Tiffanneau-Midy
- Sortie de route en Anjou
- Vengeance sur la Corniche Angevine

Solenn Colléter
- Lettres de sang sur la Côte Sauvage

Marie-Françoise Marchal
- Frissons en Morbihan *(épuisé)*

Jean-Pierre Bathany
- Camaret au Vitriol
- Double Je Nantais
- Été show à La Baule
- La Veuve Noire de Pornic

Patrick Bent
- Erquy profite le crime
- Le macchabée du Val-André
- Saint-Cast priez pour eux !
- Hécatombe à Saint-Malo

Stéphane Jaffrézic
- Chili-Concarneau
- Ville bleue et beaux dégâts
- Disparitions en Pays Fouesnantais

Alex Nicol
- Mystères en Finistère
- Ça bombarde chez les Bigoudens
- Mise en Bière à Sainte-Marine
- Le Tsar de Bénodet

Bernard Morin
- Trahison à Guerlédan

Jacques Caouder
- L'Occise des Landes
- L'Évadée de Brennilis
- Le Mort de Brest-Les Abers *(épuisé)*
- La Troménie noire
- Rumeurs mortelles à St-Renan *(épuisé)*

Jean-Pierre Farines
- Brume sur la Presqu'île

Sylvain Pettinotti
- Manzini ou "L'art des choix"
- Réactions en chaîne en Isère

Christophe Gontard
- Dernière danse en Trièves

Michel Courat
- Ça meurt sec à Locquirec

Jean-Jacques Gourvenec
- Chasse au congre à Lannilis
- Scénario macabre à Saint-Pabu
- Sortilèges au Conquet

Jean-Pierre Le Marc
- Matin rouge au Guilvinec
- Soirées noires à Penmarc'h
- Double vie à Loctudy *(épuisé)*
- Signes de sang à Lesconil

Cédric Labb
- Les Démons du Midi
- Les Muses de Savoie

Luc Calvez
- Le fils du Tigre
- Les Graffeurs du Ponant

Patrice Rousseau
- Le faussaire de Pont-l'Abbé *(épuisé)*

Jérôme Lucereau
- Anévrisme
- Chef-d'œuvre meurtrier à Lorient *(épuisé)*
- L'affaire Callac *(épuisé)*

René Le Clech
- Baston chez les voileux

Jean-Luc Le Pache
- Bréhat-culpa *(épuisé)*

Philippe Lepeuple
- Samba ni loi en pays nantais
- Poulets de Brest *La mauvaise farce* *(épuisé)*

Bruno Ségalotti
- Filouteries en Côtes-d'Armor *(épuisé)*
- La Phalange de l'Argoat
- Breizh Connection *(épuisé)*

Yves Horeau
- Une retraite pas très spirituelle *(épuisé)*

« Le mal, à vrai dire, gagne des richesses,
Mais la force de la Vérité-Justice est qu'elle dure… »

Ptahhotep - V[e] dynastie env. 2500 av. JC.

PREMIÈRE PARTIE

HAUTE-ÉGYPTE

VOIES NOUVELLES - VOYAGES
Vous propose
TRÉSORS de L'ÉGYPTE
Un séjour inoubliable aux sources de la civilisation

Pour découvrir l'Égypte, berceau de l'humanité, "Voies Nouvelles" a organisé pour vous cinq jours de croisière au fil du Nil, de Louxor à Assouan, ainsi que la visite d'Abou Simbel et du Caire. Un voyage exceptionnel au pays des pharaons.

Nos points forts :

- *Un voyage en petit groupe, pas plus de douze personnes*
- *Un guide égyptologue confirmé*
- *Un bateau et un minibus confortables et entièrement climatisés*
- *Un itinéraire où alternent visites des sites et moments de détente*
- *La possibilité de prolonger votre séjour au Caire ou sur la Mer Rouge.*

PROGRAMME

PREMIER JOUR - BREST-LOUXOR
Envol de Brest. Arrivée à Louxor. Accueil et installation à votre hôtel.

DEUXIÈME JOUR - LOUXOR
Le matin, visite du temple de Karnak. Embarquement sur votre bateau. Déjeuner. Après-midi, visite du temple de Louxor. Dîner et nuit à bord.

TROISIÈME JOUR - LOUXOR
Visite de la Vallée des Rois, du temple funéraire d'Hatshepsout et arrêt aux Colosses de Memnon. Déjeuner à bord. Après-midi libre puis promenade en calèche dans les souks de Louxor. Dîner à bord. En soirée, départ pour les écluses d'Esna.

QUATRIÈME JOUR - EDFOU
Navigation vers Edfou, temps libre sur le bateau. À Edfou, visite du temple d'Horus puis navigation vers Assouan.

CINQUIÈME JOUR - ASSOUAN
Le matin, visite du Haut Barrage puis embarquement pour l'île de Philae et visite du temple d'Isis. Après-midi, promenade en felouque autour des îles Éléphantines et visite du jardin botanique de Lord Kitchener. Dîner et soirée à bord.

SIXIÈME JOUR - ABOU SIMBEL - LE CAIRE

Départ très tôt en autocar vers Abou Simbel. Visite des temples de Ramsès II et de Néfertari. Transfert à l'aéroport. Après-midi, arrivée au Caire et installation à votre hôtel puis promenade dans le souk de Khan el-Khalili. Dîner à l'hôtel.

SEPTIÈME JOUR - LE CAIRE-BREST

Le matin, visite du plateau de Saqqara et des pyramides de Guizèh. Déjeuner à l'hôtel. Après-midi, en fonction des horaires de vol, transfert et enregistrement à l'aéroport du Caire puis envol à destination de Brest.

Jean Rouault parcourut le programme d'un œil sceptique. Un voyage organisé… c'était bien la dernière chose à laquelle il aurait songé, il y a quelques mois encore ! Mais il arrive que les circonstances vous forcent un peu la main. Des congés à prendre, une rentrée d'argent inattendue, à quoi s'ajoutait le projet toujours reporté d'une visite à leurs amis Aïcha et Mahmoud Salah, au Caire.

Lorsqu'il lui en avait parlé, Elsa avait tout de suite été d'accord. L'offre que proposait le tour-opérateur "Voies Nouvelles", sur Internet, était alléchante. Elle trouvait le voyage un peu court mais cela serait compensé par la semaine supplémentaire qu'ils comptaient passer au Caire. Leur décision prise, ils en avaient aussitôt informé l'agence, envoyé leur chèque et prévenu les Salah de leur arrivée, en juin

2007. Ceux-ci avaient répondu qu'ils les attendaient avec impatience et les invitaient à loger chez eux, autant qu'ils le voudraient.

« On verra dès demain si le programme proposé tient ses promesses », songea Jean en remettant le prospectus dans la pochette où étaient rangés tous les papiers, cartes et dépliants concernant leur séjour en Égypte. Puis il jeta un coup d'œil par-dessus son épaule. La chambre était plongée dans la pénombre car il avait posé une serviette sur la lampe de bureau. Éprouvée par le brutal écart des températures, Elsa dormait dans un des lits jumeaux. Elle lui tournait le dos et avait tiré sur elle le drap et une légère couverture. La climatisation ronronnait et la température de la pièce ne devait pas dépasser les vingt degrés.

Jean n'avait pas sommeil. Il n'était d'ailleurs pas tard, mais la nuit qui tombait beaucoup plus tôt qu'en Bretagne, avait surpris tout le monde. En outre, il se sentait l'estomac creux, le repas servi dans l'avion était digéré depuis longtemps.

Il appela sa femme à voix basse et, comme elle ne bougeait pas, il décida d'aller manger un morceau au grill de l'hôtel. Il en profiterait pour faire un petit tour dans le parc. Découvrir un jardin de nuit, a toujours beaucoup de charme... les allées dont on ne devine pas le bout, les sommets des arbres qui se perdent dans l'obscurité, les ombres que l'on croise. Et les parfums, surtout les parfums... ceux qu'Elsa avait reconnus en arrivant, jasmin, rose, oranger, gardénia, et tous les autres qu'elle avait respirés en fermant les yeux. Jean l'avait prise par l'épaule et c'est alors qu'elle lui avait avoué sa lassitude et son envie d'aller se coucher.

— N'oublions pas que demain, nous nous levons à six heures. La visite de Karnak à l'aube... je n'en espérais pas tant !

La porte vitrée coulissa automatiquement et Jean reçut en plein visage la chaleur de la nuit. La différence de température était saisissante.

Il fit quelques pas et s'enfonça dans un monde tropical, épais et dense, où se mêlaient des odeurs de feuillage et de fruits trop mûrs. Quel bonheur après les couloirs glacés, la lumière aveuglante et le marbre de l'hôtel !

Sur sa gauche, entre le bâtiment et la piscine, il aperçut des tables et des gens qui mangeaient. Un peu plus loin, se dressait un barbecue d'où montaient des odeurs de viandes grillées.

Il chercha des yeux une place libre mais, apparemment, il n'en restait plus. Il allait s'adresser à un serveur lorsqu'il vit un homme se lever et lui faire un signe de la main.

— Venez ! Je crois que nous appartenons au même groupe... Si vous cherchez une place, je vous en prie, asseyez-vous avec nous !

— C'est très aimable, j'accepte volontiers.

— Vous voyagez avec Voies Nouvelles... je ne me trompe pas ?

— Exactement !

— Dans ce cas, permettez que je me présente, Gaston Leroy... Voici ma femme Mélanie et une amie de longue date, Christine Gaudin.

Puis il se tourna vers un couple âgé, assis en bout de table.

— Deux autres participants dont nous venons de faire la connaissance... Roberto et Antonia, si je me souviens bien.

Le vieil homme acquiesça d'un hochement de tête et sa femme ébaucha un sourire poli. Jean serra la main de chacun, puis se commanda une brochette d'agneau et une bière.

— Prenez une Saqqara, une excellente marque locale, fit Gaston avant d'ajouter un peu plus bas : excusez ma curiosité mais j'ai cru remarquer que vous ne voyagiez pas seul...

— En effet, je suis avec ma femme. Elle se sentait fatiguée et s'est couchée, il y a une demi-heure.

— La chaleur sans doute, fit Mélanie d'une voix pointue.

— Probablement. Il faut avouer qu'il y a une sacrée différence de température, entre Brest et Louxor ! Ça cause un choc quand on débarque.

— C'est vrai ! Mais après le printemps pourri que nous avons eu, qui s'en plaindrait ?

— Il faut savoir, intervint Christine Gaudin, qu'en Haute-Égypte le climat est désertique et qu'au mois de juin, le thermomètre monte facilement jusqu'à quarante degrés à l'ombre. Cette information figure dans tous les catalogues. Ceux qui supportent mal la chaleur ont intérêt à choisir une autre période !

— Notre amie sait de quoi elle parle ! Elle était prof de géographie dans un lycée de Quimper, crut bon d'ajouter Gaston Leroy.

Jean hocha poliment la tête. Il n'éprouvait aucune sympathie pour ce trio. En fait, ils étaient exactement le genre de personnes qu'Elsa et lui tenaient toujours à distance. Il se demandait comment échapper à l'étude comparée des climats français et égyptien que sa voisine s'apprêtait à lui infliger, lorsque le serveur vint à son secours en déposant sa commande devant lui. Il marmonna quelques mots d'excuse et se mit à dévorer sa brochette et le pain qui l'accompagnait. Tout en mangeant, il écouta d'une oreille distraite ce qui se racontait autour de lui. Il apprit ainsi que Gaston et Mélanie Leroy possédaient une petite entreprise d'accastillage sur le port de commerce de Brest, que Christine Gaudin était divorcée, et que les deux personnes âgées étaient d'origine italienne. Ils en avaient d'ailleurs gardé un léger accent.

— J'ai bien l'impression que la table qui se trouve derrière nous, au bord de la piscine, est occupée par des membres de notre groupe, dit soudain Gaston à mi-voix. Ils étaient dans le car qui nous a amenés de l'aéroport, et ils parlent français… Nous devrions peut-être aller les saluer.

— Il n'y a pas plus sociable que mon mari ! fit Mélanie d'un ton réprobateur, toujours en train de vouloir nouer des relations avec les gens.

Jean jeta un bref coup d'œil en direction de la piscine. À la table en question, il aperçut deux hommes d'âge moyen et un couple assez jeune. Ni les uns ni les autres ne paraissaient faire attention à ce qui les entourait. Il haussa les épaules et, brusquement, il se sentit épuisé. La journée avait été longue et demain, le réveil sonnerait de bonne heure. Il se leva pour prendre congé et toute la tablée l'imita. Le vieux couple s'éloigna, bras dessus bras dessous, et disparut dans une allée obscure. Les trois autres se dirigèrent vers le bar.

Jean respira les effluves capiteux des fleurs inconnues puis alla jusqu'à la porte coulissante qui s'ouvrit en chuintant, et il retrouva l'atmosphère glaciale et étincelante des couloirs de l'hôtel.

— Je me demandais où tu étais passé... fit Elsa en redressant la tête.

— Une petite faim qui s'est transformée en fringale. Je suis sorti manger une grillade, près de la piscine.

— Il ne faisait pas trop chaud ?

— Oh moi, tu sais, la chaleur, je ne la remarque même pas !

— J'espère que je m'y accoutumerai. Ce serait dommage qu'elle m'empêche de profiter de notre voyage.

— Après une bonne nuit de sommeil, tu la supporteras mieux. En outre, il y aura la clim partout, cela te permettra de récupérer.

Jean s'assit au bord du lit.

— Tout ira bien, tu verras ! Ton coup de barre de tout à l'heure n'était dû qu'à la fatigue, au stress et à ta peur de l'avion.

— Oui, probablement… Tu as rencontré des gens de notre groupe ?

— Oui, ils m'ont d'ailleurs invité à leur table.

— Intéressants ?

— Non, pas vraiment… Un couple de Brestois, la cinquantaine satisfaite, et une de leurs amies. Des parvenus… Ça m'étonnerait que tu sympathises avec eux. Il y avait aussi un couple de personnes âgées.

— Très âgées ?

— Dans les quatre-vingts ans. Je me demande comment ils vont supporter le cagnard. Je n'ai pas eu l'occasion de leur parler, ils avaient l'air de vouloir demeurer sur leur quant-à-soi.

— Personne d'autre ?

— Non. Mais je ne suis resté au grill que le temps de manger ma brochette et de boire une bière… Demain, nous aurons tout le temps de faire connaissance avec les autres membres du groupe.

*

Roberto Grazzi jeta un coup d'œil oblique à sa femme. La main qu'elle appuyait sur son avant-bras se faisait plus lourde, ses doigts se crispaient autour de son poignet sans qu'elle en eût conscience. Elle devait être exténuée. Mais il savait que la force qui la maintenait debout ne faiblirait pas. Elle avait tenu à venir ici. Elle avait fait le nécessaire pour en être capable. Ce voyage était l'aboutissement d'une promesse, et Tonia ne trahissait jamais ses promesses.

Roberto la regarda et songea que, dans cette allée obscure, éclairée de loin en loin par des spots cachés dans la verdure, le visage émacié de sa femme ressemblait étrangement à celui d'une momie. Sa peau se parcheminait, ses yeux s'enfonçaient dans leurs orbites, ses cheveux blancs semblaient flotter autour de son crâne. La vieillesse, le chagrin... pensa-t-il en éprouvant pour elle une immense compassion.

Marchant à pas lents, ils avaient laissé derrière eux la piscine aux éclats bleus. Le bruit des voix et la musique d'ambiance s'estompaient. Le parfum des fleurs était étourdissant mais Tonia, d'ordinaire si sensible aux odeurs, ne paraissait pas s'en apercevoir. Elle avançait le dos droit, la tête haute, le regard planté dans la nuit. Et Roberto se disait que, malgré son âge et son apparente fragilité, sa femme demeurait quelqu'un d'inébranlable.

— Cara mia, n'as-tu pas envie de monter te coucher ? Le voyage ne fait que commencer... Qui veut aller loin ménage sa monture.

Tonia s'arrêta et se tourna vers son mari. Avec les années, il avait tendance à se tasser et, depuis quelque temps, il était nettement plus petit qu'elle. Mais toujours costaud et râblé comme un paysan des Abruzzes dont il était originaire.

— La seule chose que je craigne ici, ce sont les ennuis gastriques, et je sais comment m'en prémunir :

soupe, pain, œufs durs, thé et eau minérale… voilà tout ce que j'avalerai tant que je serai en Égypte !

— Ma pauvre amie ! Comment tiendras-tu debout avec un régime pareil ?

Tonia se mit à rire en lui tapotant gentiment la main.

— Je sais bien que ce serait une punition épouvantable pour toi ! Mais tu me connais, je n'ai jamais été portée sur les plaisirs de la table.

— Tu vas te faire remarquer.

— Oh ! À notre âge, toutes les excentricités sont permises. Et je peux toujours prétendre que ce sont des prescriptions médicales. Qui oserait me contredire ?

Ils avaient repris leur promenade qui les ramenait lentement vers l'hôtel.

— Que penses-tu des gens qui mangeaient à notre table ? Pour ma part, j'ai trouvé le Brestois tout à fait déplaisant. Je ne supporte pas cette convivialité forcée… Pourquoi faut-il toujours que certains se croient obligés de jouer les meneurs de jeu ?

— Il n'amusait que les deux femmes qui l'accompagnaient. L'homme qui est arrivé plus tard n'avait pas l'air de l'apprécier, lui non plus.

Tonia acquiesça puis, lâchant le bras de son mari, elle fit quelques pas en avant. Sa silhouette se découpa en ombre chinoise dans la lumière d'un spot. Mince, élégante, racée… telle qu'elle avait toujours été.

— Il est temps de regagner notre chambre maintenant, insista Roberto. Demain, la diane est à six heures. Karnak au lever du jour… ne me dis pas que tu ne te réjouis pas de voir ça ! Je ne te croirais pas.

La vieille dame se retourna et tendit ses mains vers lui.

— Bien sûr que si, Roberto !

Dans la pénombre, il crut voir un sourire monter à ses lèvres.

— Mon Dieu ! Sens-tu ce parfum ? dit-elle soudain en renversant la tête. De quel buisson vient-il ?

Elle inspira à fond plusieurs fois.

— Quelle est la plante qui embaume ainsi ?

— J'ai lu dans un prospectus du Winter Palace que ce parc était connu pour contenir près de cent cinquante essences d'arbres et de plantes. Profites-en bien parce que, demain à midi, nous embarquons à bord du Nile Horus. Et à partir de là, finis les jardins exotiques !

*

Agnès Trudeau contempla son visage dans le miroir de la salle de bains. Il n'y avait pas de quoi pavoiser… À trente-cinq ans, elle voyait déjà à quoi elle ressemblerait quand elle en aurait soixante. Évidemment, l'éclairage au néon n'avantage jamais le teint, mais les rides étaient bien réelles et l'expression désabusée du regard aussi.

Elle passa ses doigts dans ses cheveux coupés court. Dieu merci, ceux-ci ne la trahissaient pas encore. Cela viendrait. Forcément. Mais pour le moment, le vrai désastre résidait dans ses traits qui tombaient, dans la tristesse de sa bouche… Qui n'aurait fui une aussi morne figure ? Pas étonnant que, où qu'elle aille, nul ne semblait désireux de lier connaissance avec elle. Pas plus les hommes que les femmes.

Autrefois, elle s'en moquait parce qu'elle avait Florence, sa jumelle. Mais cette partie d'elle-même lui avait été arrachée et elle ne s'en était jamais remise. Rien ne comblait le vide insoutenable qu'elle portait en elle. Ni les voyages ni les liaisons ni le travail. Les heures d'entraînement et de musculation, les exercices forcenés auxquels elle soumettait son corps demeuraient sans effet, puisque la moitié d'elle-même n'existait plus et que l'autre était anesthésiée par les efforts surhumains qu'elle faisait pour ne pas crier sa douleur, partout où elle allait.

Agnès plongea les mains dans le lavabo et rinça le linge qu'elle avait mis à tremper. Puis elle se regarda à nouveau dans le miroir et secoua la tête. Pourquoi ressasser sans cesse la même histoire, surtout maintenant qu'elle allait peut-être pouvoir s'en libérer ?

Sa petite lessive terminée, elle suspendit son soutien-gorge et son slip à la tringle du rideau de douche. Demain, grâce à la clim, ils seraient secs. Elle retourna ensuite dans la chambre où sa valise n'était pas défaite puisqu'elle ne passerait qu'une nuit dans cet hôtel.

Elle n'avait pas sommeil, pas envie non plus de se rendre au restaurant ou de faire une balade dans le parc.

Sa solitude la démoralisait mais l'idée de rencontrer des gens aussi. Elle avait envie de fumer une cigarette, accoudée à sa fenêtre en respirant les parfums du jardin. Seulement, à cause de la climatisation, on ne pouvait ouvrir la vitre.

Agnès poussa un soupir excédé. Qu'est-ce qu'elle était venue faire ici, pour l'amour du ciel ? Qu'est-ce qu'elle espérait ?

C'est alors qu'elle sentit naître, au fond de sa gorge, un début de soif. Naturellement, il n'était pas question de boire l'eau du robinet, tout le monde l'avait mise en garde... Au bout de quelques minutes, sa soif qui augmentait lui parut être un motif suffisant pour s'habiller et quitter sa chambre.

Quand elle arriva au bord de la piscine, elle s'aperçut que toutes les tables du restaurant étaient occupées. La plupart des femmes portaient des bijoux et des robes élégantes alors qu'elle n'avait revêtu qu'une espèce d'ample pyjama jaune paille qui dissimulait son corps d'athlète et sa carrure masculine. D'un pas décidé, elle alla s'asseoir au bar où elle commanda une boisson et alluma une cigarette.

*

— Vous avez remarqué la grande bringue qui vient de siffler deux whiskies, juste à côté de nous ? Je n'en suis pas sûr mais j'ai bien l'impression qu'elle fait partie de notre groupe, dit Vincent Even à mi-voix.

Michel Lucas se retourna, le temps d'apercevoir une femme en jaune qui s'éloignait dans la nuit.

— Qu'est-ce qui vous permet croire ça ?

— Elle parle français.

— Elle n'est pas la seule ! La moitié des clients de l'hôtel ont l'air d'être francophones.

— Elle se trouvait près de moi, dans l'autocar, et j'ai remarqué que sa valise portait une étiquette "Voies Nouvelles."

— Vous avez l'œil ! Notez que, si elle vous intéresse, je vous la laisse volontiers. Je n'ai aucun penchant pour ce genre de femme.

— Moi non plus ! D'ailleurs, à mon avis, c'est une lesbienne.

— Oui, je le pense aussi.

Les deux hommes vidèrent leurs verres puis se séparèrent. Alors que Michel Lucas gagnait l'entrée de l'hôtel, Vincent Even longea la piscine et prit l'une des allées qui se perdaient dans le fouillis végétal du parc. Il marcha lentement, croisa des ombres qui, comme lui, semblaient suivre d'improbables itinéraires, respira la bruine projetée par les tourniquets d'arrosage. Il allait revenir sur ses pas lorsqu'il ressentit une brûlure intense, au niveau de l'estomac. Était-ce le poulet aux piments qui ne passait pas ou son anxiété chronique qui faisait encore des siennes ? Une brusque envie lui vint de courir jusqu'à sa chambre, boucler sa valise, retourner à l'aéroport et prendre le premier avion en partance pour la France. Mais cela n'aurait rien résolu. Il avait suffisamment hésité et réfléchi… Maintenant, il ne pouvait plus reculer. Puis il tenta de se calmer en se disant que cette soirée était une veillée d'armes, probablement le moment le plus dur à supporter. Demain, les choses s'enclencheraient, il serait pris dans le mouvement, tout serait plus facile.

Il respira à fond en essayant de vider son esprit et de détendre ses muscles, comme le lui avait appris son professeur de sophrologie. Peu à peu, il sentit son corps se relaxer et il prit conscience des senteurs de la nuit. Suaves, exquises. Il ferma les yeux, inspira plusieurs fois et finit par percevoir, derrière la perfection des parfums, un infime relent de pourriture, manière de rappeler que rien n'est éternel et que les plus belles fleurs sont vouées à flétrissure et à la décomposition.

Vincent se laissait envahir par un désenchantement assez agréable, lorsqu'un rire de femme éclata dans l'obscurité.

Il se raidit comme s'il venait de surprendre une scène qu'il n'aurait pas dû voir. Puis il fit demi-tour et rentra à l'hôtel d'un pas pressé.

*

— Mon chéri ! S'il te plaît… ce n'est pas le moment. Il y a plein de gens qui se baladent dans ce jardin, sans qu'on les voie… Je sais bien qu'il fait nuit, qu'il fait chaud et qu'on est en vacances mais…

— J'ai envie de toi !

— Moi aussi… seulement, l'idée qu'on puisse nous surprendre…

— Tu l'as dit toi-même, il fait nuit noire.

— Qu'on puisse nous entendre…

— Barbara ! Arrête ! Je vais finir par croire que tu cherches un prétexte pour ne pas…

— Allons dans notre chambre !

— Non ! C'est ici et maintenant que j'ai envie de faire l'amour. Et je ne vois pas ce qui nous en empêcherait.

— Bien sûr, Arnaud… Mais, je n'y arrive pas.

— Tu frissonnes ? Tu frissonnes alors qu'on crève de chaud ?

— C'est… c'est nerveux.

— Je ne comprends pas. Avant, tu ne faisais pas tant d'histoires. Baiser dans les fougères ne t'a jamais gênée.

— Oui mais…

— Barbara, laisse-moi ! Laisse-moi !

Nuit noire où rôde le parfum des fleurs. Bouffées intenses ou ténues qui vont et viennent, en voiles invisibles.

Là-haut, très haut derrière les palmes, scintillent les étoiles, milliards d'insectes qui grouillent et qui stridulent.

La peau du dos contre un tronc rugueux. Le corsage décolleté et les bretelles qui tombent. La jupe qui remonte et le chignon qui croule. Le souffle qui s'accélère. Bouche ouverte, tête levée… Là-haut, très haut, fourmillent d'innombrables crochets, élytres, mandibules… à des années-lumière du parc obscur où les mains d'Arnaud, le sexe d'Arnaud n'existent que pour Barbara. Barbara qui renverse la tête et contemple l'espace infini où brillent les étoiles.

*

Assis au bar du Winter Palace, Raphaël Boutros prenait connaissance de la liste des touristes dont il serait le guide, à partir de demain. Le représentant du tour-opérateur Voies Nouvelles à Louxor venait de la lui remettre, et il découvrait avec consternation qu'elle comptait douze participants. Douze au lieu des dix prévus.

Il n'avait donc pas commis d'erreur, une heure auparavant, quand il avait repéré ses futurs clients à l'accueil, au moment où le réceptionniste distribuait les clés des chambres. Là aussi, il avait dénombré douze personnes. Il avait alors pensé à un cafouillage comme il s'en produisait de temps à autre, lorsque plusieurs autocars arrivaient simultanément de l'aéroport. Dans la cohue, des touristes se trompaient parfois de groupe. On s'en apercevait vite et la méprise était corrigée sans difficulté.

Mais la liste qu'il avait sous les yeux attestait que l'explication se trouvait en amont, en France.

Raphaël Boutros était guide égyptologue depuis assez longtemps pour savoir que, si les agences avaient l'opportunité d'ajouter, en dernière minute, deux voyageurs supplémentaires à un groupe déjà formé, elles le faisaient sans hésiter. Voies Nouvelles n'échappait pas à la règle. Là comme ailleurs, le souci du rendement primait sur le reste.

Malheureusement, si d'ordinaire cette pratique ne portait pas à conséquence, ce n'était pas le cas aujourd'hui.

Les sourcils froncés par la contrariété, Raphaël Boutros réfléchit à manière de sortir de ce guêpier. Mais il eut beau prendre le problème par tous les bouts, il n'arriva à rien. Alors, haussant les épaules avec fatalisme, il se dit qu'il faudrait s'adapter, improviser.

Annuler le voyage n'était pas envisageable. Le reporter à plus tard, tout bonnement impossible.

*

*   *

« De yo.zeller@yahoo.fr à m.zeller@wanadoo.fr

Hurghada (Égypte), le 25 février 1999

Salut Papa !

Nous voilà au bord de la Mer Rouge ! Tu ne peux pas imaginer comme c'est chouette de retrouver le soleil, la chaleur et une eau à 24°, après la pluie et le froid de Paris. Le voyage en avion s'est bien passé. Maman a dominé sa trouille et moi j'ai regardé, par le hublot, les côtes de l'Italie et de la Grèce. Quand nous avons atterri, il faisait nuit noire. Nous avons embarqué dans un bus qui nous a amenées à l'Hôtel Hathor, en une demi-heure. Et c'est seulement ce matin que j'ai pu voir à quoi il ressemblait.

En fait, c'est un grand complexe où tu peux trouver tout ce dont tu as besoin. Les bâtiments sont neufs, les chambres confortables. Au restaurant, tu manges ce qui te fait envie parce que tout est servi en buffets.

Comme tu vois, mon petit papa, tu as bien choisi notre lieu de vacances ! Maman dit que tu y as mis le prix mais je t'assure qu'à première vue, ça en vaut la peine.

Dommage que tu ne sois pas avec nous ! Mais bon, le boulot avant tout…

Après le petit-déjeuner, j'ai laissé maman défaire nos bagages et je suis partie à la découverte. En sortant, direction la mer, tu as d'abord des terrasses où tu peux t'asseoir et boire un verre. Juste après, il y a une immense, mais vraiment immense piscine. Pas bêtement rectangulaire comme chez nous, mais avec des courbes, des petits ponts, des massifs de fleurs. Et tout autour, plein de chaises longues et de parasols où tu peux flemmarder. Un peu plus loin, on trouve des salles de sport, une piscine couverte, un institut de remise en forme et une galerie marchande. Si tu continues, tu traverses un beau parc très vert, puis tu arrives sur la plage privée de l'hôtel, avec transats, parasols et serviettes de bain fournies gratuitement. Pour aller te baigner, tu suis d'abord une longue passerelle en bois qui surplombe une eau peu profonde, au fond couvert de coraux (en mauvais état !) puis tu arrives à une plate-forme et, de là, tu descends dans la mer. Un vrai délice ! En été, il paraît que la température atteint les 30°. En février, c'est plus frais, mais personnellement, ça me va tout à fait. J'ai nagé un moment, ensuite je me suis dorée au soleil. Quand je suis retournée à l'hôtel, j'ai retrouvé maman qui barbotait dans la piscine. L'après-midi s'est passé à peu près de la même façon.

Maintenant, je vais t'apprendre quelque chose qui te fera très plaisir : après une seule journée à Hurghada, je me sens déjà beaucoup mieux ! Je respire plus facilement et il me semble que ma toux diminue. J'espère que tu es content.

Ce soir, à la salle à manger, nous avons entendu des gens qui parlaient français. Maman a bavardé avec une ou deux dames, et moi j'ai repéré une famille où il y a deux ados de mon âge. Demain, je tâcherai de faire leur connaissance.

Je sais que maman a déjà regardé le programme des activités proposées par l'hôtel. Telle que je la connais, elle ne pourra pas rester une semaine sans rien faire. Une journée de bronzette, et elle s'enquiquine déjà !

Comme promis, je t'enverrai un nouveau mail demain. Il faut bien rentabiliser l'ordinateur portable que tu m'as offert ! En tout cas, je préfère ça au papier et au stylo. Maintenant, je vais laisser le clavier à maman. Bisous.

Yolande »

« Micha,

Comme tu le sais, je suis beaucoup moins dégourdie que notre fille, question informatique. Je profite donc de sa messagerie pour t'envoyer, à mon tour, un petit mot.

Première chose : l'Hathor Hôtel correspond parfaitement au descriptif du catalogue. Rien à redire sur le confort et la nourriture. Les jardins sont splendides. Pour la baignade, c'est correct. Mais tu me connais, dans ce genre d'endroit, je meurs d'ennui au bout de vingt-quatre heures. Et ici, pas moyen de s'échapper ! Nous sommes coincées entre la mer et le désert. Hurghada se résume à une rangée d'hôtels qui se succèdent sur des kilomètres et des kilomètres. Pas de villages typiques ni de buts de promenades à pied. Si la santé de Yolande n'avait nécessité un séjour de cette sorte, je te jure que ce n'est pas ici que je serais venue me poser ! Mais bon, les choses étant ce qu'elles sont, je vais profiter des excursions et des divertissements organisés par l'hôtel. Dès demain, je m'occuperai de ça. Tout dépendra de l'état de santé de notre fille. Je dois dire qu'au bout d'une seule journée, elle paraît déjà en meilleure forme. J'espère de tout mon cœur que cette amélioration se confirmera. Après les semaines d'inquiétude que nous venons de vivre, il serait temps de pouvoir penser à autre chose. En tout cas, ton idée de convalescence au soleil semble profitable. Et tant pis si je m'ennuie !

J'imagine que ton séjour dans les Andes a bien

commencé et j'espère que ta série de reportages ne te donnera pas trop de fil à retordre. À mon avis, le sujet est porteur, il devrait intéresser plusieurs rédacteurs en chef. Mais avec eux, je sais bien qu'on ne peut jamais être sûr de rien.

J'en ai terminé pour ce soir mais avant de cliquer sur "envoyer", je voudrais te dire que je t'aime et que je t'embrasse tendrement.

Judith »

DEUXIÈME JOUR - LOUXOR

Le matin, visite du temple de Karnak. Embarquement sur votre bateau. Déjeuner. Après-midi, visite du temple de Louxor. Dîner et nuit à bord.

« — Mesdames et Messieurs, chers amis ! Avant toute chose, je voudrais vous souhaiter la bienvenue dans mon pays. Vous avez choisi de passer une semaine en Égypte, à la découverte de la civilisation pharaonique. J'en déduis que vous aimez les vieilles pierres et je peux vous assurer que je ferai tout mon possible pour satisfaire votre curiosité et votre envie d'en connaître davantage.

Le minibus dans lequel nous nous trouvons actuellement, nous emmène sur le site de Karnak que nous visiterons d'ici une petite demi-heure. Mais avant de vous parler du programme de la journée, j'aimerais vous présenter Karim qui sera notre chauffeur durant le séjour à Louxor, puis qui nous rejoindra à Assouan pour nous conduire jusqu'à Abou Simbel. Quant à moi, votre guide, je me nomme Raphaël Boutros. Mais je vous demanderai de m'appeler Raphy, c'est un surnom que j'aime bien et qui est facile à retenir.

J'ai quarante ans et suis né à Port-Saïd où habite encore une partie de ma famille. Je vous accompagnerai durant tout le voyage. Vous pourrez faire appel à moi, non seulement pour ce qui concerne les questions historiques et archéologiques, mais aussi pour les détails pratiques de la vie quotidienne : service à bord, achats, relations avec le personnel et même les petits ennuis de santé qui, malheureusement, surviennent parfois. Donc pas de problème, pas de gêne, je suis aussi là pour ça.

Le programme de ces six prochains jours est chargé et vos journées seront bien remplies. C'est pourquoi, si vous êtes d'accord et si vous n'avez pas trouvé trop dur de vous lever à l'aube, je vous propose de visiter les sites de très bonne heure le matin, ou en fin d'après-midi. Il faut savoir, en effet, qu'au mois de juin, la température en milieu de journée est quasi insupportable. De cette manière, nous éviterons aussi l'affluence sur les sites, ce qui n'est pas du tout agréable.

Avant de poursuivre, je voudrais juste faire une remarque préliminaire. Au cours de votre séjour en Égypte, vous découvrirez certaines choses qui vous surprendront, vous désorienteront, vous choqueront peut-être, des choses que vous n'êtes pas habitués à voir, qui n'existent pas en France… Vous ne devez pas oublier qu'ici, vous n'êtes plus “chez vous” mais “chez nous”. Essayez de poser sur mon pays un regard neuf, sans préjugé, faites la part des choses en vous disant que partout il y a du bon et du moins bon. Sachez que, personnellement, je vous considère comme des invités de l'Égypte et qu'avec tout mon respect, je vous traiterai en amis.

Maintenant, j'aimerais profiter des quelques minutes qui nous restent avant d'arriver à Karnak, pour "briser la glace" comme on dit en France. Je vais donc vous appeler un par un, vous lèverez la main et, de cette façon, chacun pourra mettre un nom sur les visages. D'accord ? Commençons ! Barbara et Arnaud Le Gall... Agnès Trudeau... Antonia et Roberto Grazzi... Vincent Even... Michel Lucas... Elsa et Jean Rouault... Christine Gaudin... Mélanie et Gaston Leroy. Voilà ! Douze personnes, treize avec moi... J'espère que vous n'êtes pas superstitieux. De toute manière, rien n'indique que le chiffre treize était néfaste chez les Ancêtres. Mais de cela, des coutumes, croyances et pratiques magiques des Anciens Égyptiens, je vous parlerai demain, quand nous visiterons les tombeaux et les temples funéraires, sur la rive occidentale du Nil. Pour le moment, je voudrais vous mettre en garde contre des dangers plus immédiats et bien réels, ceux-là ! D'abord, le soleil. Il faut savoir qu'ici, le soleil n'est pas un ami. Il tape extrêmement dur... Vingt minutes d'exposition à Louxor équivalent à deux heures sur la Côte d'Azur ! Donc j'insiste : chapeau, lunettes noires, épaules et dos couverts, bouteille d'eau minérale dans les sacs, contre les risques de déshydratation.

Deuxième danger : l'eau justement. Ne buvez que de l'eau en bouteille que vous achèterez à bord ou dans les restaurants. Pas dans la rue où la fermeture hermétique n'est pas garantie.

Troisième risque : les vols ou autres crapuleries. Je dois dire que là, le danger est minime parce que l'Égypte est un pays où la police est très présente. Vous verrez des patrouilles armées partout où vous irez. Les sites et les musées sont gardés, les entrées des hôtels, des grands restaurants et des bateaux aussi. Les étrangers qui se déplacent d'une ville à l'autre ont l'obligation de le faire en convoi sécurisé.

Ça veut dire quoi, tout ça ? Que l'Égypte est au bord de la guerre civile ? Que les risques d'attentats sont plus élevés qu'ailleurs ? Non ! Pas du tout… Mais comme on dit chez vous, prévenir vaut mieux que guérir. D'autre part, il faut reconnaître que la police visible partout a eu comme avantage de diminuer de cent pour cent les vols de toutes sortes.

Pour le reste, je veux parler des sorties en ville le soir, que certains d'entre vous auront envie de faire, j'aimerais que vous me demandiez conseil avant. Je vous indiquerai les établissements où on peut boire un verre, fumer la chicha, écouter de la musique, sans problème. Il y a certains quartiers où la sensibilité islamique est plus aiguisée qu'ailleurs et où les Européens ne sont pas les bienvenus, les dames surtout, je le dis avec tout mon respect… Mieux vaut donc éviter ce qui pourrait être considéré comme une provocation. Avant de terminer, encore un mot sur les marchands ambulants qui sévissent aux abords des sites. Je vous avertis tout de suite qu'ils ne vous considèrent pas comme des êtres humains mais comme un gagne-pain, une vache à lait, un citron à presser ! Tous les moyens sont bons pour vous faire sortir le porte-monnaie. Si, malgré ça, quelque chose vous tente, vous devez marchander, c'est obligatoire. N'oubliez pas que vous êtes en Orient et que c'est une coutume ancestrale. Si vous ne le faites pas, le vendeur sera déçu et vous, vous serez grugés !

Et maintenant, les amis, nous arrivons à Karnak dont vous pouvez déjà apercevoir quelques monuments. Quand nous quitterons le bus, j'irai acheter les billets puis nous entrerons par l'allée des Sphinx. Là, je vous expliquerai ce qu'il faut savoir de ce site exceptionnel, le plus grandiose de toute l'Égypte et qui demeure le plus vaste ensemble religieux jamais construit dans le monde. »

*

— Est-ce que vous avez bien dormi, chère madame ?

— Agnès, je vous en prie… puisqu'il est d'usage, paraît-il, que les membres d'un même groupe s'appellent par leur prénom !

— Personnellement, je préfère ça… Alors, Agnès, est-ce que vous avez passé une bonne nuit ?

— Oui mais trop courte. J'ai eu du mal à me lever quand le réveil a sonné.

— C'est vrai que la journée d'hier a été très fatigante.

— En outre, ce matin, j'ai trouvé notre petit-déjeuner pour le moins succinct !

— On nous avait prévenus. Avant sept heures, le restaurant de l'hôtel ne sert qu'un repas "raccourci". Ça ne m'a pas dérangé. Je laisse aux Nordiques les céréales, charcuteries, œufs et autres laitages... Un café et un croissant me suffisent amplement.

— À moi aussi. Seulement, il faut quand même reconnaître que...

— Oh ! Regardez, on dirait que notre guide en a terminé à la billetterie...

Jean Rouault esquissa un petit geste d'excuse et rejoignit rapidement Elsa à qui Raphy venait de remettre deux tickets d'entrée.

— Tu as vu avec qui je parlais ? dit-il à voix basse. C'est une râleuse chronique... À éviter absolument !

— Tu joues de malchance. Hier soir déjà, tu es tombé sur des enquiquineurs. En fait, où sont-ils, ceux-là ?

— Le couple, là-bas, devant nous. Lui porte un t-shirt jaune et elle, un chapeau de paille.

— Ah oui ! Je vois... Espérons que le reste du groupe sera plus sympa.

— Oh ! Tu sais, nous sommes venus en Égypte pour visiter les sites et les monuments, pas pour faire ami-ami avec des inconnus sans intérêt. D'ailleurs, quand nous sommes ensemble, nous n'avons besoin de personne, n'est-ce pas, ma douce...

Jean prit sa femme par l'épaule et l'attira contre lui, puis ils rattrapèrent le groupe qui se dirigeait vers l'entrée du site. Le ciel d'un blanc rosé devenait lumineux à l'est. Dans l'air rôdaient encore les parfums de la nuit, de plus en plus ténus, comme effilochés par le jour qui montait. Seule l'odeur pénétrante de la résine de pin s'épanouissait à l'ombre des escaliers, au pied des murs en ruine ou entre les pattes des sphinx à têtes de béliers dont les deux rangées, face à face, bordaient l'allée menant au premier pylône du temple.

Tout en marchant, Elsa observait ses compagnons de voyage. L'impression qu'elle avait ressentie au cours du petit-déjeuner et dans le minibus se confirmait. Bizarrement, ces gens ne paraissaient pas particulièrement heureux d'être là. Ils avaient un air morose, indifférent, qui donnait envie de leur demander pourquoi ils avaient pris la peine de monter dans l'avion et de venir jusqu'ici. Même le Brestois en t-shirt jaune avait renoncé à sa jovialité. Dans le minibus, il avait lancé quelques plaisanteries mais elles étaient tombées à plat et il n'avait pas insisté. Maintenant, encadré par sa femme et l'amie de celle-ci, il se tenait debout devant les sphinx, sans même paraître les voir.

Il n'était d'ailleurs pas le seul. Un peu plus loin, deux hommes d'âge moyen, dont elle n'avait pas retenu le nom, discutaient penchés l'un vers l'autre, totalement indifférents à ce qui les entourait. À leur côté, une grande femme masculine photographiait sans relâche l'immense façade de pierre qui se dressait devant eux. Quant aux deux octogénaires, ils semblaient plus préoccupés par les irrégularités du chemin et la crainte de tomber que par la beauté du lieu.

« Drôle d'équipe que le hasard a réunie là... Même le jeune couple pense plus à se bécoter et à se tripoter qu'à regarder autour de lui », se dit Elsa en fouillant dans son sac à la recherche de ses lunettes noires car le soleil était en train de paraître au-dessus du premier pylône.

Sa lumière somptueuse se déroula sur l'allée et donna aux sphinx la couleur du jour. Alors, miraculeusement, la part d'ombre que chacun semblait traîner avec soi, se dissipa. Agnès rangea son appareil photo. Les amoureux accoururent, la main dans la main. Le vieux couple leva la tête et se mit à sourire. Puis tout le monde convergea vers le guide qui avait ouvert un parapluie blanc et le brandissait en signe de ralliement.

« — Et voilà, les amis ! Comme je vous l'ai dit dans le bus, nous nous trouvons maintenant à l'entrée du plus vaste complexe architectural religieux qui existe au monde. Cet endroit qui couvre plus de cent hectares, n'est pas un temple mais un gigantesque ensemble de constructions qui constituaient le lieu de vie du dieu Amon sur la terre. C'est ici qu'il habitait, qu'il séjournait. Tout lui était dédié. Tout lui appartenait : bétail, terres, bateaux, esclaves... mais aussi or, argent, pierres précieuses, métaux et bois de toutes sortes.

Le pharaon était son premier et principal serviteur,

c'est lui aussi qui pénétrait dans le saint des saints, le naos, où trônait la statue du dieu. On peut dire que, pendant deux mille ans, Karnak a été le centre religieux, politique et culturel de l'Égypte. L'un après l'autre, tous les pharaons ont contribué à son agrandissement, à son embellissement. Ce site a été un chantier permanent. On ajoutait des constructions, on en transformait d'autres, on détruisait parfois ce que les prédécesseurs avaient bâti. Des centaines et des centaines d'artisans ont travaillé ici sans discontinuer... ce qui explique la complexité et aussi le manque d'unité de style du site. Tant de monuments ont été élevés les uns sur les autres, les uns à côté des autres, qu'il est impossible au profane de s'y reconnaître.

Pour simplifier, on peut dire que la majorité des édifices que nous admirons aujourd'hui datent du Nouvel Empire. Ainsi, la grande salle hypostyle qu'on appelle aussi la "Forêt de Colonnes" a été commencée sous Aménophis III au XIVe siècle avant JC, sa construction s'est poursuivie sous Séthi I, Ramsès II et fut terminée sous Ramsès IV, au XIIe siècle avant JC.

Cette Forêt de Colonnes symbolisait, pour les Ancêtres, le marécage couvert de papyrus inondé tous les ans par la crue du Nil.

Comme autres monuments remarquables, vous pourrez admirer les obélisques érigés par Hatshepsout et Thoutmosis I, au XVIe siècle avant JC. À savoir que si les obélisques symbolisaient les rayons du soleil, ils étaient aussi considérés comme des piliers reliant la terre et le ciel. Les crues du Nil et le soleil sont les deux forces primordiales qui ont initié la naissance puis le développement de l'Égypte. Une civilisation qui a duré plus de trois mille ans.

Voilà, les amis, les quelques remarques préliminaires que je voulais faire avant d'attaquer la visite proprement dite. Je vous expliquerai plus précisément toutes les parties du site, au fur et à mesure que nous les découvrirons. J'essaierai d'être le plus concis, le plus clair possible. Bien sûr, deux ou trois heures ne peuvent suffire pour comprendre véritablement ce qu'était Karnak. En vérité, même si vous passiez tout votre séjour ici, ce serait encore trop court ! »

*

— Cara mia, je ne m'y retrouve pas dans toutes ces ruines… À vrai dire, je n'ai pas vraiment compris si les pharaons étaient considérés comme des dieux ou comme des hommes.

— Ni l'un ni l'autre. Ils étaient le point de contact entre les dieux et les hommes, le point de passage entre deux mondes, la vie terrestre et l'Au-delà. C'est du moins ainsi que je vois la chose.

Roberto regarda sa femme avec admiration. Il l'avait toujours tenue pour plus cultivée, plus intelligente que lui. Elle était issue d'une vieille famille romaine alors que lui n'était qu'un paysan mal dégrossi.

— Vois-tu, reprit-il, moi qui ai travaillé dans le bâtiment, je suis soufflé par les prouesses techniques des anciens Égyptiens. Pour ne parler que des tailleurs de pierre… j'ai regardé de près les arêtes des obélisques. L'entaille de la coupe est parfaite, sans la moindre reprise… c'est époustouflant ! Je pense aussi au transport de ces masses de granit, depuis les carrières jusqu'au site, cela exigeait un savoir-faire incroyable.

— Le jugement d'un professionnel ! C'est original comme approche… La plupart des gens ne voient que l'esthétique. D'autres essaient de comprendre le côté mystique, la symbolique… Toi, tu parles le langage des artisans, tu te trouves donc sur un pied d'égalité avec eux, malgré les siècles qui vous séparent… Je trouve ça formidable !

— Tonia ! Il n'y a que toi pour voir les choses de façon aussi positive… Oh ! Attention !

La vieille dame qui venait de trébucher, s'agrippa au bras de son mari. Tous deux revenaient lentement du Lac Sacré. Après la visite commentée, Raphy avait proposé un moment de temps libre. Le groupe s'était éparpillé et, très vite, les uns et les autres s'étaient perdus de vue. Une partie avait fait une incursion au nord et à l'est, vers le temple de Ptah et les chapelles osiriennes, mais les Grazzi avaient sagement préféré rester au centre du site. Retournant sur leurs pas, ils s'arrêtèrent au milieu de la grande salle hypostyle. L'éclairage avait changé. Les chapiteaux en forme de papyrus semblaient s'être épanouis. La couleur des reliefs avait acquis une intensité insoupçonnée trois heures auparavant.

— Imagine l'atmosphère de ce temple quand le plafond existait encore et que la lumière n'y pénétrait que par les claustras de pierre et les ouvertures du toit. Imagine les statues des pharaons surgissant dans la pénombre, ou les peintures révélées par les rayons rasants… L'effet devait être saisissant !

Roberto hocha la tête, puis tous deux se dirigèrent vers la sortie et rejoignirent la première cour où était fixé le rendez-vous. Des touristes de plus en plus nombreux franchissaient l'entrée et envahissaient le site, la plupart se déplaçaient en groupes, derrière leurs guides. La cour était pleine de monde et de bruit. Tonia la parcourut des yeux et repéra le parapluie blanc de Raphy, devant les chapelles de Séthi II.

— Ils sont là-bas, allons-y !

— Attends, nous sommes en avance ! Tu n'es pas si pressée de retrouver ces gens, non ?

— Pas du tout, seulement je ne veux pas être en retard.

— Complexe classique de l'octogénaire : la crainte d'être un boulet pour les autres !

— Je l'admets. Mais en l'occurrence, ce que pensent de moi nos compagnons de voyage m'est complètement indifférent. Je ne me sens aucune affinité avec eux. Je me demande bien ce qu'ils sont venus faire ici !

— La même chose que nous, je suppose.

— Ah oui ? Par moments, j'en doute.

— Tu réfléchis trop, Tonia…

*

— Et voilà, les amis !… J'espère que vous avez eu assez de temps pour bien regarder, bien admirer… Comme vous pouvez le constater, nous avons eu raison d'arriver de bonne heure, avant toute cette foule ! Voyons maintenant si nous sommes au complet… Je crois que oui. Nous allons donc pouvoir quitter le site avant que la chaleur ne devienne insupportable. Suivez-moi, je vous en prie !

— Attendez, Raphy ! Il manque encore Christine !

— Oh ! C'est exact. Excusez-moi, je n'ai pas encore tous vos visages bien en tête. Bon, ce n'est pas grave, elle ne va certainement pas tarder. Personnellement, quand je suis à Karnak, j'ai tendance à perdre complètement la notion du temps. C'est ce qui a dû arriver à votre amie.

— Non ! Ce n'est pas son genre !

— On peut même dire qu'elle est la ponctualité personnifiée, renchérit Gaston. À tel point que c'en est parfois agaçant.

— Elle a pu s'égarer, le site est immense, répondit le guide d'un ton conciliant.

— Impossible ! Elle possède un sens de l'orientation incomparable ! Si je vous disais qu'un jour, alors que nous étions en Crète… Je vais vous raconter une anecdote que vous aurez peine à croire…

Elsa jeta à son mari un regard de connivence et tous deux s'écartèrent. Raphy pivota et, s'abritant derrière son parapluie blanc, se lança dans une discussion avec Michel Lucas. Agnès ressortit son appareil photo.

Les minutes passèrent. Les groupes de touristes

passaient par vagues. La première cour était presque vide lorsque Christine surgit enfin de la salle hypostyle. Mélanie qui la guettait, lui fit un signe du bras.

— La voilà ! Mais... mais qu'est-ce qu'elle a ?

Tout le monde se retourna. Échevelée, boitant et titubant, Christine avançait dans la lumière éblouissante, elle tenait son bras droit bizarrement plié et serré contre elle. Mélanie s'élança à sa rencontre, suivie par Gaston et Raphy qui l'entourèrent puis l'emmenèrent s'asseoir à l'ombre. Des gourdes et des bouteilles d'eau sortirent des sacs. Agnès Trudeau tendit une trousse de premiers secours.

— Qu'est-ce qui s'est passé ? Qu'est-ce qui lui est arrivé ? Elle paraît choquée... Elle a dû tomber, pourvu qu'elle ne se soit pas fait une entorse...

Les commentaires à voix basse furent soudain interrompus par la voix éraillée de la blessée.

— C'est... c'est ce type... C'est à cause de lui... Il... il voulait me... me...

Le reste se perdit dans un mélange de bredouillements et de sanglots.

— Calme-toi, bois un verre d'eau ! Ensuite, tu nous raconteras.

Quelques minutes plus tard, Christine parut reprendre ses esprits. Agenouillé devant elle, Vincent Even lui massait la cheville.

— Je vais vous faire un bandage serré qui vous permettra de marcher. Quand nous serons à bord, je regarderai ça de plus près. À mon avis, ce n'est pas grave...

Il leva la tête vers Mélanie et Gaston :

— Vous pouvez me faire confiance, je suis kiné.

— Ça, c'est une chance ! Tu entends, Christine ! Tu es en de bonnes mains.

— Une chance ? J'aurais bien voulu t'y voir quand ce mec me harcelait, au milieu de ce champ de ruines. Une chance… vraiment, tu as de ces mots !

L'air soucieux, Raphy se pencha vers elle.

— Dites-moi exactement ce qui s'est passé. J'ai un peu de mal à comprendre.

— Eh bien, j'étais là-bas, tout au bout… plus loin que le Lac Sacré… Où exactement, je ne peux pas le dire, c'est tellement grand qu'on ne s'y retrouve plus… Je me promenais quand un homme en djellaba s'est pointé devant moi. Il m'a fait comprendre qu'il voulait bien me photographier. J'ai accepté. Ensuite, il a pris ma main, m'a fait toucher la statue qui se trouvait juste à côté de nous, puis l'a posée sur mon front. J'ai trouvé ça curieux, j'ai pensé à une sorte de rituel… Je l'ai remercié, et c'est alors qu'il m'a demandé un bakchich. Je ne voulais pas sortir mon porte-monnaie de mon sac, parce que j'avais peur de me le faire voler. Du coup, j'ai pris les petites pièces qui traînaient au fond de ma poche et les lui ai données. Ça l'a rendu furieux, il s'est mis à répéter « euro, euro… » Là, je lui ai tourné le dos et je suis partie. Mais ces ruines sont un vrai labyrinthe, chaque fois que j'arrivais à l'angle d'un mur, ce type était devant moi ! Il avait rabattu un pan de son turban devant son visage et répétait « bakchich,

bakchich », d'un ton de plus en plus agressif. Alors moi, je partais par un autre chemin. Très vite, je n'ai plus su où j'étais. J'avais beau me dépêcher, je tombais tout le temps sur lui. C'est là que j'ai commencé à paniquer, compréhensible, non ? Pour finir, je me suis trouvée coincée au fond d'une impasse, avec lui qui m'en barrait la sortie. J'avais la gorge tellement serrée que je ne pouvais même pas crier... Sur ma droite, le mur était à demi écroulé, alors je l'ai escaladé. Arrivée en haut, j'ai sauté de l'autre côté et je me suis tordu le pied. Mais j'ai serré les dents et continué de marcher. Plus loin, j'ai encore trébuché et je me suis fait mal au bras. Enfin, je suis arrivée à un endroit où il y avait des gens, et j'ai su où j'étais. Derrière moi, l'homme avait disparu. J'ai marché en direction de l'entrée et je vous ai retrouvés. Mon Dieu ! Ce que j'ai eu peur, vous ne pouvez pas imaginer...

— Est-ce que vous pourriez reconnaître cet individu ? demanda le guide d'un ton préoccupé.

— Non ! Je vous l'ai dit, il avait la figure masquée par un bout de son turban...

— D'accord... mais au début quand il vous a photographiée, il était à visage découvert.

— Euh oui... seulement, excusez-moi, Raphy, ces hommes en djellabas, pour moi, ils se ressemblent tous.

— Je vois. Maintenant, dites-moi, est-ce qu'il vous a touchée, est-ce qu'il a essayé de vous arracher votre sac ?

— N… non.

— Il ne vous a pas agressée physiquement ?

— Non, mais je suis sûre qu'il avait de mauvaises intentions !

— Avec tout mon respect, Christine, je me demande si, dans l'affolement, vous n'auriez pas vu plus de mal qu'il n'y en avait réellement… Notez que je n'excuse pas sa conduite mais…

— Je vous répète qu'il m'a harcelée, talonnée, poursuivie comme… comme un gibier.

Sa voix se cassa et Mélanie s'empressa de lui faire avaler un autre verre d'eau.

— Quoi qu'il en soit, ce genre de chose est inadmissible, décréta Raphy. Je ne comprends même pas comment cela a pu arriver. En dehors des gardiens et des touristes, personne n'a le droit d'entrer sur le site. Je vais prévenir le responsable et faire un rapport sur cet incident. Je vous donne ma parole que des mesures seront prises.

Alors que le guide se trouvait dans le bureau des gardiens, Elsa observait ses compagnons de voyage qui s'étaient regroupés comme un troupeau apeuré.

— Tu ne crois pas qu'elle a paniqué pour rien ? lui demanda Jean à voix basse. Elle n'avait qu'à filer un euro à ce pingouin, et l'affaire était classée. Les piastres qu'elle lui a données n'ont aucune valeur, il a dû se sentir injurié.

— Ce n'était pas une raison pour la harceler.

— À mon avis, elle en rajoute. C'est le genre de bonne femme qui adore être le point de mire, partout où elle se trouve ! Hier soir, il a fallu qu'elle étale sa science à propos du climat de l'Égypte. Ce matin, elle a bassiné toute la tablée avec ses ennuis digestifs…

— Les Leroy ont pourtant l'air de l'apprécier…

— J'ai entendu quelqu'un dire qu'elle leur était vaguement apparentée.

Elsa haussa les épaules.

— Peu importe. De toute façon, pour le moment, je trouve tous ces gens ennuyeux, inquiets ou hystériques. Mais ça s'améliorera peut-être… Quoi qu'il en soit, je ne laisserai personne gâcher notre voyage.

*

« — Et voilà, les amis !… J'ai déposé une réclamation en bonne et due forme auprès du gardien chef de Karnak. Il m'a certifié qu'il allait tout de suite alerter ses hommes afin d'essayer d'arrêter le mendiant qui a importuné Christine. Essayons maintenant d'oublier ce déplorable incident.

Comme vous le voyez, notre minibus se dirige vers les quais du Nil où est amarré notre bateau. Il s'appelle le Nile Horus et il est construit sur le modèle de tous ceux qui transportent des touristes sur le fleuve. Il comprend plusieurs ponts : le pont inférieur, au niveau de l'eau, où se trouve le hall d'accueil ; le pont principal où sont installées la majorité des cabines et quelques boutiques ; le pont supérieur qui comprend les cuisines, le restaurant, le bar et un grand salon panoramique ; et enfin, tout en haut, le pont solarium avec piscine, chaises longues et parasols. Du fait que nous sommes au mois de juin, c'est-à-dire hors saison, le Nile Horus est à moitié vide, ce qui présente de nombreux avantages : pas de presse sur les ponts promenade, au restaurant ou au salon. Une piscine pas trop fréquentée, un personnel aux petits soins... Et aux escales, peu de bateaux amarrés à couple le long du nôtre, ce qui occasionne du bruit, des mauvaises odeurs et d'autres désagréments.

Avant que nous arrivions, je voudrais vous informer de la suite du programme d'aujourd'hui. D'abord, vous récupérerez vos valises dans le hall d'accueil et vous vous installerez dans vos cabines. Le déjeuner est prévu à douze heures trente. Ensuite, temps libre, mettons... jusqu'à dix-sept heures. À ce moment-là, la chaleur commencera à tomber et nous pourrons faire la visite du temple de Louxor. Y a-t-il des questions ? »

— Est-ce qu'on peut aller se promener en ville, cet après-midi ?

— Naturellement, seulement je vous le déconseille. Il va faire facilement 40° à l'ombre. Les commerçants feront la sieste et les boutiques seront fermées. Faites comme les Égyptiens, reposez-vous au frais. Comme ça, vous serez en forme pour apprécier le temple de Louxor. J'ajoute, pour rassurer les dames, qu'il est beaucoup plus petit que Karnak. Aucun risque de s'y égarer ou de faire une mauvaise rencontre !

*

La nuit... De l'autre côté du Nil, sur la rive occidentale, une chaîne de montagnes se découpe dans le ciel à peine éclairé par la lune. Noire, trapézoïdale, elle émerge des sables comme pour marquer l'entrée du royaume des morts. Entre elle et le bateau, frontière entre deux mondes, l'eau sombre du fleuve.

Étendue dans une chaise longue, Elsa goûtait pour la première fois la chaleur de l'été égyptien. La nuit était un velours sur sa peau. Pas un frisson, pas le moindre courant d'air, mais une douceur enveloppante qui l'habillait comme une étole.

La jeune femme se sentait parfaitement bien. Elle avait laissé Jean au bar, en compagnie du guide avec qui il discutait de l'évolution de l'Égypte moderne. Le pont solarium n'était éclairé que par les réverbères du quai et des loupiotes disséminées çà et là. Nichée dans son transat, elle entendait le clapotement du fleuve contre la coque et, plus loin, le rire et la voix de quelques personnes assises au bord de la piscine, les pieds dans l'eau.

Elsa pensait à la visite du temple de Louxor, à ce que le guide leur avait raconté sur les amours du dieu Amon et ses épousailles, chaque année répétées, avec la déesse Mout. La statue du dieu que l'on sort en grande pompe de Karnak et qu'on amène en barque, par un canal, jusqu'au temple de Louxor. Accouplement des dieux, trois semaines de fêtes et de cérémonies, puis retour à Karnak. Et ce même rituel perpétué durant des siècles et des siècles...

Comment était-ce possible ? songea Elsa. Cette

civilisation avait-elle atteint un tel degré de perfection et d'équilibre qu'elle échappait au temps, aux modes, à l'évolution ? Les dessins stéréotypés, les thèmes indéfiniment recopiés, un style que l'on se transmet tel quel de génération en génération… cela dépassait l'entendement.

Pour expliquer cette pérennité, Raphy avait avancé plusieurs hypothèses. Une stabilité climatique et géophysique unique au monde, une théogonie parfaitement adaptée à la société qui l'avait engendrée, l'étroite imbrication du profane et du mystique… Tout cela était passionnant. « Compliqué mais fascinant », se dit la jeune femme en s'étirant.

De l'autre côté du Nil, les montagnes s'étaient lentement enfoncées dans l'obscurité. Il était temps qu'elle regagne sa cabine. Demain, le réveil sonnerait à nouveau de bonne heure et elle tenait à être en forme pour découvrir la Vallée des Rois.

Elle allait se lever lorsqu'elle sentit une odeur de tabac blond. Il y eut un bruit de pas qui s'approchaient puis s'arrêtaient. Elle allongea le cou et distingua deux silhouettes accoudées au bastingage, tout près d'elle. Elle décida de ne pas bouger. Elle n'avait pas envie de parler, même pour n'échanger que quelques mots de politesse. Cette nuit était trop belle, la fantasmagorie des anciens dieux trop présente. Elle se rallongea et regarda les étoiles, en songeant que c'était ce ciel qu'avaient contemplé Ramsès, Aménophis ou Touthmosis, tous les prêtres et tous les scribes, et les milliers d'hommes qui avaient construit l'Égypte. Exactement le même ciel… Peut-être était-ce à ce genre de méditation que se livraient les deux personnes appuyées à la rambarde, car un profond silence avait envahi le pont. Seul, parvenait à Elsa le parfum des cigarettes. Enfin, une voix d'homme s'éleva dans la nuit :

— J'avais envie de parler avec vous de… d'une question que je me pose… Vous voyez sans doute à quoi je pense…

L'autre marmonna quelques mots qu'Elsa ne saisit pas. Puis la première voix reprit :

— Je suis conscient de ne pas observer la consigne, seulement, j'aimerais savoir si…

Un nouveau grognement lui répondit. Intriguée, la jeune femme tendit l'oreille.

— Je me demandais si… si je ne m'étais pas trompé de groupe. Comprenez-vous ce que je veux dire ?

À cet instant, Elsa reconnut la voix qui parlait. C'était celle de Vincent, le kiné qui avait soigné Christine. À quoi faisait-il allusion ? Elle n'en avait pas la moindre idée. Elle se recroquevilla dans sa chaise longue et attendit la suite.

— Si vous n'aviez pas confiance, il ne fallait pas venir, répondit la deuxième personne, mais si bas qu'Elsa ne parvint pas à discerner s'il s'agissait d'un homme ou d'une femme. Maintenant, retournons au salon ! Nous ne devrions pas être ici, vous le savez très bien.

Il y eut un bref silence, suivi d'un bruit de pas qui s'éloignaient.

Perplexe, Elsa se redressa et aperçut deux silhouettes qui se dirigeaient vers l'escalier. La première était celle de Vincent Even, mais elle ne réussit pas à reconnaître l'autre.

*

*   *

« De yo.zeller@yahoo.fr à m.zeller@wanadoo.fr

Hurghada (Égypte), le 26 février 1999

Salut p'pa !

Je viens de passer une journée géniale ! D'abord, parce que ce matin, à la plage, j'ai fait la connaissance des deux garçons de mon âge dont je t'avais parlé hier. Très sympas ! Grâce à eux, j'ai appris qu'il y avait un centre équestre, pas très loin d'ici, et qu'on pouvait y louer des chevaux et faire des balades. Tu penses bien que je n'allais pas laisser passer une occasion pareille !

Maman s'est renseignée, ensuite elle a été d'accord pour que j'aille faire une heure d'équitation. C'est comme ça qu'avec mes nouveaux copains, Colin et Pascal, nous avons pris un taxi jusqu'au Ranch (c'est le nom du centre). Là, j'ai sorti ma licence et fait un petit tour de manège, histoire de prouver que je n'étais pas une débutante. Puis nous sommes partis tous les trois pour une promenade d'une heure, au bord de la mer. Là, je peux te dire qu'on s'est éclatés ! On a pu galoper à fond, sur des kilomètres de rivage complètement vide. Les baigneurs préfèrent se cantonner dans les piscines ou sur les plages privées. Quand on est rentrés, le propriétaire du Ranch nous a dit qu'il y avait aussi des randonnées organisées dans le désert, un peu plus chères mais plus longues. À ne pas manquer !

À peine de retour à l'hôtel, on a piqué une tête dans la piscine puis on est allés jouer au ping-pong, dans le complexe sportif. Là, j'ai retrouvé maman qui faisait des longueurs dans la piscine couverte. J'ai bien l'impression qu'elle s'embête. Il faut reconnaître qu'il n'y a pas grand-chose à visiter dans le coin. À l'ouest le désert, à l'est la Mer Rouge. Entre les deux, une rangée d'hôtels plus kitch les uns que les autres. Tu verrais ça, on se croirait à Las Vegas ! Complètement dingue ce que les architectes ont pu inventer ! J'ai vu un hôtel bâti en forme de bateau et appelé, bien sûr, le Titanic. La plupart sont plutôt dans le style Mille et une Nuits, avec des coupoles et des minarets. D'autres rappellent l'Égypte Ancienne.

C'est tout et n'importe quoi ! Maman trouve ça hideux. Moi, ça me fait plutôt marrer.

Ce soir, il y a un groupe disco qui donne un concert sur l'esplanade, à côté de la piscine. D'après mes potes qui l'ont déjà entendu, c'est pas mal mais un peu ringard. On s'en contentera ! Du moment qu'on peut danser, on ne va pas se montrer difficiles. Je te raconterai comment la soirée s'est passée, dans mon e-mail de demain.

En attendant, bisous ! *Yo* »

« Mon chéri,

Je suppose que Yolande t'a fait part de son projet d'aller danser ce soir, avec ses nouveaux amis. Elle aura bien sûr une permission de minuit, mais pas plus parce je lui réserve une surprise pour demain.

J'ai retenu deux places pour une excursion dans les îles Giftun où se situent les plus beaux récifs coralliens de la région. Une heure de traversée à bord d'un bateau spécialement équipé pour ce genre de balade, puis arrêt et plongée sur deux sites différents. L'intérêt de cette promenade est qu'on peut choisir entre la vraie plongée et la nage en surface avec masque, palmes et tuba. Naturellement, c'est cette option-là que nous choisirons car les poumons de Yo doivent être ménagés. À ce propos, je t'annonce que sa santé s'améliore presque miraculeusement. Elle ne tousse presque plus, mange bien, et la fatigue qu'elle traînait depuis tant de semaines, a disparu.

En consultant le programme des excursions, j'ai vu que l'hôtel proposait aussi des "safaris" en 4x4 dans le désert, jusqu'à un campement de Bédouins, ainsi que la visite de Louxor. Celle-ci me tente beaucoup, mais j'ai peur que le trajet (environ sept heures de route aller et retour) ne soit trop long pour Yolande. On verra ça d'ici quelques jours.

Je suis étonnée par le nombre de Français que l'on croise à l'hôtel. En dehors de la famille dont Yo a dû te parler, j'ai fait la connaissance d'une femme sympathique, adepte de la plongée sous-marine. Elle est photographe et m'a montré les clichés qu'elle a pris sous l'eau. Les coraux sont une vraie merveille et je me réjouis de les voir de près, demain. Elle m'a aussi gentiment proposé de faire le portrait de notre fille dont elle trouve le visage intéressant. J'ai bien entendu accepté, à condition que Yolande soit d'accord.

En fin d'après-midi, alors que je lisais dans mon transat, une autre vacancière a engagé la conversation. Elle et son mari font aussi un stage de plongée sous-marine. Mais y a-t-il autre chose d'intéressant à faire ici ?

Bref, voilà le genre de personnes que j'ai l'occasion de rencontrer dans ma prison dorée. Elles me distraient un peu de la chaise longue, des trempettes et des séances de bronzage. Demain, après l'excursion en mer, j'espère me montrer moins morose ! Je t'enverrai un mail pour te dire comment ça s'est passé. En attendant, je t'embrasse tendrement.

Judith »

TROISIÈME JOUR - LOUXOR

Le matin, visite de la Vallées des Rois, du temple d'Hatshepsout et arrêt aux Colosses de Memnon. Déjeuner à bord. Après-midi libre puis promenade en calèche dans les souks de Louxor. Dîner à bord. En soirée, départ pour les écluses d'Esna.

« — Et voilà, les amis !... Nous nous trouvons maintenant au fond de la Vallée des Rois, le lieu qu'ont choisi les pharaons des 18e, 19e et 20e dynasties – cela veut dire du XVIe au XIe siècles avant JC – pour y creuser leurs tombeaux et y enfouir leurs momies. C'est le pharaon Touthmosis 1 qui, le premier, a eu l'idée d'y cacher sa sépulture. Ses successeurs l'ont imité et, à l'heure actuelle, on a dénombré soixante-trois hypogées, soixante-trois dont, hélas, la plupart ont été saccagés et pillés dès l'Antiquité. La tombe de Toutankhamon dont on aperçoit d'ici l'entrée, en contrebas, est la seule qu'on ait retrouvée intacte. Tout ce qu'elle contenait a été transporté au Musée National des Antiquités du Caire.

On peut se demander ce qui a bien pu pousser les pharaons à choisir cette vallée... La réponse est autour de vous ! Est-il possible de trouver un endroit plus vide, plus désolé, plus désertique ? Il n'y a ici que des rochers, des cailloux, le soleil, le silence. Pas de saisons, pas de végétation. Ce que vous voyez est absolument identique à ce que l'on voyait, il y a plus de trois mille ans ! Tout est immobile, immuable, et le restera vraisemblablement encore très, très longtemps. On peut dire qu'ici le temps ne s'écoule pas et que, d'un certain point de vue, il n'existe pas... Les pharaons ne se sont donc pas trompés en faisant de ce lieu, leur demeure d'éternité.

Durant notre trajet en bus depuis Louxor, j'ai essayé de vous expliquer la symbolique des fresques que vous allez découvrir dans les tombeaux. Je n'y reviendrai pas. J'insiste juste sur le fait que, toutes les scènes peintes se rapportent exclusivement à l'Au-delà. Vous ne verrez aucune représentation de la vie quotidienne ni des hauts faits du roi qui y était enfoui.

N'oubliez pas que les peintures n'avaient pas une fonction décorative. Elles jouaient un rôle exclusivement magique et servaient à aider le pharaon dans son itinéraire à travers l'Au-delà.

Si, pour les Anciens, la vie terrestre était symbolisée par les douze heures du jour, le parcours dans l'autre monde et les épreuves qu'il comportait, étaient figurés par les douze heures de la nuit. Chaque heure était une étape bien précise. Par exemple, à la troisième heure, le pharaon rencontrait et affrontait les ennemis qu'il avait eus sur la terre... À la neuvième heure, il comparaissait devant Osiris, le dieu qui juge les morts et pèse leur cœur sur une balance... et ainsi de suite.

Bien ! Il est temps maintenant de vous rendre dans les tombeaux. Laissez-vous imprégner par leur ambiance un peu lourde, parfois angoissante, et surtout par la beauté des fresques que vous y découvrirez.

Je vous rappelle aussi que, par décret ministériel, afin de préserver ces trésors, seules trois tombes sont ouvertes simultanément au public. Aujourd'hui, vous pourrez visiter celles de Ramsès III, Ramsès IV et Ramsès IX. Ensuite, vous rejoindrez le parking de l'entrée où je vous attendrai à dix heures, à côté de notre minibus. »

*

— Je n'aime pas du tout l'atmosphère de cette tombe. Je… j'ai de la peine à respirer…

Arnaud Le Gall dévisagea Barbara, interloqué.

— Qu'est-ce qui t'arrive ? Toi qui te réjouissais tellement de voir ces fresques…

— Je ne sais pas, mais plus je descends, plus je me sens mal.

— Fais un effort ! Inspire à fond…

— Justement, je n'y arrive pas ! L'air est vicié, j'ai l'impression d'étouffer.

Le jeune homme saisit sa femme par la main. Il remarqua qu'elle avait les narines pincées et que des gouttes de sueur perlaient à son front.

— Appuie-toi sur moi, ça va aller… Regarde ces dessins, ces couleurs. Allez, avançons !

— Je te répète que je ne peux pas ! Je ne peux pas m'enfoncer là-dedans, ça me prend à la gorge…

— Venir jusqu'ici et ne pas supporter d'entrer dans un tombeau, c'est un comble ! Prends sur toi, fais un effort, voyons !

— Puisque je te dis que…

Barbara s'agrippa à la rambarde qui longeait horizontalement une paroi couverte d'êtres étranges. Corps d'hommes à têtes d'animaux. Horus, Anubis, Sekhmet… taureaux, crocodiles dressés, babouins et scarabées. Barques funéraires et disques solaires, Osiris tenant la crosse et le fléau royaux, Ramsès aux bras levés, mains tendues comme une coupe. Opéra fantastique des puissances infernales… Que disait le guide au juste ? Que le passage vers l'Au-delà se situait dans le ventre de cette montagne… Et pourquoi pas ? Pourquoi les anciens Égyptiens n'auraient-ils pas eu raison ? Ce qu'ils croyaient n'était pas plus extravagant que la vie des saints ou des illuminés auxquels les Européens ont adressé tant de prières…

— Il… il faut que je sorte.

Arnaud se retourna. Sa femme était accrochée à la rampe métallique, les yeux exorbités et la bouche ouverte. Elle vacillait.

— Eh ! Ne va pas t'évanouir !

Puis il remarqua quelques touristes qui les observaient d'un air gêné.

— Et cesse de te donner en spectacle, j'ai horreur de ça ! Si tu te sens vraiment si mal, remonte et va m'attendre à l'entrée !

Comme elle ne bougeait pas, il regarda autour de lui, indécis. Il aperçut alors Gaston Leroy et sa femme qui revenaient de la salle du sarcophage, puis Christine Gaudin qui les suivait en boitillant.

— Barbara n'est pas bien... Est-ce qu'elle peut vous accompagner jusqu'à la sortie ?

— Naturellement ! Nous avons terminé la visite.

— Mais cette petite est en train de tourner de l'œil ! s'exclama Mélanie. Gaston, prends-la par un bras, je la soutiendrai par l'autre.

— Je ne sais pas ce qui lui arrive. Jamais je ne l'ai vue dans un état pareil.

— La claustrophobie, vous en avez entendu parler ? lança Christine d'un ton mordant.

— Oh ! Je n'avais pas pensé à ça !

— Allons, courage ! fit Mélanie en saisissant Barbara par le coude. Nous serons vite dehors. Ne vous inquiétez pas, Arnaud, nous nous occupons d'elle !

À l'extérieur, la chaleur était accablante mais il y avait de l'air, de la lumière, le ciel bleu. Barbara chaussa ses lunettes de soleil et enfonça son chapeau sur son front. Son malaise s'était dissipé en quelques minutes et elle avait convaincu les Leroy de poursuivre leur visite des tombeaux. Elle pouvait très bien attendre seule le retour d'Arnaud.

Assise à l'ombre, elle observait les allées et venues des touristes au carrefour des sentiers qui menaient aux hypogées. Elle aperçut Agnès, son appareil photo autour du cou, qui se dirigeait à grands pas vers la tombe de Ramsès IX. Quelques instants plus tard, ce furent les Grazzi qui s'éloignaient lentement sur le chemin de la sortie. Tonia tenait une ombrelle jaune et rose ouverte au-dessus de leurs têtes. Ces deux-là ne manquaient pas de courage pour affronter une fournaise pareille ! À leur âge, visiter l'Égypte en plein été pouvait s'avérer dangereux, mais ils ne semblaient pas en avoir conscience. Barbara les regarda passer devant un groupe d'ouvriers en djellabas qui travaillaient à l'entretien du site, puis disparaître au détour du chemin.

Elle aussi avait chaud et elle commençait à s'ennuyer. Arnaud aurait dû être ressorti s'il voulait avoir le temps de visiter les deux autres hypogées. Elle tâcha de percer l'obscurité du boyau qui descendait en pente douce dans la montagne. D'abord, elle ne vit qu'un trou noir, puis une silhouette qui émergeait de la pénombre. C'était Vincent Even qui la dépassa en lui faisant un signe de la main. Puis d'autres touristes sortirent et s'éloignèrent. Barbara sentit l'impatience la gagner. Elle fit quelques pas à l'intérieur. Pas un bruit, pas un souffle d'air… Elle avança un peu. La galerie s'enfonçait sous la terre. Pour rien au monde, elle n'y serait retournée. Même aussi près de l'entrée, elle avait l'impression que les murs se refermaient sur elle.

Elle songea alors à l'impatience dont Arnaud avait fait preuve à son égard. Il s'était montré désagréable, presque méchant… Hier déjà, alors qu'ils s'installaient dans leur cabine, il s'était mis en rage, simplement parce qu'elle avait oublié d'emporter son short beige. Puis il avait trouvé à redire sur la climatisation, le lit trop mou et sa mousse à raser qui n'était pas celle dont il se servait d'ordinaire. Ils avaient fini par se quereller. Depuis leur mariage, c'était la première fois que cela arrivait.

Barbara sentit les larmes monter à ses paupières. Elle aurait dû laisser Arnaud venir seul en Égypte. Sa place, à elle, n'était pas ici. Mais il l'avait convaincue du contraire… Maintenant, elle était piégée et ne pouvait plus reculer. Il fallait serrer les dents en se disant que, dans quelques jours, tout serait terminé.

Cette pensée ne la consola pas. Et si ce qui se passait n'était pas une simple dispute, un accès de mauvaise humeur passagère, mais le symptôme de quelque chose de plus grave ? Jusqu'à maintenant, ils n'avaient jamais douté de leur amour. C'était un feu qui ne s'éteindrait pas, un fleuve qui coulerait toujours, un vent qui soufflerait sans cesse. « Tu es la seule, l'unique. En dehors de toi, je n'ai personne au monde… » Tous les amoureux font de telles déclarations, seulement pour Arnaud, c'était la réalité. Il possédait quelques amis, mais pas de famille. Voilà pourquoi ils n'avaient pas fait de fête à leur mariage. Ils avaient invité leurs témoins à manger dans un bon restaurant, puis regagné la ferme où ils vivaient ensemble depuis six mois. « Nous ferons un voyage de noces plus tard. Où, quand ? Je ne le sais pas encore. Mais tu l'auras, je t'en donne ma parole. »

C'est ainsi que, lorsque l'occasion d'aller en Égypte s'était présentée, Arnaud lui avait proposé de l'accompagner. Mais elle n'aurait pas dû accepter. Non, elle n'aurait pas dû… surtout après ce qu'il lui avait confié sur sa famille, les choses terribles qui étaient arrivées et qu'elle aurait préféré ne jamais connaître. Si elle l'avait écouté jusqu'au bout, c'est qu'elle pensait qu'un couple se construit aussi avec le passé de l'autre, que les souvenirs doivent peu à peu se mêler, comme les eaux de deux rivières qui se rencontrent et se mélangent.

À la fin, quand Arnaud n'avait plus rien eu à lui révéler et qu'il lui avait demandé ce qu'elle ferait à sa place, elle n'avait pu que l'encourager car elle avait compris que si les choses n'évoluaient pas, l'amertume et la douleur qui le minaient, finiraient par détruire l'amour qu'il lui portait.

Mais maintenant qu'ils étaient en Égypte, Barbara prenait conscience qu'elle avait fait là un pari insensé, un pari où elle pourrait tout perdre au lieu de tout gagner.

Une onde d'angoisse la secoua. Elle se recroquevilla sur le muret de pierre où elle était assise, et plongea à nouveau son regard dans la galerie obscure. Elle crut entendre un lointain bruit de pas, puis soudain, Michel Lucas apparut dans la lumière. Il lui adressa un petit sourire.

— Arnaud arrive. Il est juste derrière moi !

*

« — Et voilà, les amis !… Nous sommes maintenant à l'entrée du site de Deir el-Bahari qui est le temple funéraire de la reine Hatshepsout, une des seules femmes qui aient régné en Égypte. Comme vous le voyez, le temple est creusé dans la falaise et se compose de trois terrasses avec colonnes et rampes d'accès, qui donnent à l'ensemble une tonalité presque moderne. S'il nous apparaît en si bon état, c'est qu'il a été restauré dernièrement par des archéologues égyptiens et polonais.

Ce temple a été commandé par la reine Hatshepsout à l'architecte Senmout, pour elle-même et pour son père Touthmosis I, et il était destiné à leur culte funéraire. À ce propos, il faut savoir qu'en dehors des temples dédiés aux dieux comme Karnak et Louxor, chaque pharaon faisait construire trois édifices pour sa personne : un tombeau où enfouir sa momie, un temple de la momification où avait lieu tout le rituel de l'embaumement, et un temple funéraire où étaient retracés ses victoires, ses découvertes et tout ce dont il pouvait se glorifier. Comme autre temple funéraire célèbre, on peut citer le Ramesseum, appelé aussi le temple des millions d'années, entièrement consacré à la gloire de Ramsès II. Maintenant, avant que vous visitiez ce site, avez-vous des questions à poser ? »

— Oui ! dit Jean Rouault d'une voix forte. Au sujet du drame qui s'est déroulé ici, il y a quelques années…

— Vous voulez parler de l'attentat de 1997 ?

— Exact.

— Eh bien, c'est un souvenir terrible… que toute l'Égypte voudrait pouvoir oublier…

La voix de Raphy s'altéra et il se tourna vers Jean comme s'il ne s'adressait qu'à lui. Le groupe se resserra autour d'eux, et les visages tendus semblèrent attendre une explication.

— Cette tragédie est l'épisode le plus affreux de l'histoire moderne de mon pays. Elle s'est déroulée le 17 novembre 1997. Des groupes de touristes, en majorité suisses, se trouvaient là-bas, près de la première rampe quand soudain, des terroristes déguisés en gardiens et en policiers, se sont mis à tirer sur eux. Ce fut une hécatombe. Soixante-sept personnes, dont cinquante-huit étrangers, ont péri en quelques minutes. L'unique survivante a raconté qu'elle n'avait eu la vie sauve que parce qu'elle s'était trouvée cachée sous les cadavres de ses compagnons de voyage. Je... excusez-moi, mais je ne désire pas m'étendre plus longuement sur ce sujet... c'est trop pénible, trop horrible. Sachez toutefois que les auteurs de ce massacre, ont tous été attrapés et châtiés.

Le guide s'interrompit quelques instants, promena son regard sur le groupe debout en plein soleil, puis reprit :

— En dehors de l'aspect humain, cet attentat a eu des conséquences catastrophiques sur l'économie égyptienne. Il faut savoir, en effet, que le tourisme est notre troisième source de revenus, après le Canal de Suez et le pétrole du Sahara. Pendant des mois, cette activité et toutes celles qui en découlent, ont été au point mort. L'Égypte a fait alors d'énormes efforts dans le domaine de la sécurité et pris toutes sortes de mesures pour rassurer les voyageurs et les tour-opérateurs…

— Ce qui n'a pas empêché d'autres attentats, fit remarquer Elsa.

— Hélas ! Vous avez raison… Les plus meurtriers ont eu lieu dans le Sinaï. En août 2004, contre l'hôtel Hilton, à Taba, sur la frontière israélienne. Et, bien sûr, celui qui est resté dans toutes les mémoires, l'attentat de Charm el-Sheik, l'année suivante, où trois voitures piégées ont causé la mort de soixante-dix innocents.

— Et depuis ?

— Depuis, tout est calme, merci le bon Dieu ! Vous avez d'ailleurs pu constater les mesures de sécurité bien réelles et bien visibles qui sont prises. Dans la Vallée des Rois, les silhouettes qui se découpaient sur les crêtes étaient celles de la police archéologique qui surveille le site. Ici même, vous avez des soldats en armes, tous les jours de l'année… D'autre part, les entrées des hôtels sont gardées ainsi que les passerelles d'embarquement des bateaux…

— Excusez-moi, Raphy, mais là, c'est pour épater la galerie ! s'exclama Jean. Les deux bidasses qui font le guet devant le Nile Horus ne pèseraient pas lourd face à un commando déterminé.

Le guide leva les bras dans un geste fataliste.

— Je le reconnais. Mais la vie est faite de risques que l'on prend… ou qu'on ne prend pas. Le choix de chacun est libre. Et quand on rencontre son destin… Inch'Allah, comme nous disons ici ! Mais je le répète, les terroristes sont généralement attrapés et condamnés.

— Généralement… mais pas toujours, marmonna quelqu'un.

Raphy hocha la tête en soupirant puis il invita son groupe à faire la visite et à le rejoindre, une heure plus tard, à la cafétéria de l'entrée.

*

Dans le minibus qui les ramenait vers le Nil, Elsa sentit brusquement la fatigue la terrasser. Elle ne pouvait empêcher ses yeux de se fermer et sa tête de dodeliner. Elle s'appuya à l'encoignure du dossier et de la vitre et se laissa aller. Elle se disait que c'était une honte de somnoler quand on traversait un aussi beau pays, un pays qu'elle ne reverrait sans doute jamais… mais c'était plus fort qu'elle.

Elle entendait vaguement ce qui se disait autour d'elle, Jean qui reparlait avec le guide des problèmes de sécurité et, un peu plus tard, des exclamations alors que le minibus ralentissait en passant devant le Ramesseum. Elle entrouvrit un œil, aperçut des tronçons de colonnes et une masse de murs en ruine. Puis le bus reprit de la vitesse et elle referma les yeux. Elle pensait à la petite entreprise d'albâtre où ils avaient fait halte pour assister à une démonstration de fabrication. C'était moins l'habileté des artisans que l'admirable visage de l'un d'eux qui avait attiré son attention. Un ancien Égyptien s'était indubitablement réincarné dans les traits de cet homme. Son profil hantait les parois des tombeaux, sa tête avait été sculptée, des millénaires auparavant, dans la diorite ou le schiste. Était-ce de cette manière que se manifestait l'immortalité des pharaons ? se demanda Elsa avant de s'endormir pour de bon.

Soudain, elle sentit Jean lui tapoter le bras.

— On arrive près des Colosses de Memnon !

Elle s'obligea à ouvrir les yeux. Raphy terminait son commentaire sur le gigantesque temple qui s'était élevé là, et dont il ne restait rien, sinon deux statues de vingt mètres de haut, dressées au milieu d'une plaine couverte de cailloux.

— Ceux qui désirent les photographier ou les voir de près, peuvent le faire. Mais attention ! Il est midi et la température est torride.

En quittant le bus, Elsa crut pénétrer dans un autre monde. La chaleur était devenue une entité à part entière. Un nouvel élément du paysage. Quelque chose d'inouï, d'insoupçonné, d'une intensité telle que la jeune femme recouvra instantanément toute sa lucidité. Elle enfonça son chapeau sur sa tête et prit l'escalier descendant vers l'espace vide et plat qui s'étendait devant les Colosses.

La fournaise avait blanchi le ciel et les montagnes thébaines flottaient dans une brume ocrée. Lorsqu'elle parvint face aux statues, Elsa s'arrêta, frappée soudain par leur incommensurable laideur. De loin, elle leur avait trouvé un aspect vaguement simiesque. De près, ces deux pharaons sans visage, lourdement assis, les mains posées sur les cuisses, n'étaient qu'une discordance de pierre oubliée par le temps.

— Ils sont vraiment impressionnants, n'est-ce pas ?

Elsa se retourna. Quelques mètres derrière elle, se tenait Mélanie Leroy qu'elle n'avait pas entendue arriver. Elle était seule, les autres ayant reflué vers la fraîcheur du minibus.

— Impressionnantes mais vraiment hideuses !

— Oh ! Vous trouvez ? Pourtant, elles sont si anciennes…

— La beauté n'a pas l'apanage de la durée.

— C'est vrai, en effet… Dites, j'ai envie d'en faire le tour. Vous m'accompagnez ?

— Si vous voulez.

Les deux femmes enjambèrent le fil de fer qui tenait lieu de clôture et se mirent à marcher dans la caillasse calcinée. Puis Elsa s'attarda pour prendre quelques photos et, lorsqu'elle rejoignit Mélanie, derrière les Colosses, elle la découvrit plantée en plein soleil, qui la regardait venir, les yeux écarquillés.

— Qu'est-ce qu'il y a ? On dirait que vous avez rencontré un fantôme.

— Je… Mon Dieu ! C'est un peu ça… Durant une seconde, je vous ai prise pour ma fille. Quel choc…

Interloquée, Elsa ne répondit rien.

— Vous… vous devez être à peu près du même âge…

— J'ai trente-trois ans.

— C'est ça. Evi en aurait eu trente-deux si… si…

La voix de Mélanie s'étrangla et Elsa comprit brusquement qu'elle faisait allusion à une morte.

— Je crois qu'il est temps de rejoindre le bus, dit-elle car elle se sentait en terrain glissant. Si Raphy ne nous voit pas revenir, il va penser que nous avons attrapé une insolation, ce qui ne serait pas étonnant avec une chaleur pareille. Allons, venez !

— Excusez-moi, je… je n'ai pas l'habitude d'ennuyer les gens avec la mort de ma fille. Mais vous me la rappelez tellement… Vos cheveux, votre façon de vous habiller… Oh ! Seigneur, j'aimerais tant qu'elle soit ici, à votre place !

Elsa s'arrêta, choquée par ce que ces mots pouvaient sous-entendre. Mais le visage ravagé par le chagrin de sa compagne lui fit pitié.

— Je comprends… Je ne connais pas votre histoire mais je partage votre peine. Allons, retournons au minibus !

Elle lui tendit un Kleenex car des larmes coulaient sur ses joues.

— Pardonnez-moi. C'est ce voyage et cette chaleur qui me mettent les nerfs à vif, hoqueta Mélanie.

— Bien sûr.

— Et puis, ne sommes-nous pas embarquées sur le même bateau ?

— Oui, évidemment, répondit Elsa qui ne voyait pas ce que le Nile Horus venait faire ici.

— Vous comprenez, ma fille était quelqu'un de si ouvert, de si gai, avec des projets plein la tête. Après leur voyage de noces, elle et son mari envisageaient de... de... Oh non ! C'est trop injuste, trop affreux...

Elle s'arrêta et se moucha à nouveau. Brusquement, Elsa eut l'impression que la chaleur était encore montée d'un cran. Même respirer devenait difficile. Le soleil se trouvait au zénith et les Colosses ne projetaient aucune ombre où elles auraient pu s'abriter.

— Venez, dit-elle, ce cagnard va finir par nous rendre malades. Quand nous serons de retour à bord, nous pourrons causer de votre fille, si vous le désirez, mais maintenant, il faut retourner au car.

Mélanie se laissa entraîner sans résister.

— S'il vous plaît, ne dites pas à Gaston que je vous ai parlé d'Evi. Je lui avais donné ma parole de ne pas le faire durant ce voyage. Je sais que... que je n'ai pas respecté les instructions. Seulement, ça a été plus fort que moi...

— Ne craignez rien ! Pas un mot ne sortira de ma bouche. Je suis une tombe.

*

Elsa s'étira puis jeta un coup d'œil à son réveil. Elle découvrit avec stupeur que sa sieste avait duré plus longtemps que prévu. Il était seize heures trente et il lui restait à peine une demi-heure, avant le départ pour la promenade en calèche. Elle se précipita sous la douche, se lava les cheveux puis s'enduisit d'un lait hydratant car elle avait l'impression que le soleil, le sable et la poussière lui avaient complètement desséché la peau. Elle enfila une robe décolletée et de jolies sandales pour remplacer la tenue plus sportive du matin, se munit d'un large chapeau de paille et d'une étole de coton blanc qui lui protégerait les épaules. Puis elle fonça jusqu'à la réception où elle retrouva le groupe prêt à quitter le Nile Horus, afin de rejoindre la demi-douzaine de calèches alignées le long du quai.

« — Et voilà, les amis !... Comme vous pouvez le constater, les calèches de Louxor ne sont pas de la première jeunesse, on peut même dire qu'elles ont déjà beaucoup servi ! Je demande toute votre indulgence pour la question du confort parce que c'est le seul moyen de transport qui permette de visiter les souks et les quartiers populaires, en toute tranquillité. Vous comprendrez tout à l'heure de quoi je veux parler. J'aimerais aussi vous rappeler que le prix de la promenade est inclus dans le forfait du voyage et que vous n'avez rien à débourser, même si votre cocher vous le demande. Et je suis sûr qu'il le fera ! Il vous réclamera un bakchich pour son cheval... pour ses enfants... pour sa femme... et pour tout ce qui lui passera par la tête ! Surtout ne vous laissez pas faire ! Avant le départ, je dois vous avertir que ce que vous allez voir est, en quelque sorte, l'envers du décor de Louxor. Ici, le long des quais, vous avez les beaux quartiers, les immeubles modernes, mais juste derrière, c'est un autre style ! Vous serez sûrement révoltés par la différence. Je le suis aussi. Seulement, nous sommes en Égypte où l'urbanisme sauvage est considéré comme un sport national ! Bien sûr, les autorités s'efforcent de mettre un peu d'ordre dans tout ça mais… disons que c'est difficile. Les bâtiments poussent comme des champignons, sans permis, sans confort, sans normes d'hygiène et de sécurité… Malgré tout, vous pourrez constater que la population n'a pas l'air malheureuse. Sur les étals, il y a de tout, tant pour l'alimentation que pour le reste. Mais évidemment, cela peut changer très vite. La précarité est grande et si les prix se mettaient à flamber… je ne peux dire de quoi l'avenir serait fait. Nous allons maintenant pouvoir grimper dans nos calèches. Mais avant, juste un point à mettre au clair… Je vois que deux personnes ont préféré rester à bord. »

— Oui, ma femme qui se sentait fatiguée, dit Roberto Grazzi.

— Et la mienne, lança Gaston Leroy. Elle a dû avoir un coup de chaud quand elle est allée regarder de près les Colosses de Memnon.

— J'espère que ce n'est pas une insolation.

— Non ! Ne vous inquiétez pas ! Un peu de repos au frais et il n'y paraîtra plus.

— Espérons-le ! Eh bien, maintenant, en route !

*

— Je n'ai pas encore eu le plaisir de bavarder avec vous, dit Christine Gaudin en adressant un sourire à Agnès Trudeau avec qui elle partageait la calèche. Il est vrai que nous sommes très occupés, pas une minute pour souffler… Enfin, je ne me plains pas, nous avons payé pour ça, n'est-ce pas…

Agnès la toisa en arquant les sourcils. Elle savait que cette façon de regarder ses interlocuteurs les mettait généralement mal à l'aise et que la conversation s'arrêtait là. Mais Christine ne parut s'apercevoir de rien.

— Jusqu'à maintenant, je suis très satisfaite de ce voyage, poursuivit-elle. Nous avons la chance d'être tombés sur un guide hors pair.

— Un peu trop bavard, à mon goût.

— Oh ! Vous trouvez ? Pour ma part, j'apprécie beaucoup ses explications. Sans elles, bien des détails m'échapperaient complètement.

— C'est une façon de voir.

— Aïe ! Oh la la !

— Qu'est-ce qu'il y a ?

— Un ressort du dossier vient de me rentrer dans les côtes ! Et je ne vous parle pas du siège… J'ai l'impression que le coussin est rempli de cailloux.

— Effectivement, question confort, il y a mieux.

— Après mon entorse, j'espère que je ne vais pas attraper un lumbago ! Je suis fragile des lombaires… Ah ! Seigneur, c'est de pire en pire !

— La chaussée n'est plus goudronnée. Regardez-moi ça ! Ces nids de poules, ces canalisations crevées… et ces fils électriques qui pendouillent partout ! Le tiers-monde dans toute sa splendeur !

— Raphy nous a prévenus.

— Oui, et il a dû rester en deçà de la réalité. C'est un Égyptien, il ne va pas dénigrer son propre pays.

— Et vous, d'où êtes-vous ? fit Christine en s'agrippant au morceau de ferraille qui tenait lieu d'accoudoir.

— De Chartres, répondit laconiquement Agnès.

Puis elle saisit son appareil photo et se mit à mitrailler les gamins qui couraient à côté de la calèche, en réclamant des bonbons et des stylos. Christine qui avait dû prévoir le coup, ouvrit son sac et s'apprêta à en distribuer.

— Non ! Ne faites pas ça ! On ne s'en débarrasserait plus !

— Ils sont si mignons ! Ah ! Seigneur ! Mon dos...

Une nouvelle secousse venait de précipiter les deux femmes l'une contre l'autre.

— Ce soir, je serai bonne pour avaler des anti-inflammatoires !

Agnès haussa les épaules et se pencha à l'extérieur pour photographier la ruelle encombrée où s'engageait la calèche. Comme elle se rasseyait, Christine lui demanda quelle était sa profession.

— Devinez !

— Euh, je ne sais pas... photographe peut-être... Vous possédez là un appareil très sophistiqué.

— Il ne m'appartient pas.

— Ah ! Vous semblez pourtant avoir l'habitude de le manipuler...

— C'est le cas, je m'en sers souvent. Cet appareil était à ma sœur. J'en ai hérité.

Une brutale série de cahots l'interrompit et le cocher dont elles n'avaient vu jusque-là que le dos, se retourna, un large sourire aux lèvres. Elles n'y firent pas attention car le spectacle de la rue devenait de plus en plus ahurissant.

La calèche qui traversait un marché, semblait voguer au milieu des marchandises amoncelées un peu partout, tandis qu'au-dessus, accrochés à des fils tendus d'une maison à l'autre, flottaient des assortiments de t-shirts, de djellabas, de robes, de foulards de toutes les couleurs.

— On va finir par écraser quelqu'un ! s'écria Christine alors que la ruelle se resserrait encore. Oh ! Et puis je n'aime pas ça ! Cette foule me fait peur. Il serait si facile à ces gens de… de…

— De quoi ?

— Je ne sais pas… Mais regardez-nous, exhibées comme des princesses au milieu de ces miséreux ! C'est de la provocation…

— Je suis d'accord avec vous, je trouve ça assez indécent. Mais que peut-on y faire ? D'ailleurs, ils ont l'habitude de voir passer des touristes.

— Et si l'idée les prenait de…

— Oui ?

— De nous voler nos sacs, de nous kidnapper…

— Taisez-vous, vous êtes ridicule !

Tandis qu'Agnès se remettait à photographier, Christine se rencogna dans son siège, une main serrant l'accoudoir, l'autre son sac à main. La calèche tournait à gauche, tournait à droite, se perdait dans un labyrinthe surpeuplé, plein de saleté et de bruits, où se pressait une foule en galabiehs et en tchadors, alors que des gosses effrontés grimpaient sur le marchepied, en tendant leurs mains brunes. « Bakchich ! Bakchich ! »

— Je vous signale que nous avons perdu le convoi. Ça fait un bon moment que je ne vois plus les autres calèches !

— Arrêtez donc de flipper. Qu'est-ce que nous risquons, hein ?

— Vous êtes inconsciente ou quoi ? gémit Christine. Dieu sait comment cette promenade va se terminer ! J'aurais dû rester à bord plutôt que venir voir cette bande de pouilleux !

— Vous allez cesser de m'emmerder, oui ou non ? Si ça peut vous rassurer, apprenez que je suis ceinture noire de judo, spécialiste en close-combat et en sports d'autodéfense. Vous me demandiez quel était mon métier, eh bien, sachez que je dirige une école de vigiles et que je possède une entreprise de gardiennage. Là ! vous vous sentez mieux ?

— Euh oui… certainement.

— Maintenant, regardez là-bas, devant nous !

Débouchant de la ruelle, leur véhicule s'engageait dans une avenue bien dégagée où stationnaient cinq calèches, à côté d'un passage à niveau.

— Vous voyez, ce n'est pas aujourd'hui que vous serez violée ! ricana Agnès.

— Oh ! À mon âge…

— Il n'y a pas d'âge pour souffrir !

— Ne vous moquez pas de moi !

— Il y a de quoi, non ?

Leur calèche rejoignit le convoi qui poursuivit sa route, au milieu d'une circulation anarchique et d'un tintamarre de klaxons et de pots d'échappement crevés.

Des nuages de poussière et de sable tourbillonnaient dans la lumière soufrée du soir. Des odeurs de fumée et d'égout se mêlaient à celles des viandes grillées et des épices. Partout des hommes se hâtaient, riaient, s'interpellaient, bavardaient sur des trottoirs défoncés, souvent coupés par des travaux de voirie. Des femmes chargées d'enfants ou de sacs à provisions marchaient à la queue leu leu. Des collégiennes en uniformes rentraient chez elles, leurs manuels et leurs cahiers sous le bras.

Peu à peu, les maisons firent place à des jardins potagers puis à des champs cultivés. La route longea un canal d'irrigation. Des gamins couraient toujours à côté des calèches. D'autres poussaient des ânes bâtés à l'aide d'une baguette, d'autres encore tiraient des carrioles à bras.

— Dites, Agnès, vous devez penser que je m'affole pour rien…

— C'est le cas, non ?

— Nous sommes quand même dans un pays où tout peut arriver !

— Je l'admets, mais paniquer ne sert à rien.

— Facile à dire pour quelqu'un qui pratique l'autodéfense en professionnelle ! Un métier que bien peu de femmes exercent…

— En effet.

— Dites-moi, quelle est la réaction des hommes avec qui vous sortez, quand vous leur en parlez ? Ils doivent se sentir un peu… dévalorisés, non ?

Agnès éclata de rire.

— Ça ne risque pas !

— Ah bon ! Et pourquoi ?

— Parce que je n'aime que les femmes.

— Oh ! Excusez-moi, je… je…

— Vous êtes tout excusée. Vous pouvez même aller raconter à tout le monde ce que je viens de vous dire. Il y a longtemps que j'ai fait mon coming out.

— Euh oui… non… Ne croyez surtout pas que…

Son embarras était si comique qu'Agnès ne put s'empêcher de pousser son avantage.

Elle se pencha et articula sur le ton de la confidence :

— Vous paraissez très liées, Mélanie et vous. J'ai eu l'impression que vous aussi…

— Oh non ! Non, pas du tout !

— Pourtant, en vous observant…

— Vous vous trompez complètement ! À vrai dire, nous sommes apparentées.

— Cousines ?

— Non, par alliance.

— Belles-sœurs ?

— Pas non plus. En fait, Évelyne, la fille de Mélanie et de Gaston, était l'épouse de mon fils Olivier.

— Ah ! Je vois… À mon tour de m'excuser, fit Agnès, gênée par le visage soudain bouleversé de sa compagne.

Par sympathie, elle posa sa main sur celle de Christine mais celle-ci, se méprenant sur le sens de son geste, tressaillit et recula d'un air dégoûté. Agnès haussa les épaules et s'absorba dans la contemplation du paysage qui défilait devant ses yeux.

*

*   *

« De yo.zeller@yahoo.fr à m.zeller@wanadoo.fr

Hurghada (Égypte), le 27 février 1999

Hello Papa !

Te dire à quoi ressemblent vraiment les bancs de coraux est impossible ! Ça dépasse tout ce qu'on peut imaginer, tous les documentaires qu'on voit à la télé ou au cinéma ! On ne peut presque pas croire que de si belles choses existent pour de vrai ! C'est dingue…

Maman ne m'avait pas parlé de cette sortie en mer. C'est ce matin qu'elle m'a dit qu'une surprise m'attendait. Après le petit-déjeuner, nous avons pris un taxi jusqu'à un club de plongée et là, nous avons retrouvé Pascal, Colin et leurs parents. Hier soir, maman avait tout organisé avec eux pendant que nous dansions.

Nous avons donc embarqué tous ensemble et, une heure plus tard, nous arrivions aux îles Giftun. Complètement arides et désertes, elles sont entourées par des bancs de coraux. Le bateau a jeté l'ancre puis un matelot a sauté à l'eau pour aller fixer une amarre à un anneau scellé dans les rochers. Ensuite, par une échelle située à l'arrière, nous sommes descendus dans la mer, avec nos palmes, nos masques et nos tubas. Puis nous avons nagé jusqu'au "tombant" qui est une paroi rocheuse sous-marine qui s'enfonce à environ quinze mètres de profondeur. Elle est complètement tapissée de coraux où vivent plein de poissons exotiques. Tu te croirais dans un aquarium, mais en cent fois plus beau ! J'ai vu des balistes, des chirurgiens noirs, des sergents-majors rayés, des mérous rouges, des poissons-papillons, des demoiselles soufrées... (Je les ai reconnus sur un poster affiché dans le bateau, c'est comme ça que j'ai appris leurs noms.) J'ai même aperçu une murène qui sortait sa vilaine tête de son trou. Là, j'ai eu un peu la trouille, heureusement qu'un des moniteurs nageait à côté de moi !

Après avoir bien regardé et admiré ce premier "spot", nous sommes remontés à bord pour déjeuner.

L'après-midi, le bateau s'est déplacé de l'autre côté de l'île et on a remis ça. Mes copains ont eu droit à un baptême de plongée. Ils sont descendus d'abord à cinq mètres puis à douze mètres. La classe ! J'aurais vraiment voulu faire la même chose, surtout que le moniteur insistait pour que j'essaie. Mais maman a été intraitable. Et tu la connais, quand elle se met quelque chose dans la caboche ! Sous prétexte que je sors d'une pneumonie, elle a catégoriquement refusé. Tu aurais été là, je suis sûre que tu m'en aurais donné la permission. Mais elle, comme mère poule, on peut dire qu'elle bat tous les records !

Au retour, une de ses nouvelles copines a pris quelques photos de moi, il paraît que j'ai un look intéressant. Ça fait toujours plaisir à entendre ! Malgré toutes nos précautions, nous avons piqué des coups de soleil. J'espère que les miens vont vite virer au brun.

Maintenant, j'arrête de pianoter et je vais me pieuter parce que je suis complètement claquée.

À demain. Yo »

« Mon chéri,

À peine au lit, Yolande s'est endormie comme un bébé, elle devait être plus fatiguée que je ne le pensais. J'espère que nous ne payerons pas trop cher cette magnifique journée ! Comme notre fille va de mieux en mieux, j'ai tendance à oublier qu'elle est encore convalescente. Mais elle a eu tant de plaisir que je ne peux pas croire que cette excursion lui ait fait du mal. J'imagine qu'elle t'a raconté les fabuleux paysages sous-marins que nous avons découverts. Elle surtout, qui nage comme un poisson… Moi, je n'étais pas trop rassurée. D'abord, je ne suis pas habituée à respirer dans un tuba. Ensuite, l'eau étant extrêmement claire, voir le "tombant" et le fond à quinze mètres sous moi, me donnait presque le vertige. De plus, la mer était un peu agitée… Bref, je suis assez vite remontée à bord. Je n'étais pas la seule. Nathalie, la mère des copains de Yolande, est sortie en même temps. Nous sommes allées sur le pont supérieur et, de là-haut, nous avons pu suivre les ébats de nos enfants dans les eaux claires de la Mer Rouge. Cela nous a donné l'occasion de mieux nous connaître. Nous nous sommes découvert des affinités communes, et il est probable que nous ferons ensemble l'excursion à Louxor, en fin de semaine. Son mari et ses fils ne sont pas tentés, et il se pourrait que Yolande reste à Hurghada avec eux. Rien n'est encore décidé, il va falloir en discuter avec les intéressés.

Parmi la vingtaine de participants à l'excursion d'aujourd'hui, une bonne moitié étaient des clients de l'hôtel Hathor. J'ai retrouvé la photographe dont je te parlais hier et j'ai fait la connaissance de son amie Suzanne, tout aussi sympathique. Ces deux femmes ont laissé leurs maris à la maison, et se sont offert une semaine de vacances ici, en célibataires. J'ai aussi discuté avec un jeune homme que j'avais déjà remarqué à l'hôtel, à cause de sa barbe rousse. Très réservé au premier abord, mais passionnant quand il parle de la vie sous-marine qui semble être son passe-temps favori.

Comme tu peux le constater, je suis moins négative qu'hier. Le grand air, le bateau et le fait de rencontrer des gens agréables et intéressants, ont chassé l'ennui. En définitive, je garderai peut-être un bon souvenir de ces vacances !

Pour demain, je n'ai pas encore de projet. Je pense offrir à Yo une nouvelle randonnée à cheval. Si ses deux amis acceptent de l'accompagner, je suis sûre qu'elle sera enchantée. Pour la suite, nous verrons…

La fatigue commence à se faire sentir, je vais donc aller me coucher. Mais avant ça, je réclame de tes nouvelles. Tu n'es pas très bavard, contrairement à nous. Dis-moi si tu t'en sors avec tes reportages, et aussi comment ça se passe avec le grand Dan. Est-ce que les photos qu'il prend te conviennent ? Je suppose que oui, tu n'as jamais eu de problème de ce côté-là, avec lui.

Prends soin de toi. Je t'embrasse.

Judith »

QUATRIÈME JOUR - EDFOU

Navigation vers Edfou, temps libre sur le bateau. À Edfou, visite du temple d'Horus puis navigation vers Assouan.

Michel Lucas, les coudes sur le bastingage, regardait défiler les rivages verdoyants du Nil.

Par moments, il se servait des jumelles suspendues à son cou pour voir de plus près un village, des animaux, des paysans au travail ou des gosses qui se baignaient.

Comme prévu, le Nile Horus avait quitté le quai de Louxor au milieu de la nuit afin d'entreprendre la remontée du fleuve jusqu'à Assouan. Lucas n'avait rien entendu et, lorsqu'il s'était réveillé, vers cinq heures, seul le sourd grondement des moteurs lui avait appris que le bateau était en route. En ouvrant le rideau de sa fenêtre, il avait vu passer des collines gris rose et une campagne encore à demi enfouie dans la nuit. Il avait aussitôt enfilé son maillot de bain et il était monté sur le pont solarium.

L'aube se levait sur le Nil et il était seul à la contempler.

Ensuite, il avait plongé dans la piscine puis s'était allongé sur un transat, en attendant que le soleil surgisse derrière les crêtes rocheuses qui se dessinaient sur le ciel ivoire.

Un peu plus tard, d'autres passagers étaient arrivés. Ils faisaient partie des Allemands et du groupe de Chinois qui avaient embarqué la veille, en début de soirée. Jugeant le charme rompu, Lucas était descendu s'habiller dans sa cabine avant d'aller prendre son petit-déjeuner. Puis il avait assisté au passage des écluses d'Esna et s'était installé à la proue, pour regarder l'Égypte rurale, en songeant qu'elle ne devait pas être très différente de celle des pharaons. Mêmes cultures, mêmes outils, mêmes gestes…

À l'aide des jumelles, il observait une bande de petits échassiers, ibis ou pique-bœufs, quand il sentit une présence à ses côtés.

— Quel splendide spectacle ! fit Jean Rouault, les mains posées sur la rambarde.

— Et qui change constamment. Avec les lunettes, c'est comme un film qui se déroule devant vos yeux. Tenez, regardez !

Jean se plongea à son tour dans la contemplation du rivage.

— Vous avez raison. Quelle bonne idée d'avoir emporté des jumelles ! Je n'y ai pas pensé.

— Vieux réflexe de journaliste. Elles sont toujours dans ma valise, où que j'aille.

— Vous faites un reportage sur le Nil ?

— Non, je suis en vacances.

— C'est la première fois que vous venez en Égypte ?

— Je connais Le Caire et Alexandrie mais pas la Haute-Égypte. Aussi, quand l'occasion de faire une croisière s'est présentée, n'ai-je pas hésité. C'est une excellente façon de découvrir les sites archéologiques.

— D'autant plus que notre guide est remarquable, renchérit Jean. Pourtant, je n'ai pas l'impression que les autres participants l'apprécient à sa juste valeur. Ils ne manifestent pas beaucoup d'enthousiasme. Avec ma femme, nous nous demandons par moments ce qu'ils sont venus faire ici.

— Typique des voyages organisés ! Manque de curiosité et de motivation… Les gens ingurgitent ce qu'on leur présente sans se poser de questions. Jamais je ne voyage de cette manière. Mais la Haute-Égypte, c'est spécial. À mon avis, un guide est nécessaire, du moins la première fois.

— C'était aussi notre avis… Mais dites-moi, ça ne vous dérange pas d'être seul ? Moi, je ne me verrais pas sans Elsa.

— Question d'habitude ! Quand je me déplace en reportage, il est rare que je sois accompagné. J'écris, j'enregistre, je prends des photos convenables… Je n'ai donc besoin de personne.

— Je comprends.

Jean rendit les jumelles à leur propriétaire et aperçut Vincent Even qui s'avançait dans leur direction.

— J'étais au solarium, mais il fait une chaleur torride là-haut. Même à l'ombre, c'est intenable. Ici, on bénéficie du vent de la route…

— Malgré ça, je trouve qu'il commence à faire trop chaud, répondit Michel Lucas. Je vais rentrer au salon. On se retrouvera peut-être à onze heures, à la conférence de Raphy.

Le guide avait, en effet, convié ceux que cela intéressait, à une causerie sur l'Égypte moderne, à l'issue de laquelle il avait promis de répondre à toutes les questions qu'on voudrait bien lui poser.

— J'ai remarqué que vous voyagiez seul, comme notre ami Lucas, fit Jean. J'étais en train de lui dire qu'à moi, ça ne me plairait pas.

— Ce n'est pas un problème, on se fait vite des amis, surtout dans un groupe aussi restreint que le nôtre. Je suis veuf mais j'ai un fils de quinze ans que j'aurais pu emmener… Seulement, il n'est pas très branché vieilles pierres. L'Histoire et l'Antiquité ne l'intéressent que très modérément. Cela viendra peut-être plus tard… Mais alors, ce n'est pas avec moi qu'il aura envie de voyager !

— Oui, évidemment ! Et pour le moment, qu'est-ce qu'il fait ?

— Vous parlez de l'école ? Il entrera en seconde en septembre. Je n'ai pas de souci de ce côté-là, il est doué… comme l'était sa mère.

Vincent soupira et tourna la tête pour regarder défiler les berges du fleuve.

— Mon fils, reprit-il, ou plutôt mon beau-fils, car ma femme l'avait déjà quand nous nous sommes rencontrés, est un garçon épatant que j'aime énormément. Il a été un vrai réconfort pour moi, quand sa mère nous a quittés… Maintenant qu'il est adolescent, nos rapports continuent d'être excellents. Je lui fais une totale confiance et n'ai pas hésité à le laisser seul, toute cette semaine... Et vous, vous avez des enfants ?

— Non... des neveux et des nièces, mais pas d'enfant.

Vincent hocha la tête puis tendit le doigt vers le rivage.

— À votre avis, ces plantes que l'on voit là-bas, est-ce que ce sont des lotus ou des papyrus ?

— Je n'en sais rien. Il faudra demander ça à Raphy... D'ailleurs, il est onze heures. Si nous ne voulons pas rater le début de sa conférence, il est temps d'y aller.

*

Le salon du Nile Horus se situait sur le pont supérieur. Entièrement vitré, il possédait une piste de danse autour de laquelle étaient disposés des canapés, des fauteuils et des tables basses. Pour sa causerie, Raphy entraîna son groupe à l'avant, loin des autres passagers qui lisaient ou bavardaient à mi-voix.

« — Et voilà, les amis !... Depuis cette nuit, nous sommes en route pour Assouan qui est situé, il faut le savoir, à 232 kilomètres de Louxor, et où nous arriverons dans une douzaine d'heures. Nous avons passé rapidement les écluses d'Esna, merci le bon Dieu ! Ce n'est pas toujours le cas. En pleine saison, il y a parfois plusieurs heures d'attente. Comme l'horaire est respecté, nous serons à Edfou vers seize heures trente. Là, nous ferons escale pour visiter le temple d'Horus qui est l'édifice le mieux conservé de toute l'Égypte ancienne. Il a été construit tardivement, en l'an 237 avant JC, puis, assez rapidement, il a été enfoui dans le sable presque jusqu'au sommet, ce qui l'a préservé des dégradations. C'est Mariette et les expéditions françaises qui l'ont dégagé, au XIXe siècle. Mais je vous expliquerai tout cela en détail sur le site, cet après-midi. Nous nous y rendrons en calèche et…

— Quoi ? Je croyais qu'on en avait fini avec ce mode de transport ! s'écria Christine Gaudin. Je suis encore complètement courbaturée par la promenade d'hier. Et si c'est pour traverser des quartiers aussi sordides et terrifiants qu'à Louxor, merci ! Je préfère rester à bord.

Raphy lui lança un coup d'œil aigu puis afficha un sourire de façade.

— Tranquillisez-vous ! D'abord, nous serons quatre par voiture. Ensuite, le parcours est beaucoup plus court et les cochers ont l'habitude de faire trotter, et même parfois galoper leurs chevaux. Vous verrez, vous serez très vite arrivés. Peut-être même un peu trop vite, au goût de certains !

— Que voulez-vous dire ?

— Eh bien… en Égypte on prétend qu'il faut être fou pour aller à Edfou !

— Si vous vouliez me rassurer, c'est réussi !

— Non, non ! Je plaisantais ! Oubliez ce que je viens dire ! Les abords du site ont été magnifiquement restaurés et sont très bien gardés. La seule chose dont vous devrez vous méfier, c'est la chaleur. Même à cinq heures de l'après-midi, il y aura plus de 40° à l'ombre. Maintenant, les amis, passons à la petite causerie que je vous ai promise ! Plusieurs d'entre vous ont exprimé le désir d'en connaître un peu plus sur l'Égypte moderne. J'ai déjà eu l'occasion de vous en dire quelques mots et…

— Excusez-moi, Raphy ! Mais avant que vous ne commenciez, j'aimerais que vous nous disiez s'il est possible de parler politique dans ce pays ou si le sujet est tabou ? demanda Michel Lucas.

— Il faut savoir qu'en Égypte, en principe, rien n'est tabou mais que, d'une certaine manière, tout est tabou. Et au premier chef, la personne de notre président, Hosni Moubarak. De lui, il vaut mieux ne pas parler publiquement ! Tout ce qui le concerne est intouchable. Je vous donne un seul exemple, mais tout à fait révélateur : la photo de lui que l'on peut voir affichée partout, est celle qui a été prise au moment de son élection, en 1981. Exactement la même ! Aujourd'hui, comme vous et moi, l'homme a vieilli, il a quatre-vingts ans. Pourtant, c'est toujours le portrait d'un homme dans la force de l'âge, que l'on montre au peuple égyptien parce que notre président veut donner de lui une image de constance, de stabilité. Avec le temps, c'est devenu une vraie mascarade.

— Qui prendra sa suite ?

— Selon la constitution, le président est élu au suffrage universel, tous les six ans. Mais le bruit court actuellement que Moubarak préparerait son fils à sa succession.

— Ce qui serait illégal !

— C'est vous qui le dites ! Moi, je n'ai pas d'opinion, fit Raphy dont le visage devint subitement impénétrable.

— Bon, on a compris !

— Sur le papier, l'Égypte est une république, seulement il faut savoir que l'opposition a été laminée puis balayée depuis longtemps. Un seul parti gouverne, ce qui laisse le champ libre à tous les abus, à toutes les corruptions. Voilà une des raisons pour lesquelles mon pays qui est l'un des plus riches du Proche-Orient et qui possède un potentiel intellectuel élevé, ne parvient pas à sortir de son sous-développement chronique.

— Et qu'en est-il exactement de l'influence islamiste ?

— Notre constitution date de 1971 mais elle a été amendée en 1981, la Charia est alors devenue une des bases de la législation.

— Comment expliquez-vous la recrudescence des partis religieux ?

Raphy soupira.

— Quand les choses vont de mal en pis, quand les gens perdent l'espoir de s'en sortir soit à cause d'un manque d'argent, soit parce que les combines, le favoritisme, les passe-droits ont force de loi, quand ils n'ont aucun moyen de manifester leur mécontentement ni d'exprimer leur désir de changement parce que la seule réponse qu'on leur donne c'est la prison, l'oppression, les sévices de toutes sortes… alors, que voulez-vous, les gens se réfugient dans la religion. Savez-vous quel est le slogan préféré des organisations religieuses ? « Avec l'Islam, tout est possible. » Simple, facile à retenir et surtout efficace, parce que le “possible” est, aujourd'hui, ce qui manque le plus à l'immense majorité des Égyptiens.

Alors que la causerie se poursuivait, le salon s'était peu à peu rempli. Les passagers, fuyant la fournaise, venaient s'y réfugier. C'était l'heure de l'apéritif. Le bar, situé entre la salle à manger et le salon, était pris d'assaut.

Les rires et les bavardages devenaient assourdissants lorsque, soudain, une voix aiguë s'éleva au-dessus du brouhaha :

— C'est une honte ! Un scandale ! Comment ose-t-on ? Dans un bateau cinq étoiles…

Les passagers se retournèrent, reculèrent, s'écartèrent, et une femme surgit, rouge de colère.

— Jamais je n'aurais imaginé une chose pareille ! Où est le guide ? Je vais porter plainte immédiatement !

— Mais c'est Mélanie ! Qu'est-ce qu'il lui arrive ? s'exclama Gaston alors que sa femme traversait le salon au pas de charge.

— Quel culot, quel sans-gêne ! Tous des voleurs et des profiteurs !

Raphy s'interrompit et, pivotant sur sa chaise, la regarda, interloqué.

— Dis-nous plutôt ce qui se passe au lieu de crier comme ça ! s'impatienta Gaston.

— Je m'étais attardée sur le pont et je rentrais dans ma cabine… Seigneur ! C'est à peine croyable…

— Quoi ?

— Dans ma cabine, il y avait un grand diable en djellaba, en train de fouiller ma valise ! Il a dû être surpris parce qu'il s'est redressé, a jeté un pan de son turban devant son visage, puis il m'a bousculée et il est sorti. Mais en passant devant moi, il m'a lancé un regard… terrifiant. Je… j'ai lu le meurtre au fond de ses yeux ! Quand j'ai repris mes esprits, je lui ai couru après mais je n'ai vu qu'une grande robe beige qui fichait le camp dans la coursive.

Mélanie promena son regard sur le groupe visiblement abasourdi et incrédule.

— Il ne t'a rien volé ? s'enquit Gaston.

— Qu'est-ce que j'en sais ? J'ai fermé la porte et j'ai couru jusqu'ici.

— Et la clé ?

— Quoi, la clé ?

— La clé de notre cabine, où est-elle ?

— Je l'ai laissée à l'intérieur.

— Ah ! C'est malin ! Et comment pourrons-nous y rentrer ?

Mélanie parut alors se souvenir que les portes n'avaient pas de poignée et qu'on les ouvrait en tournant la clé dans la serrure.

— Quoi ! C'est à ça que tu penses, alors que je viens de tomber sur une crapule qui a peut-être barboté mes bijoux, mon argent, mes papiers ? Ah ! Mon Dieu, c'est affreux !

Et elle éclata en sanglots tandis que Raphy se précipitait à la recherche du commandant du bateau.

*

— Quel bonheur que se retrouver au frais ! s'écria Elsa en pénétrant dans le hall d'accueil du Nile Horus, après la visite d'Edfou.

Elle accepta le verre de jus de citron chaud que lui tendait un steward, et le vida d'un trait. Puis elle alla jusqu'à un présentoir où des serviettes éponge humides étaient à la disposition des passagers. Elle s'en passa une sur le visage, le cou et les bras. Autour d'elle, tous les membres du groupe semblaient apprécier les égards dont ils faisaient l'objet. C'étaient de petites choses, mais si agréables… surtout après deux heures d'excursion dans l'implacable fournaise d'Edfou.

À l'issue de la sieste, comme ils se rassemblaient pour la visite du temple d'Horus, Mélanie leur avait annoncé qu'à première vue, rien n'avait disparu dans sa cabine.

— Je suis arrivée à temps, grâce au ciel, mais j'ai quand même porté plainte auprès du commandant. Il m'a affirmé que cet homme ne pouvait en aucun cas faire partie de l'équipage, en qui il a toute confiance. Il ne voit pas de qui il peut s'agir.

— Un bon conseil, avait alors lancé Gaston. Faites gaffe à vos pépettes ! Et si ces dames ont apporté leur quincaillerie, elles feraient bien de la déposer dans le coffre-fort du commandant.

Le guide avait approuvé puis déclaré qu'un officier avait été chargé de mener une enquête mais que, malheureusement, l'inconnu semblait s'être évaporé.

— Tu parles ! Ils se tiennent tous les coudes, avait marmonné Arnaud Le Gall.

Agnès avait alors émis l'hypothèse qu'il existait peut-être un lien entre l'incident de Karnak et celui d'Edfou. Personne ne paraissait y avoir songé... Raphy s'était empressé de rassurer son monde en affirmant qu'il ne pouvait s'agir là que d'une fâcheuse coïncidence.

De retour dans sa cabine, Elsa prit une douche puis essaya la galabieh qu'elle s'était achetée dans la galerie marchande, à l'entrée du temple d'Horus. Le guide leur avait laissé du temps libre pour faire quelques emplettes mais les avait prévenus :

— Une djellaba pour dame vaut trois à sept euros ! Deux à trois euros pour un homme... Cinq euros pour une grande nappe, dix pour la nappe et les serviettes. Pas plus ! Les vendeurs vous en demanderont bien davantage. Alors, marchandez, marchandez à fond !

Jean qui détestait mégoter et être harcelé, avait tout de suite gagné le point de rendez-vous, près des calèches. Mais Elsa et les autres n'avaient pas hésité.

Après être entrée dans quelques boutiques, elle avait craqué pour une splendide galabieh bleu nuit, rebrodée de différents rouges, qui ferait une superbe robe d'intérieur et qu'elle pourrait porter à la soirée costumée, prévue le lendemain, à bord du Nile Horus. Elle en avait profité pour acheter à Jean une djellaba à rayures beiges, marron et noires, qui lui servirait de déguisement. Lorsqu'elle la lui avait montrée, il avait haussé les épaules, mi-résigné, mi-moqueur.

— Puisqu'il faut en passer par là ! Tu me connais, ce genre de manifestation m'emmerde prodigieusement. Mais rassure-toi, je ne ferai pas bande à part.

Revêtue de sa galabieh, Elsa se contemplait dans le grand miroir de la penderie. Elle l'avait payée un peu plus cher que prévu mais la couleur s'accordait avec ses cheveux blonds et le vendeur lui avait garanti l'excellente qualité de la cotonnade. Il est vrai qu'elle avait du corps et que la robe tombait bien. Demain, elle était sûre d'attirer les regards…

Elle changeait de vêtement lorsqu'un grondement sourd et quelques secousses lui apprirent que le Nile Horus levait l'ancre. Elle ouvrit l'épais rideau qui protégeait la cabine du soleil, et vit le quai qui s'écartait. Elle s'habilla rapidement et sortit sur le pont.

— C'est toujours amusant de voir un bateau manœuvrer, n'est-ce pas ?

À côté d'elle, Roberto et Tonia Grazzi observaient eux aussi les mouvements du navire.

— Effectivement, j'aime beaucoup ça.

— Cette croisière est bien agréable, ne trouvez-vous pas ? poursuivit le vieil homme alors que le Nile Horus gagnait le milieu du fleuve. Un bateau confortable, le personnel aux petits soins, la cuisine irréprochable… Dommage que ma femme ne veuille pas y goûter, n'est-ce pas cara mia…

Tonia acquiesça d'un sourire distrait puis proposa de s'asseoir dans les fauteuils disposés çà et là sur le pont. Roberto en rassembla trois et invita Elsa à prendre place avec eux.

Le bateau accéléra et un léger vent rafraîchit l'atmosphère. De la poupe, on voyait s'éloigner les quais d'Edfou et la ville s'enfoncer dans une brume incertaine qui annonçait le crépuscule.

— Eh bien, chère madame…

— Je vous en prie, appelez-moi Elsa !

— Eh bien, Elsa, que pensez-vous de ce voyage ?

— Magnifique… Absolument réussi ! Dommage qu'il soit aussi court.

— Avez-vous prévu de le prolonger ?

— Oui. Nous passerons quelques jours au Caire, chez des amis. Et vous ?

— Oh non ! À nos âges, une semaine sous ce climat, c'est amplement suffisant. Il ne faut pas tenter le diable !

— J'ai entendu dire que les séjours balnéaires sur la Mer Rouge étaient très plaisants. La température y est beaucoup plus clémente.

— Oui, oui, nous sommes au courant.

— Il faut dire que la Mer Rouge attire surtout les amateurs de plongée…

— En effet, notre petit-fils y est allé. Nous avons toujours la carte postale qu'il nous avait envoyée. Les fonds coralliens sont une véritable splendeur.

La conversation languit. Elsa étendit ses jambes et posa les talons sur la balustrade. Comme elle, les Grazzi semblaient goûter l'atmosphère sereine qui les enveloppait. Les reflets cuivrés de l'eau, les collines qui viraient au mauve, le vent qui caressait la peau…

— J'en ai marre ! Vraiment marre… Jamais je n'aurais dû t'accompagner ! Tu es devenu complètement invivable !

Une voix irritée montait du pont situé au-dessous du leur.

— Est-ce que tu te rends compte de ta conduite envers moi ? Tu ne m'adresses la parole que pour me faire des reproches. De plus, tu n'arrêtes pas de reluquer les jeunes Chinoises qui sont à bord !

Elsa interrogea les Grazzi du regard. Ils paraissaient gênés, Tonia surtout.

— Une querelle d'amoureux, dit Roberto tout bas. Cela arrive aux couples les mieux assortis, n'est-ce pas, cara mia ?

Celle-ci lui jeta un coup d'œil agacé et haussa les épaules.

— Continue ainsi ! poursuivit la voix furieuse, et je quitte ce bateau dès notre arrivée à Assouan !

— Arrête, Barbara, tu ne sais plus ce que tu dis !

C'était la voix d'Arnaud Le Gall, il semblait découragé et fatigué.

— Ah ! C'est comme ça que tu le prends ! Eh bien, de deux choses l'une : ou tu changes d'attitude ou je fais ma valise !

— Cesse de hurler, Barbara, tu vas ameuter tout le bateau !

— Je m'en fous !

— Pas moi… Viens, retournons à notre cabine ! Là, on pourra s'expliquer calmement.

Les cris s'interrompirent et le calme revint.

— Eh bien, il y a du tirage entre ces deux-là, fit Roberto, une lueur amusée au fond des yeux. Mais à leur âge, on se réconcilie vite sur l'oreiller.

— Tout ça n'a aucun intérêt, jeta Tonia d'un air vaguement écœuré. Les aléas sentimentaux des gens, jeunes ou vieux, ne regardent qu'eux… Sur ce, ma chère Elsa, je vais, moi aussi, regagner ma cabine. Il est temps de se préparer pour le dîner. Est-ce que tu m'accompagnes, Roberto ?

— Bien sûr, cara mia, bien sûr…

*

En pénétrant dans la salle à manger, Jean Rouault s'aperçut tout de suite que l'ambiance bon enfant de la croisière avait changé. Debout derrière le buffet, les garçons se tenaient raides comme des piquets. Les sommeliers prenaient les commandes avec componction et le maître d'hôtel, d'ordinaire si jovial, surveillait son personnel d'un œil sévère.

— Qu'est-ce qui leur arrive ? s'enquit Jean en s'asseyant à sa place habituelle, ils ont tous l'air d'avoir avalé leur parapluie !

— On dirait plutôt qu'ils sont en train de passer une inspection, fit Agnès Trudeau.

— En effet, ça y ressemble, approuva Gaston.

Au même instant, apercevant le guide qui pénétrait dans la salle à manger, il agita la main et lui fit signe de les rejoindre.

— Raphy, dites-nous ce qu'il y a ! Les garçons ne connaissent plus personne. Ils se sont fait remonter les bretelles ou quoi ?

— Ils sont tous en train d'angoisser parce que leur patron est à bord.

— Leur patron ?

— Hassan Mohammedi, le propriétaire du Nile Horus.

— Ah bon ! Et c'est pour lui que tout le monde se met au garde-à-vous ?

— Naturellement ! Ici, nous ne sommes pas en France… Si quelque chose lui déplaît, si un employé commet un impair, il a le droit de le licencier comme il veut, quand il veut.

— Dans ce cas, je comprends qu'ils se tiennent à carreau ! Et quand cet important personnage est-il monté à bord ?

— Pendant notre escale à Edfou. Personne n'était prévenu, voilà pourquoi tout le monde balise. Nous sommes en fin de saison, chacun craint une restructuration ou une réduction de personnel… Mais cela ne vous concerne en rien, ne vous inquiétez pas !

Puis, jetant un coup d'œil par-dessus son épaule, il ajouta toujours à voix basse :

— Tenez, le voilà justement qui arrive.

L'homme qui se tenait sur le seuil de la salle à

manger et qui écoutait d'un air distrait ce que lui susurrait le maître d'hôtel, était plus jeune que ne l'aurait laissé supposer sa fonction. Assez grand, un peu enveloppé, il était vêtu d'un élégant pantalon de lin clair, d'une chemise griffée et d'une veste assortie, négligemment posée sur ses épaules. Il avait les cheveux noirs coupés très court, était rasé de près et portait des lunettes aux verres légèrement fumés. Précédé du maître d'hôtel, il se dirigea avec nonchalance vers la table qui lui avait été réservée, entraînant dans son sillage les quelques personnes qui faisaient partie de sa suite.

Dans la salle à manger, le brouhaha baissa et tous les regards convergèrent vers lui. Conscient de l'intérêt qu'il suscitait, Hassan Mohammedi prit place à table, invita son escorte à s'asseoir puis, contrairement au reste des passagers qui allaient se servir au buffet, il attendit qu'on vienne s'occuper de lui. Le maître d'hôtel claqua des doigts et les garçons, dans un ensemble parfait, délaissèrent leurs clients pour se précipiter vers la table de leur redoutable patron.

Celui-ci retira ses lunettes puis se pencha vers la jeune femme assise à ses côtés. Il s'entretint avec elle, sans prêter attention au personnel figé autour de lui. Au bout de quelques minutes, paraissant soudain s'apercevoir de leur présence, il fit un geste impatient de la main comme pour chasser une nuée de mouches, et tous s'égaillèrent aux quatre coins de la salle. Alors seulement, il dicta sa commande au maître d'hôtel. Puis il promena son regard sur l'ensemble des clients et un mince sourire de dédain passa sur son visage.

Elsa qui l'observait discrètement, se dit que, sous ses dehors élégants, Hassan Mohammedi était à coup sûr, un goujat de premier ordre, doublé d'un arriviste orgueilleux et sans scrupule.

*

* *

« De yo.zeller@yahoo.fr à m.zeller@wanadoo.fr

Hurghada (Égypte), le 28 février 1999

Salut Papa !

Aujourd'hui, mon message sera court parce que je rentre d'une chevauchée de trois heures, dans le désert. Maman culpabilise un max de m'avoir autorisé cette randonnée. Elle croit que la fatigue me fera rechuter. Mais je te rassure tout de suite, demain je serai en pleine forme.

Je te raconte rapidos comment ça s'est passé. D'abord, nous étions tout un groupe de Français : mes deux potes, leur père Adrien qui est un excellent cavalier, un grand rouquin barbu qui, pour une fois, avait délaissé la plongée sous-marine, et moi. Nous sommes partis du centre équestre vers quatorze heures, en compagnie d'un moniteur qui connaît la région comme sa poche. Il nous a d'abord fait traverser la plaine côtière, plate et couverte de cailloux, puis nous avons pénétré une zone beaucoup plus accidentée, un vrai labyrinthe de vallées, de canyons et de montagnes rocheuses, qui s'enfonce sur des centaines de kilomètres jusqu'à la vallée du Nil. Seuls les Bédouins s'y retrouvent, paraît-il. Il n'y a pas d'oasis et il n'y pleut jamais. Moi, ça m'a vraiment impressionnée... L'air y est tellement sec que notre guide nous obligeait à boire toutes les demi-heures. On portait des lunettes noires et un grand foulard blanc entortillé autour du cou et de la tête. Même en février, il faut se méfier du soleil !

J'ai pris plein de photos avec l'appareil jetable que j'ai acheté à l'hôtel. Je me réjouis de te les montrer, je suis sûre que tu seras soufflé.

Maintenant, je vais laisser le clavier à maman qui n'a pas sommeil. Normal, elle a bullé tout l'après-midi dans une chaise longue !

Ciao *Yo »*

« Mon amour,

Merci de ton message ! Il est court mais je n'en demandais pas plus, je sais que tu es très occupé. Seulement, tu me connais ! J'ai toujours besoin d'être rassurée quand il s'agit de toi ou de Yolande. À son propos, on peut vraiment dire que ce séjour lui profite, elle se remplume et commence à avoir une mine resplendissante.

Aujourd'hui, elle a fait une randonnée à cheval dont elle est rentrée enchantée. De mon côté, j'ai passé l'après-midi en compagnie de Nathalie, la mère de Colin et Pascal, dont je t'ai déjà parlé. Nous avons expérimenté le centre de remise en forme de l'hôtel : piscine, jacuzzi, hammam... puis nous sommes allées nous inscrire pour l'excursion de Louxor, programmée demain. Yo restera à Hurghada avec ses copains et leur père. L'après-midi, ils ont prévu une promenade en 4x4 dans le désert, avec visite d'un camp bédouin et rentrée sous les étoiles, vers vingt et une heures.

Comme mon départ pour Louxor est très matinal, j'achève ici mon message en t'embrassant tendrement. Demain, je t'en écrirai davantage.

Judith »

CINQUIÈME JOUR - ASSOUAN

Matin, visite du Haut Barrage puis embarquement pour l'île de Philae et visite du temple d'Isis. Après-midi, promenade en felouque autour des îles Éléphantines et visite du jardin botanique de Lord Kitchener. Dîner et soirée à bord.

En quittant sa cabine pour aller prendre son petit-déjeuner, Jean Rouault tomba nez à nez avec Michel Lucas en train de sortir de celle de Gaston et Mélanie Leroy. Les deux hommes se saluèrent brièvement, puis Lucas s'éloigna dans la coursive, apparemment peu désireux d'expliquer ce qu'il faisait là. Perplexe, Jean lui emboîta le pas et gagna le restaurant.

Le Nile Horus s'était amarré au quai d'Assouan pendant la nuit et c'est en ouvrant les rideaux que sa femme et lui avaient découvert le fleuve où voguaient des felouques, et les berges verdoyantes derrière lesquelles s'élevaient des dunes de sable jaune. Elsa lui avait dit que ce qu'il prenait pour la rive gauche du Nil, était en réalité l'île Kitchener où ils iraient se promener cet après-midi. Il avait aussi remarqué l'extraordinaire luminosité de l'air, beaucoup plus transparent qu'à Louxor souvent baignée dans une brume de chaleur.

Comme chaque jour, Jean garnit son plateau d'une tasse de café et d'un croissant. Il se dirigeait vers sa table quand il vit arriver sa femme, accompagnée du couple Leroy, puis son regard fut attiré par l'apparition de Hassan Mohammedi et de sa cour.

Le propriétaire du Nile Horus ne voulait pas passer inaperçu, c'était le moins que l'on pût dire... Dans une djellaba d'un blanc éclatant, il ressemblait à un potentat honorant ses sujets de sa présence. Contrairement à la veille, il paraissait d'excellente humeur. Tout sourire, il s'entretint avec le maître d'hôtel, lança quelques plaisanteries aux garçons qui en frétillèrent de plaisir, salua galamment les passagères qu'il croisa sur son chemin.

— Il soigne son image de marque, glissa Elsa à l'oreille de son mari. Mais il ne m'est pas plus sympathique pour autant !

— Hier, il inspectait son personnel. Aujourd'hui, il donne dans le marketing et veut séduire sa clientèle.

Jean achevait de boire son café lorsque Vincent Even, assis en face de lui, fit observer que le Nile Horus était amarré bord à bord avec un autre bateau, lui-même à couple avec un troisième.

— Je suis allé à terre, ce matin de bonne heure. Pour débarquer, j'ai dû les traverser avant d'emprunter la passerelle et de descendre sur le quai.

— J'ai entendu dire que ces amarrages à couple étaient fréquents, surtout en pleine saison, renchérit Mélanie.

— Ouais ! Il en résulte qu'on n'est pas tous logés à la même enseigne, grogna Gaston. Il y a ceux dont la fenêtre donne sur le fleuve, et les autres qui ne voient que la coque du bateau voisin. Ce qui est notre cas !

Elsa et Jean compatirent tout en lui faisant remarquer que cet inconvénient ne durerait pas puisque, le lendemain, le groupe quitterait définitivement le Nile Horus pour se rendre en minibus à Abou Simbel et, de là, rallier Le Caire par avion.

— Mon Dieu ! Comme le temps passe vite ! s'exclama Christine Gaudin. Dire que c'est déjà notre dernière journée à bord !

— Voilà pourquoi il y a une soirée de gala ce soir, lança Agnès Trudeau. J'espère que vous avez tous prévu un déguisement, il paraît que notre guide y tient absolument.

— Est-ce que les autres passagers seront de la fête ? s'enquit Barbara.

— Les Allemands, oui. Quant aux Chinois, je n'en sais rien, répondit Mélanie. Et vous Agnès, est-ce que vous avez déjà votre costume ?

— Non, mais je ferai comme la plupart, j'irai m'acheter une djellaba à la boutique du bateau.

— Ça n'a pas l'air de vous enchanter ! Moi, je suis ravie. J'adore me travestir, je trouve ça si excitant !

— Ce sera une sorte de fest-noz à l'égyptienne ! renchérit Christine Gaudin. Je suis sûre qu'on va bien s'amuser.

Elsa que ces bavardages assommaient, se tourna

vers la table voisine où Jean et Michel Lucas discutaient des conséquences sur l'environnement du Haut Barrage d'Assouan.

— En 1971, au moment de sa mise en fonction, tout le monde a applaudi Nasser et les Russes. Depuis, on en a mesuré les inconvénients, et ils ne sont pas mineurs, hélas !

— Il paraît que, malgré ça, le bilan est positif...

— Peut-être... Mais comment remédier à l'enfoncement du delta qu'envahit l'eau salée de la Méditerranée ? Que faire contre l'humidité qui remonte du sous-sol et met en danger les grands sites comme Karnak et Louxor ? Moi je vous dis que...

— Excusez-moi, Monsieur !

L'un des secrétaires de Hassan Mohammedi, qui venait de quitter sa table, se penchait vers Michel Lucas.

— Pardonnez-moi d'interrompre votre conversation mais mon patron me charge de vous informer que l'interview que vous avez sollicitée, pourra avoir lieu ce matin. Est-ce que dix heures vous conviendrait ?

— Oh ! Bien sûr ! fit le journaliste en se levant et en entraînant son interlocuteur à l'écart. Dix heures sera parfait.

Jean et Elsa échangèrent un coup d'œil étonné.

— On dirait que notre ami ne veut pas laisser échapper l'occasion de faire un bon papier ! Interviewer un jeune loup égyptien, dans le contexte économique actuel, c'est un sujet porteur.

— Oui, mais il va rater la visite de Philae…

— Philae n'a pas pesé lourd dans la balance ! Tu as vu, il n'a pas hésité une seconde quand l'autre est venu lui fixer un rendez-vous !

— Il y a une chose qui m'intrigue. À quel moment Michel Lucas a-t-il demandé cette entrevue ? Hier, Hassan Mohammedi et sa suite se sont retirés avant nous tous. Et ce matin, Lucas était déjà à table quand ils sont arrivés. Je trouve ça un peu curieux.

Jean repensa alors à la présence du journaliste chez les Leroy, avant le petit-déjeuner. Puis il haussa les épaules. Des comportements insolites, il en voyait à longueur d'année dans le cadre de sa profession. Aujourd'hui, il était en vacances et il n'avait surtout pas envie de s'attarder sur les bizarreries des uns et des autres.

*

« — Et voilà, les amis !… Nous nous trouvons à Assouan qui est la dernière grande ville au sud de l'Égypte, une ville qui, de tout temps, a été un lieu de transit entre la Nubie, l'Afrique Noire et le reste du pays. C'est aussi l'endroit où se situent les premières cataractes qui interrompent la navigation sur le Nil. Contrairement à Louxor, Assouan compte peu de monuments anciens. La ville attire les touristes par la beauté de ses paysages : les jardins, les rochers noirs qui encombrent le lit du fleuve, l'air pur et sec, les dernières dunes du Sahara qui plongent dans le

Nil… Voilà pourquoi, dès la fin du XIXe siècle, les Anglais en ont fait un de leurs lieux de villégiature privilégiés. Un grand nombre de personnes riches et de têtes couronnées adoraient venir y passer l'hiver. C'est pour eux que fut construit l'hôtel Old Cataract que nous aurons l'occasion de voir, cet après-midi, depuis notre felouque. Nous allons maintenant rejoindre notre minibus qui va nous emmener visiter le Haut Barrage puis qui nous conduira à l'embarcadère de l'île de Philae. Comme vous l'avez certainement remarqué, nous ne sommes pas au complet. Michel Lucas m'a prévenu qu'il ne participerait pas à cette excursion. Mais je remarque que Barbara manque aussi… Est-ce que nous devons l'attendre ? »

— Non ! Depuis ce matin, ma femme ne se sent pas très bien, elle a tous les symptômes de la turista… si vous voyez ce que je veux dire !

— Oh ! La pauvre… Avez-vous les médicaments qu'il faut ? Sinon, je vous donnerai des cachets très efficaces.

— Merci, je le lui dirai.

— Bien ! Inutile donc de s'attarder davantage. En route !

Tandis que le minibus traversait la ville et prenait la route du Haut Barrage, Elsa remarqua une fois de plus l'apathie de ses compagnons de voyage. Alors qu'elle se sentait comme poussée hors d'elle-même par l'éclatante lumière qui inondait la région, ils gardaient un visage fermé et indifférent.

L'exposé que venait de faire Raphy sur le barrage

et les travaux colossaux qu'avait nécessités le sauvetage des sites comme Philae et Abou Simbel, n'avait soulevé aucune question. Pas d'exclamation, pas le moindre commentaire… « Ils ont tous l'air d'avoir l'esprit ailleurs », se dit-elle. « Ça devient vraiment pénible. » Un silence indolent régnait dans le minibus lorsque Jean s'adressa au guide pour lui demander si Hassan Mohammedi était réellement le propriétaire du Nile Horus ou simplement le représentant d'une société de navigation.

— Excusez ma curiosité mais je crois que tout le monde est intrigué par ce personnage…

— Je comprends ! Mais je confirme, Mohammedi est bien le propriétaire. J'ai d'ailleurs entendu dire, dernièrement, qu'il envisageait l'achat d'un deuxième navire.

— Il faut croire que ça rapporte !

— Là, je peux vous affirmer que oui… et plus que vous ne le pensez !

— Est-ce que vous connaissez cet homme ?

— Comme tous les guides, je suis assez bien informé de ce qui se passe dans le milieu de la navigation… Hassan Mohammedi est un nouveau venu. Il fait figure d'exception parce que la plupart des bateaux appartiennent à des sociétés d'armement.

— D'où provenaient ses fonds ? De sa famille ? s'enquit Jean.

— Je n'en sais rien. Jusqu'à ces dernières années, personne n'avait entendu parler de lui. Ni de sa famille ni de son clan.

— Alors, il a dû gagner à la loterie parce que, croyez-moi, un navire comme le Nile Horus, ça vaut un paquet de fric ! lança Gaston Leroy. En tant qu'accastilleur, je suis bien placé pour le savoir.

— En Égypte, on ne se pose pas trop de questions sur l'origine des capitaux. L'opacité règne partout... Du moment qu'on acquitte les taxes et les impôts, qu'on graisse la patte à qui il faut, on n'a pas d'explication à fournir.

— Ce type est jeune, je lui donne dans les trente-cinq ans... Où a-t-il pu trouver suffisamment d'argent pour se payer un pareil bateau ? insista Jean. Il doit être l'homme de paille de quelqu'un...

Raphy secoua la tête :

— Ça se saurait. Les guides sont de vraies pipelettes. Nous voyons tout, nous entendons tout et nous ne nous cachons rien.

— En tout cas, s'exclama Elsa, Hassan Mohammedi ne passe pas inaperçu. Dans le genre m'as-tu-vu, il se pose un peu là !

— En Égypte, dès qu'on gravit l'échelle sociale, il faut que ça se sache et que ça se voie ! C'est dans la mentalité orientale...

— Des nouveaux riches qui plastronnent, il y en a partout, intervint Agnès Trudeau. Et des gens qui leur lèchent les bottes aussi.

— À commencer par notre ami Lucas qui lui a demandé une interview, lança Jean. Voilà pourquoi il n'est pas avec nous ce matin !

Le guide lui jeta un coup d'œil aigu puis, comme

le minibus s'engageait sur la route menant au barrage, il pria le chauffeur de ralentir afin que ceux qui désiraient prendre une photo le fassent maintenant. Une fois sur l'édifice, photographier était strictement interdit.

*

— On dirait que votre femme est remise, fit Roberto Grazzi en se tournant vers Arnaud, un bon sourire aux lèvres. Tant mieux parce qu'il n'y a rien de plus désagréable que d'être malade en voyage.

Tonia glissa à l'oreille du jeune homme qu'elle avait, dans sa pharmacie, un excellent médicament contre les troubles gastriques.

— Qu'elle vienne me voir si jamais cela recommence !

Puis se servant de son chapeau comme d'un éventail, elle s'engagea d'un pas léger dans la coursive menant à sa cabine. Roberto la suivit tandis qu'Arnaud se dirigeait vers le bar où bavardaient Michel Lucas, Barbara et Hassan Mohammedi.

— Alors, est-ce que Philae valait la peine d'être vu ? s'enquit le journaliste.

— Ouais, c'était très bien… Mais crénom, quelle chaleur ! Garçon ! Une bière, Stella Super, s'il vous plaît !

Le serveur déposa devant lui une canette décapsulée qu'Arnaud saisit aussitôt et qu'il but au goulot. Il n'aimait pas la mousse et les sommeliers égyptiens ne savaient pas servir la bière sans faux col. Il se sentait d'une humeur de chien et n'avait aucune envie d'entrer dans la conversation. Il saisit Barbara par le coude et l'attira un peu à l'écart.

— Tu vas mieux, on dirait...

— Oui. Je me suis endormie après ton départ. Et tu sais quoi ? Quand j'ai rouvert les yeux, il y avait un type en djellaba debout au pied de mon lit.

— Hein ?

— D'abord, j'ai cru que c'était un gars chargé de l'entretien puis j'ai réalisé que je me trompais. Je me suis assise et lui ai demandé ce qu'il faisait là. Alors, il a tourné les talons et fichu le camp. C'est ce que j'étais en train de raconter à Michel et à Hassan.

— Incroyable ! s'exclama Arnaud, outré.

Puis prenant à témoin les passagers qui, entre-temps, s'étaient groupés autour d'eux :

— Vous avez entendu ça ? Vous avez entendu ce qui vient d'arriver à ma femme ?

— L'homme à la djellaba a-t-il encore frappé ? ironisa Agnès, un verre d'ouzo à la main.

— Riez ! Riez ! On verra quelle tête vous ferez quand ça vous arrivera !

— À moi ? Ça ne risque pas !

— À vous ou à une autre ! Il faudrait quand même élucider cette histoire. D'abord Christine, puis Mélanie, ce matin Barbara... ça commence à faire beaucoup !

— Je le pense aussi, approuva Jean Rouault. D'ailleurs, je ne sais pas si vous l'avez remarqué mais on entre ici comme dans un moulin ! Les deux bateaux amarrés entre le Nile Horus et le quai sont vides. On y fait des travaux de rénovation. Des quantités d'ouvriers vont et viennent, n'importe qui peut passer sur le Nile Horus, sans que personne n'y prête attention.

— C'est ce qui a dû arriver, déclara Raphy. Je vais signaler la chose à la réception et leur demander d'ouvrir l'œil.

Puis s'adressant à Barbara :

— J'ai vu que vous parliez avec Hassan Mohammedi. Lui avez-vous touché un mot de l'incident ?

— Oui, bien sûr !

— Comment a-t-il réagi ?

— Oh ! Il n'était pas content du tout ! Il m'a promis de prendre des mesures pour que ça ne se reproduise plus.

— Dans ce cas, je suis sûr que nous n'avons plus aucun souci à nous faire, merci le bon Dieu ! Et maintenant, si vous le voulez bien, allons dans le salon ! J'ai deux ou trois choses à vous dire, en attendant que le déjeuner soit servi.

Comme la veille, tout le monde se regroupa autour d'une table basse, à l'avant du bateau. Elsa nota que Barbara ne s'asseyait pas à côté d'Arnaud, apparemment ces deux-là n'avaient pas fait la paix.

« — Eh bien, les amis, j'espère que la visite de Philae vous a plu. Pour moi, ce site n'est peut-être pas le plus impressionnant d'Égypte mais le paysage qui l'entoure surpasse tous les autres. Vous avez pu l'apprécier pleinement car, aujourd'hui, les touristes étaient peu nombreux. Il faut savoir qu'en haute saison, la cohue est souvent indescriptible, avec une à deux heures d'attente à l'embarcadère ! Je ne sais pas ce que vous en pensez, mais personnellement, je préfère de loin la chaleur à la foule et aux bousculades. Ceci dit, je vais vous parler maintenant du programme de l'après-midi et de la soirée. Après le déjeuner, temps libre pour faire la sieste ou aller en ville, si vous en avez le courage. À seize heures, une felouque viendra nous prendre ici même, pour une balade autour des îles et la visite du jardin botanique de Lord Kitchener. Nous remonterons ensuite le Nil jusqu'à un village nubien où nous mettrons pied à terre. Vous pourrez alors découvrir comment vit ce peuple dont tout le pays a disparu sous les eaux du Lac Nasser. Je vous ferai remarquer, au passage, que le monde a été plus ému par le sauvetage d'Abou Simbel et des grands sites archéologiques que par l'exode forcé de soixante mille Nubiens, obligés d'abandonner leur terre, leurs maisons, leurs morts et tout ce qu'ils ne pouvaient emporter avec eux. L'État égyptien a reconstruit pour eux des villages dans la région d'Assouan et de Kom Ombo, plus en aval, et les Nubiens ont dû s'adapter, bon gré mal gré.

À notre retour, vers dix-neuf heures trente, vous pourrez vous préparer pour notre petite soirée de gala. J'ai demandé à chacun de se trouver un costume ou un habillement original, cela fait partie de la fête. Je me suis permis de parler de celle-ci aux organisateurs des deux autres groupes. Les Allemands sont ravis d'y participer. Quant aux Chinois, ils n'ont pas eu l'air de comprendre de quoi il s'agissait…

Sachez que le repas sera égyptien et que vous pourrez goûter à quelques-unes de nos spécialités ! Est prévu aussi un petit orchestre de danse nubien, avec tambour, flûte et chanteurs. J'attire votre attention sur un point important : notre soirée se terminera relativement tôt, disons vers vingt-trois heures, parce que demain matin, le départ du convoi pour Abou Simbel est fixé à six heures. Nous prendrons donc notre petit-déjeuner une demi-heure avant, puis nous quitterons définitivement le Nile Horus... avec les valises ! J'insiste sur ce point. Les bagages seront embarqués à l'arrière du minibus puis, à Abou Simbel, ils seront transbordés dans la soute de l'avion qui nous amènera au Caire. Donc, les amis, prenez la précaution de préparer vos valises avant la soirée costumée.

Demain matin, on ne peut pas se permettre d'être en retard. Le convoi démarre toujours à l'heure et, si on rate le départ, on n'a pas le droit de prendre la route individuellement. Les responsables de la sécurité sont très stricts là-dessus. »

— Vous voulez dire que les étrangers ne sont pas autorisés à circuler librement d'une ville à l'autre ?

— Exactement.

— Il y a donc de réels risques d'attentats ?

— Pas depuis quelques années. Mais le prix que la police demande pour "protéger" les touristes dans leurs déplacements est très élevé, c'est là l'une des principales ressources de cette administration !

— Ça ressemble à du racket !

— Je vous laisse la responsabilité de cette appréciation, répondit Raphy avec un sourire entendu. Ah ! Un dernier détail ! Ce soir, avant le début du bal, il faudra que vous alliez à votre cabine. Une surprise vous y attendra !

— Oh ! Une surprise ! s'exclama Mélanie, j'adore ça ! Et quel genre de surprise ?

— Chère amie, permettez-moi de vous faire remarquer, avec tout mon respect, que si je vous le disais, ce n'en serait plus une !

Lorsque Raphy et son groupe gagnèrent la salle à manger, il y avait un attroupement devant le buffet des hors-d'œuvre. Les garçons allaient et venaient, des verres et des bouteilles à la main. Jean et sa femme s'installèrent à leurs places habituelles, en attendant que le calme revienne.

— On dirait que notre armateur a quitté le navire, dit Elsa en désignant une table vide, près de la leur.

— Pas du tout ! Il m'a dit qu'il avait des affaires à traiter en ville, répondit Michel Lucas, assis à côté d'elle. Il sera de retour dans l'après-midi. Il tient à participer à notre petite soirée. D'autre part, nous n'avons pas terminé l'interview.

— Tu as trouvé matière à écrire un article intéressant ? s'enquit Jean.

— Tout à fait. Cet homme est l'archétype des self-made men que l'on rencontre dans tous les pays émergents. Intelligent, opportuniste, aimant les risques et pas trop regardant sur les moyens de parvenir à ses fins…

— Il parle français ?

— Oui, et beaucoup mieux que je ne m'y attendais. Il a vécu au Liban, c'est là qu'il a appris notre langue.

— Dans le minibus, nous avons parlé de lui. Nous nous sommes demandé quelle était l'origine de sa fortune. D'après Raphy, il n'est pas issu d'une famille aisée…

— Je ne lui ai pas posé la question. Et si je m'y étais risqué, il aurait eu une réponse toute prête : les banques, les emprunts, les cautions… Mais vous savez, ce que je fais aujourd'hui n'est pas du journalisme d'investigation. Je n'ai pas pu préparer mon sujet ni me documenter préalablement. C'est juste le portrait d'un homme intéressant que le hasard a mis sur ma route. D'ailleurs, ce sera précisé en préambule de mon article.

— Quelle impression t'a-t-il faite ?

— La même que celle que j'ai eue de prime abord.

— C'est-à-dire ?

— Compétent et ambitieux. Dominateur et vaniteux. Arriviste, tenace, combatif…

— Pour toi, ce sont des qualités ou des défauts ?

— Ça dépend de l'angle sous lequel on considère le personnage. Une chose est sûre, pour être parvenu là où il est, à trente-cinq ans, il n'a pas dû prendre de gants avec ceux qui se trouvaient sur son chemin ! D'ailleurs, il avoue lui-même qu'il a quelques amis, un certain nombre d'obligés et énormément d'ennemis.

*

Le dîner se terminait, il était presque vingt et une heures. Les garçons achevaient de débarrasser et les passagers commençaient à circuler d'une table à l'autre. La vingtaine de touristes allemands se mêlaient aux Français et les Chinois, groupés dans un coin de la salle, regardaient l'assistance d'un air intrigué. Elsa trouvait que, pour une simple petite fête, celle-ci était parfaitement organisée. Plats exotiques, alcools, musique traditionnelle... tout était réuni pour qu'elle soit réussie.

Hassan Mohammedi pouvait être satisfait, les passagers du Nile Horus ne tariraient pas d'éloges sur la qualité de leur croisière !

— On va fumer une cigarette au bar ?

— Si tu veux.

Elsa suivit son mari en se disant que la djellaba lui allait bien. Curieusement, c'était vrai pour la majorité des hommes présents. Cette grande robe dissimulait la bedaine des gros, étoffait les maigrichons et prêtait à tous une prestance qu'ils n'avaient pas en pantalon, et encore moins en short. Mais on ne pouvait pas en dire autant des femmes. Leurs galabiehs à trois sous tombaient comme des sacs. Les couleurs criardes leur donnaient des airs de clowns. Celles qui avaient jugé bon de s'affubler d'un voile, s'emberlificotaient dedans, et la plupart étaient gênées par la longueur de leur robe.

— Qu'est-ce que tu bois ?

— Une bière… C'est marrant d'observer les gens déguisés, non ?

— Oui, tu as raison. Est-ce que tu as remarqué le costume d'Agnès ?

— Non ! En fait, je ne l'ai pas vue, elle est peut-être restée dans sa cabine…

Jean secoua la tête en riant.

— Tu n'y es pas ! Regarde là-bas, près du buffet, le grand type en djellaba brune, un foulard de Bédouin sur la tête… Tu ne reconnais pas notre amie ?

— Quoi ! Tu es sûr ? Eh bien, elle ne craint pas d'afficher ses penchants…

— Si ça lui fait plaisir, moi ça ne me dérange pas.

Autour d'eux, l'ambiance s'échauffait, la musique était plus forte, quelques couples avaient commencé de danser. Dans le restaurant, assis en compagnie de Michel Lucas et de Raphy, Hassan Mohammedi ne semblait pas s'intéresser à ce qui se passait autour de lui. Durant tout le repas, les trois hommes avaient discuté avec animation et Elsa avait regretté de ne pas partager leur table. Elle s'y serait moins ennuyée qu'à la sienne où les hommes n'avaient parlé que de sport et du championnat de football des clubs africains. A la table voisine, Arnaud et Barbara n'avaient cessé de se disputer, et elle avait entendu Roberto s'inquiéter du manque d'appétit de Tonia. Il est vrai que celle-ci avait une mine de déterrée, rien d'étonnant vu le régime qu'elle s'imposait. Soupe, pain, œufs… À se demander comment elle tenait encore debout.

Elsa et Jean achevaient leurs bières lorsque Lucas quitta sa table et les rejoignit au bar.

— Alors, comment avez-vous trouvé la cuisine égyptienne ?

— Excellente ! Je ne savais pas toujours ce que je mangeais, mais je me suis régalé.

— Moi, j'ai eu toutes les explications que je désirais !

— Forcément, assis entre deux Égyptiens ! À propos, qu'est devenue l'escorte de notre armateur ? Est-ce que Hassan a consigné ses subordonnés dans leurs cabines ?

— Non, ils sont à terre, à l'hôtel… J'ai cru comprendre qu'il voulait avoir les coudées franches, fit le journaliste, une lueur narquoise au fond des yeux. D'ailleurs, visez un peu, il ne perd pas de temps !

L'Égyptien traversait la salle à manger et s'asseyait à la table où Arnaud et Barbara se regardaient en chiens de faïence. Un garçon suivait, une bouteille de champagne à la main.

— Opération séduction, ironisa Michel Lucas alors que les trois convives levaient leurs verres. Barbara est une jolie femme et Arnaud n'a d'yeux que pour une des jeunes Chinoises. Cela fait le jeu de notre ami Hassan !

— Il a raison, pourquoi se priverait-il ? approuva Jean.

— Tout de même ! protesta Elsa. Qu'est-ce qui s'est passé ? Ces deux-là qui paraissaient si amoureux…

Les hommes haussèrent les épaules.

— Un jour, on s'aime… le lendemain, on ne s'aime plus ! C'est comme ça.

Lucas commanda une deuxième tournée puis se mit à parler de Mohammedi et des quelques coups fumants qui lui avaient permis de se lancer dans les affaires.

— Cet après-midi, il m'a affirmé que c'était à la Bourse qu'il avait gagné son premier million. Spéculations hasardeuses mais réussies. Il m'a aussi laissé entendre qu'il avait, en outre, participé à des opérations juteuses mais beaucoup moins avouables… Toujours est-il qu'il a maintenant sa place au soleil et qu'il entend bien la garder !

— On peut le comprendre. À sa place, j'aurais peut-être agi de même…

— Arrête, Jean ! Comment peux-tu t'imaginer dans la peau d'un mec pareil ? s'exclama Elsa. Toi, si droit, si honnête, si incorruptible !

— N'en rajoute pas, sinon Michel va se poser des questions !

— Justement, j'en ai une, dit celui-ci… Qu'est-ce que vous faites dans la vie ? Vous n'en avez jamais parlé.

— Je vous le dirai peut-être… mais pas avant la fin des vacances, répondit Jean d'un air malicieux.

Le journaliste allait insister quand Raphy, un micro à la main, annonça que la soirée allait se poursuivre dans le salon mais qu'avant, le moment était venu pour tous de se rendre dans les cabines où une surprise les attendait. Les passagers se levèrent gaiement et se dirigèrent en riant vers le grand escalier.

— Qu'est-ce que c'est que cette connerie ? grogna Jean tout bas. Un jeu de société débile sans doute...

— Ne fais pas ta mauvaise tête. Tout le monde a l'air de s'amuser. De toute manière, ça ne durera pas longtemps. Il est déjà neuf heures et demie. Dans une heure, on s'éclipsera.

La salle à manger se vidait. Elsa aperçut Arnaud qui passait près d'eux, accompagné d'une jeune Chinoise. Barbara et Hassan étaient restés assis devant leurs verres de champagne.

— Bon... on y va ! fit Jean en la prenant par l'épaule.

Dans leur cabine, deux masques enveloppés dans du papier cellophane étaient posés sur le lit.

— Oh ! Quelle bonne idée ! s'écria Elsa en se précipitant pour déballer le sien.

Le masque ne couvrait que la moitié supérieure du visage, laissant libres la bouche et le menton. Derrière, un pan de tissu recouvrait les cheveux et la nuque. La jeune femme alla se planter devant son miroir et découvrit la face tigrée d'un chat, des yeux découpés en amande et deux oreilles pointues.

— Je suis Bastet, la déesse à tête de chatte, fit-elle, ravie.

Puis se retournant, elle se trouva nez à nez avec un bélier, aux cornes dorées enroulées sur elles-mêmes.

— Le bélier, symbole d'Amon Râ, le dieu suprême !

— Oui, bon, peut-être… grogna Jean. Maintenant, allons rejoindre les autres et qu'on en finisse au plus vite avec cette mascarade !

Dans la coursive, des silhouettes rigolardes se dirigeaient vers l'escalier. Toutes arboraient un masque figurant un personnage de l'ancienne Égypte. Au bar, le brouhaha était assourdissant. Une foule déguisée se pressait devant le comptoir et les commandes fusaient.

Dans leur coin, les Chinois qui avaient enfin compris le sens de ce remue-ménage, réclamaient des masques à cor et à cri. Il devait y en avoir en surplus, car un garçon arriva, un panier plein à la main, et en fit la distribution.

Elsa jubilait. Cela faisait des années qu'elle avait envie de participer à un bal masqué. Là, elle était comblée, tout le bestiaire de l'Égypte défilait devant ses yeux ! Toth l'ibis, Taoueret l'hippopotame, Anubis le chacal, Hathor la vache, Horus le faucon, Sobek le crocodile, Mout le vautour… mais aussi des pharaons, des princesses, des scribes, des guerriers. C'était splendide ! Conquise, elle décida de se laisser prendre par la féerie de la fête. Elle tourna le dos à son bélier bougonnant et se coula dans le salon où des faisceaux de lumière colorée jouaient avec la pénombre.

L'orchestre se mettait en place. Des musiciens à peau sombre, en djellabas turquoise, frappaient sourdement sur leurs tambours. Debout à l'entrée, Elsa regardait les passagers déguisés qui envahissaient le salon, certains s'asseyaient dans les divans et les fauteuils, d'autres attendaient que la musique commence. Enfin, le son d'un tambourin éclata, une flûte aigrelette modula un air vif et rythmé. Les spots de couleur balayèrent la salle puis se focalisèrent sur la piste de danse. Les masques n'hésitèrent plus et s'élancèrent sur le parquet ciré. Elsa attendait qu'on vienne l'inviter lorsqu'elle aperçut deux silhouettes qui se faufilaient discrètement vers la porte vitrée et disparaissaient dans la nuit. Elle avait reconnu Hassan et Barbara. Quelques instants plus tard, elle repéra la djellaba rouge sombre d'Arnaud Le Gall. Il portait le masque du dieu Thot, et enlaçait une femme menue dont le visage était dissimulé par un loup surmonté d'une plume d'autruche, emblème de la déesse Maat.

— Bastet m'accordera-t-elle cette danse ?

Un homme à tête de chacal noir s'inclinait devant Elsa.

— Je ne sais pas exactement de quelle musique il s'agit…

— Un rock à l'égyptienne !

— Oui, ce doit être ça, dit-il en la prenant par la taille.

C'était la voix de Gaston Leroy, mais elle ne dit rien car, apparemment, lui ne l'avait pas identifiée.

La piste de danse était prise d'assaut, les couples tournoyaient, se heurtaient dans une bousculade qu'Elsa trouva vite désagréable. Son cavalier dut s'en apercevoir car il fit de son mieux pour l'entraîner un peu à l'écart. Enfin, le morceau s'acheva et elle en profita pour s'éclipser et se fondre dans la foule.

Les danses se poursuivirent sur un rythme débridé. La musique mi-disco, mi-arabe, semblait galvaniser les masques qui se contorsionnaient avec une vigueur étonnante, étant donné la chaleur que la clim ne parvenait plus à juguler. Plongée dans cette effervescence, Elsa se laissait entraîner par les danseurs qui la prenaient par la main, puis par la taille, sans même lui en demander la permission. Enfin, les musiciens se laissèrent glisser dans un slow délicieusement langoureux.

— Cette danse sera pour moi… fit la voix de Jean au creux de son oreille.

— Seigneur ! Je pensais que tu n'allais jamais venir à mon secours !

— Oh ! Je croyais que tu adorais les bals masqués… Je ne voulais pas gâcher ton plaisir !

Elsa se laissa aller contre lui et il l'enlaça aussi étroitement que le lui permettaient leurs déguisements.

La lumière avait viré au mauve, les tambours grondaient sourdement, un chanteur roucoulait des mots d'amour que personne ne comprenait. Elsa sentit que Jean avait envie d'elle, elle se serra contre lui, leurs jambes s'entrecroisèrent… Et quand le morceau se termina, il la prit par la main et ils quittèrent le salon.

— Tu n'as pas soif ?

— Oh si !

Il se faufila jusqu'au bar et revint avec deux bières.

— Allons sur le pont ! Cette musique me casse les oreilles et j'en ai marre d'être bousculé.

Dès qu'ils eurent passé la porte vitrée, la chaleur les enveloppa, noire et voluptueuse. Ils retirèrent leurs masques et burent à longues goulées leurs bières glacées.

— Ouah ! Ça fait du bien ! s'exclama Jean en sortant des cigarettes et un briquet d'une poche de sa djellaba.

— Quelle heure est-il ?

— Onze heures moins le quart. On va se coucher ?

— Oh ! Attends ! La fête bat son plein, on ne va pas jouer les bonnets de nuit. D'ailleurs, je n'ai pas sommeil.

— Qui te parle de dormir ?

Elsa lui lança un sourire de connivence.

— D'accord, mais patientons encore un peu.

— J'ai envie de calme, montons au solarium, nous pourrons admirer les étoiles.

La main dans la main, ils longèrent le pont et lorsqu'ils arrivèrent au pied de l'escalier, un couple travesti en barrait le chemin, Hathor, la déesse à cornes de vache, et le faucon Horus.

— Vous aviez envie de prendre l'air, tout comme nous ? fit Roberto Grazzi en retirant son déguisement.

— La musique et le bruit sont assourdissants mais, dans l'ensemble, je trouve cette fête réussie, ajouta Tonia en se démasquant à son tour.

— Il faut reconnaître que les organisateurs ont bien fait les choses, déclara Jean, seulement, je ne suis pas amateur de ce genre de divertissement.

— Une fois n'est pas coutume. Et généralement, tout le monde aime bien se déguiser.

— C'est vrai ! approuva Elsa. Il n'y a que mon époux pour penser le contraire. Savez-vous ce qu'il veut faire maintenant ? Monter au solarium pour observer les étoiles !

Roberto ouvrit des yeux incrédules.

— Quelle drôle d'idée ! Eh bien, moi, malgré mon âge, j'ai encore envie de danser ! Chère Elsa, me ferez-vous le plaisir ?

— Bien sûr ! Naturellement !

— Dans ce cas, allons-y !

Tonia regarda Jean, un vague sourire aux lèvres. Visiblement, elle attendait de sa part la même invitation. Impossible de se dérober sous peine de se conduire en goujat…

— Suivons-les, dit-il en s'inclinant galamment devant elle.

Tous quatre avaient remis leurs masques et atteignaient la porte vitrée lorsqu'ils croisèrent un grand Anubis au mufle noir et une princesse portant perruque et serre-tête de tissu. Elsa devina qu'il s'agissait des Leroy mais, jouant le jeu, elle n'en dit rien. Le mystère faisait partie de la fête.

Peu après onze heures, Raphy, fidèle à sa promesse, saisit le micro et annonça que la soirée se terminait. Des protestations s'élevèrent, surtout de la part des Allemands qui n'avaient pas à se lever de bonne heure, mais il se montra inflexible. Les musiciens commencèrent à ranger leurs instruments, les jeux de lumière cessèrent et les garçons se mirent à débarrasser les tables. Le grand salon se vida peu à peu et Elsa nota, avec regret, que la coutume qui voulait que chacun se démasque à la fin d'un bal costumé, n'était pas respectée. Personne ne l'avait fait. Personne ne l'avait demandé.

*

*   *

« De : yo.zeller@yahoo.fr à m.zeller@wanadoo.fr

Hurghada (Égypte), le 1er mars 1999

Micha,

Je me sers de la messagerie de Yolande car elle n'est pas là pour t'envoyer son mail quotidien. Il est presque minuit et elle n'est pas encore rentrée de sa promenade en 4x4, dans le désert. Je ne sais pas ce qui se passe et je suis inquiète.

Au retour de notre excursion à Louxor, aux environs de vingt et une heures, Nathalie et moi ne nous sommes pas alarmées puisque leur programme prévoyait une arrivée assez tardive. Nous avons dîné et, vers vingt-deux heures, nous sommes allées aux renseignements, à la réception. Là, personne n'était au courant de rien. L'équipe de nuit qui avait pris le relais, nous a rassurées et un employé a dit qu'il allait s'informer. À onze heures, toujours aucune nouvelle... Là, nous avons commencé à flipper. Le grand hall était plein de monde, comme nous parlions fort, les gens nous ont entendues et ont demandé ce qui se passait. Nous les avons mis au courant et tous ont trouvé qu'il y avait de quoi s'inquiéter. Le responsable de la sécurité de l'hôtel a fini par se montrer et il a reconnu que ce retard n'était pas normal. Mais il refusait d'alerter la police, sous prétexte qu'il était trop tard pour déranger ces messieurs ! Tout le monde a protesté, alors il s'est quand même décidé à appeler le commissariat. Un officier de police est arrivé très vite. Il nous a écoutées puis il s'est tourné, furieux, vers le responsable de la sécurité et s'est mis à l'engueuler en arabe... ce qui nous a fait du bien, je l'avoue ! Ensuite, il nous a dit qu'il aurait dû être prévenu depuis plus d'une heure et qu'il allait tout mettre en œuvre pour essayer de découvrir ce qui avait pu se passer.

Malheureusement, ses efforts n'ont pas l'air d'avoir abouti parce que nous sommes toujours sans nouvelle. Selon toute vraisemblance, le 4x4 est tombé en panne et se trouve dans l'impossibilité de communiquer, parce qu'il n'y a pas de réseau pour les téléphones portables dans cette région du désert.

Ce manque de renseignements ouvre la voie à toutes les extrapolations possibles : une panne... mais peut-être un accident. Des dégâts matériels... mais peut-être des blessés. Des blessés… mais peut-être des morts…

Avec Nathalie, nous avons supplié le policier d'organiser une colonne de secours. Seulement, il prétend que, de nuit, c'est impossible. Il n'y a pas de piste, les 4x4 roulent où ils veulent… Cette contrée est un enchevêtrement de hauteurs rocheuses et de vallons, un inextricable dédale de pierre et de sable. Mon Dieu ! Dire que Yo est peut-être blessée là-dedans et que personne ne veut aller la chercher ! J'ai aussi demandé s'il n'y avait pas moyen d'envoyer un hélicoptère pour survoler la zone. Mais de nuit, sans point géographique précis, il paraît que c'est infaisable.

Le personnel de l'hôtel nous affirme que Georges, le chauffeur du 4x4, est très qualifié, qu'il n'a jamais eu d'accident et que passer une nuit à la belle étoile n'a rien de tragique, même s'il fait assez froid à cette saison.

« Ils en seront quittes pour un bon rhume, m'a dit Nathalie. Demain, nous les retrouverons sains et saufs, et cela leur fera un souvenir de vacances qu'ils n'oublieront pas. » Je veux bien la croire mais, en attendant, il est minuit et demi et je me fais un sang d'encre, d'autant plus que Yo est encore convalescente et qu'un coup de froid pourrait s'avérer désastreux pour elle.

Une chose me console pourtant, elle est entourée de gens qui lui sont familiers. Nous avons eu la liste des participants à cette excursion, ce sont tous des

Français avec qui nous avons lié connaissance ces derniers jours.

Je ne sais pas quelle heure il est, là où tu te trouves, mais si tu le peux, réponds-moi tout de suite, s'il te plaît. Ça me remontera le moral. Et j'aurai peut-être du nouveau à t'apprendre.

Judith »

SIXIÈME JOUR - ABOU SIMBEL - LE CAIRE

Départ très tôt en minibus vers Abou Simbel. Visite des temples de Ramsès II et de Néfertari. Après-midi, transfert à l'aéroport. Arrivée au Caire et installation à votre hôtel puis promenade dans le souk de Khan el-Khalili. Dîner à l'hôtel.

— Regarde-les ! Je n'arrive pas à le croire. Le soleil se lève sur le désert et il n'y en a pas un qui ait les yeux ouverts pour le voir !

Dans la lumière argentée de la nuit finissante, le jour montait sur un infini de pierres et de sable. L'obscurité se retirait, mettant à nu des tertres et des rochers que couronnait la chevelure éphémère et safranée de l'aube. Déroulée comme un ruban sur cette étendue vide… la route. Et sur la route, un cortège de véhicules lancés à toute allure vers un horizon indéfini.

Jean et Elsa avaient redressé leurs dossiers et contemplaient la métamorphose des cailloux en fleurs écarlates, et des dunes en vagues océanes ourlées d'écume rose.

Le monde était minéral et limpide. La lumière du soleil encore invisible percutait la roche et se répandait en larges flaques aux couleurs extasiées.

— Seigneur ! Comme c'est beau ! fit Elsa à mi-voix. On devrait peut-être réveiller les autres, c'est un spectacle qu'on ne doit pas manquer.

— Non, laisse, tant pis pour eux !

Jean qui s'était levé pour prendre quelques photos car le soleil venait de surgir à l'horizon, pointa son pouce vers l'arrière.

— Regarde derrière toi !

Elsa se retourna. Tendrement enlacés, Arnaud et Barbara dormaient comme des bienheureux.

Tout autour, ce n'étaient que paupières fermées, têtes renversées et bouches ouvertes. Le guide lui-même était recroquevillé dans son fauteuil, à côté du chauffeur.

— Ils doivent être complètement éreintés pour dormir comme ça !

— Ils ont fait la fête hier.

— Nous aussi, ce qui ne nous empêche pas d'admirer le paysage.

À cet instant, le minibus déboîta pour doubler un immense autocar.

— Je ne sais pas à quelle vitesse nous roulons, mais, depuis le départ, on n'a cessé de rattraper tout le monde !

— Nous serons dans les premiers arrivés, ce qui nous permettra d'échapper à la foule et de visiter Abou Simbel dans les meilleures conditions. Le chauffeur compte là-dessus pour recevoir de bons pourboires !

— Tu crois ?

— Évidemment ! Sinon, pourquoi roulerait-il à tombeau ouvert ?

Le soleil montait rapidement et déjà les couleurs du paysage viraient au jaune et au blanc éblouissants. Le minibus achevait de dépasser l'énorme bus, dans un concert de klaxons et des tourbillons de poussière.

— On est aux “Vingt-quatre Heures du Mans” ou quoi ? grogna Vincent Even en ouvrant un œil.

— Ça y est, vous vous réveillez ?

— Obligé, avec un boucan pareil !

Il n'était pas le seul, tous les passagers commençaient à bouger. Plusieurs s'étonnèrent de voir que le jour était levé. La tête du guide apparut au-dessus de son siège.

— Eh bien, les amis, je crois que nous avons tous récupéré notre manque de sommeil. Je vous avais promis un beau lever de soleil… c'est raté, on n'a rien vu !

Il y eut quelques rires. Tout le monde bâillait, s'étirait, écarquillant les yeux devant les étendues plates et sans limite qui les entouraient. Raphy s'entretint quelques instants avec le chauffeur et reprit :

— Nous avons encore une heure de route avant d'arriver à Abou Simbel. Je vous suggère d'en profiter pour faire honneur au panier-repas que l'on vous a remis à bord du Nile Horus. Ensuite, vous n'aurez plus rien à manger avant d'être dans l'avion, vers quatorze heures.

*

— Cara mia, je t'en prie, encore un petit effort, nous sommes presque arrivés. Tu ne vas pas flancher maintenant !

Roberto Grazzi considérait sa femme d'un air inquiet. Son teint était livide, ses yeux cernés, ses narines pincées. Des gouttes de sueur perlaient à ses tempes. Il est vrai que la distance entre le parking d'Abou Simbel où ils avaient laissé le minibus, et l'entrée du site était beaucoup plus grande qu'il ne le pensait. Il avait fallu suivre une longue allée bordée de boutiques à touristes, puis contourner la colline artificielle avant d'aboutir sur l'immense esplanade qui séparait les temples du Lac Nasser. Sous le soleil, le gravier blanc qui recouvrait le sol était aveuglant. Roberto tendit des lunettes noires à sa femme.

— Tes yeux pleurent, cara mia. La lumière est si vive…

— Ce n'est pas à cause de la lumière.

— Cara mia, domine-toi, je t'en prie !

— Ne t'inquiète pas, ça ira.

Et, s'appuyant au bras de son époux, elle tenta de presser le pas. Enfin, tous deux rejoignirent le groupe qui les attendait, face à l'entrée du temple de Ramsès. Raphy leur adressa un sourire chaleureux avant de débuter son exposé, à sa façon habituelle.

« — Et voilà, les amis !… Nous sommes arrivés à Abou Simbel qui est, en quelque sorte, l'apogée de notre voyage. Nous n'irons pas plus loin. Il faut savoir que nous sommes très au sud, au-delà du tropique du Cancer, à environ quatre-vingts kilomètres de la frontière du Soudan. Les deux édifices que vous voyez là, sont des temples funéraires. Celui devant lequel nous nous tenons est dédié à Ramsès II, l'autre à Néfertari, son épouse bien-aimée.

Il faut noter que ces immenses temples ne sont pas des constructions proprement dites. Ils ont été creusés dans la roche elle-même, ce qui a rendu d'autant plus difficile leur sauvetage par l'UNESCO, avant la mise en eau du Lac Nasser. Il a fallu, en effet, rehausser ces deux monuments de soixante mètres. Pour cela, on a dû les découper en blocs de quinze tonnes, numéroter ceux-ci, construire une colline artificielle sur la falaise et remonter les temples pièce par pièce. Un travail que je peux qualifier de pharaonique, si vous me permettez ce jeu de mots un peu facile ! Pour ce qui est de l'intérieur, vous y découvrirez les quatre statues du naos, malheureusement en mauvais état, et des fresques très bien conservées. Elles représentent essentiellement les exploits guerriers de Ramsès II, avant tout la bataille de Kadesh contre les Hittites et… Oh ! Mon Dieu ! »

Raphy s'interrompit brusquement avant de se précipiter vers Tonia qui venait de s'effondrer.

*

Il était plus de midi lorsque Jean et Elsa sortirent du temple de Néfertari et s'engagèrent sur l'esplanade écrasée par la chaleur et la lumière du soleil au zénith. Selon son habitude, après la visite commentée, le guide avait laissé à son groupe un moment libre, et tous deux n'avaient pas vu le temps passer, fascinés par la formidable énergie et l'absolue beauté qui émanaient de ces sanctuaires.

Raphy avait raison quand il parlait d'apogée. Abou Simbel était bien l'aboutissement d'un crescendo… le lieu extrême à partir duquel s'amorçait irrémédiablement le voyage du retour.

Alors qu'ils prenaient le chemin qui contournait la montagne artificielle, Jean s'arrêta et jeta un ultime regard aux statues colossales. Leur sourire énigmatique le convainquit qu'il n'avait fait qu'effleurer un monde beaucoup plus complexe qu'il ne le paraissait, une civilisation qui ne se résumait pas à une simple mythologie, aussi poétique fût-elle. Ce que le guide leur en avait appris, lui permettait juste de comprendre que, derrière ce qu'il voyait, se cachaient des mystères dont la signification lui échapperait probablement toujours.

Et brusquement, il eut l'intuition que tout, dans ce voyage, n'était que simulacres et faux-semblants et qu'à l'instar des statues, la réalité qu'il percevait dissimulait des vérités dont il n'avait même pas idée.

Puis, aussi vite qu'elle lui était venue, cette impression s'évanouit. Il haussa les épaules, le soleil devait lui taper sur la tête ! Il accéléra le pas et rejoignit sa femme qui avait continué son chemin sans s'arrêter.

— Tu as envie de faire des achats ? lui demanda-t-elle alors qu'ils quittaient la billetterie et s'engageaient dans l'allée bordée de magasins.

— Non, nous n'en avons d'ailleurs pas le temps. Il faut qu'on se dépêche si nous voulons être à l'heure au rendez-vous !

Ils gagnèrent l'ombre des arbres où ils aperçurent Vincent Even qui marchait devant eux.

— Vous avez des nouvelles de Tonia ? s'enquit Elsa en arrivant à sa hauteur. Nous ne l'avons pas revue après son malaise.

— Raphy l'a installée à l'entrée du grand temple où elle a pu se reposer. Ensuite, une fois son exposé terminé, je l'ai vu qui raccompagnait les Grazzi jusqu'à la billetterie. Là, ils nous ont attendus, assis à l'ombre.

— La pauvre, elle paraissait bien secouée… Un coup de chaud, à son âge, ce n'est pas anodin.

— Quelle idée de faire un voyage pareil en plein été, quand on a quatre-vingts ans ! s'exclama Jean. Même pour nous, c'est limite !

Tout en parlant, tous trois avaient atteint l'entrée du parking où des dizaines de cars et de voitures individuelles stationnaient en plein soleil. L'air puait le gasoil et les gaz d'échappement car la plupart des moteurs tournaient afin de climatiser les habitacles.

— Je ne vois pas notre minibus, fit Elsa.

— Il est garé là-bas, à la fin de la première rangée.

Au même instant, ils aperçurent Raphy qui leur faisait signe. Il semblait impatient et contrarié. En arrivant près de lui, ils découvrirent, stupéfaits, que des policiers en uniformes entouraient leur minibus.

— Qu'est-ce qui se passe ? Est-ce Tonia qui a...

— Non ! Elle va bien, rassurez-vous.

— Quoi alors ? Un cambriolage ? fit Elsa en notant au passage l'air hargneux et la raideur militaire des policiers qui, assurément, n'appartenaient pas à la brigade touristique.

— Entrez dans le minibus, je vous expliquerai, marmonna Raphy, visiblement désireux de ne pas envenimer la situation.

Elsa regarda autour d'elle et avisa deux motos de grosse cylindrée stationnées à proximité.

— Attendez ! Dites-nous d'abord de quoi il s'agit ! Qu'est-ce que ces flics font ici ?

Pour toute réponse, l'un d'eux aboya quelques mots en arabe et, d'un geste, lui intima l'ordre d'aller dans le bus.

— Obéissons, on n'a pas le choix, fit Jean en ouvrant la porte coulissante.

Ils montèrent à bord, suivis par deux des policiers qui s'assirent à l'avant, tandis que leurs collègues enfourchaient leurs motos. Les moteurs grondèrent, puis le minibus se mit en route, escorté par les motards. À l'intérieur, tout le monde semblait sous le choc.

— Maintenant, j'exige qu'on nous dise ce qui se passe, lança Jean à la cantonade, et pour quelle raison les forces de l'ordre estiment nécessaire de nous convoyer jusqu'à l'aéroport !

Les policiers ne bougèrent pas, mais Raphy se leva, l'air navré.

— Je dois vous informer que nous n'allons pas à l'aéroport mais que nous retournons à Assouan.

Il y eut un long silence et chacun parut enfin réaliser la portée de ce qu'il venait d'entendre. Des exclamations et des protestations éclatèrent.

— Écoutez ! fit Raphy en levant les deux mains en signe d'apaisement, on ne m'a donné aucune explication, mais le motif doit être grave pour qu'on intervienne ainsi dans votre voyage. En Égypte, on protège et on ménage les touristes autant que faire se peut…

— On ne le dirait pas ! Ce qui se passe ici est proprement scandaleux ! s'écria Michel Lucas. Sachez que cet incident ne restera pas ignoré, la presse en sera avisée, ça, je vous le garantis !

Des cris d'approbation fusèrent, puis les protestations augmentèrent car le véhicule, quittant l'agglomération, accélérait et s'engageait sur la route du désert. Peu à peu, chacun prenait la mesure de l'événement et des implications qu'il aurait sur le voyage du retour. Horaires, réservations, correspondances, tout risquait d'être chamboulé…

— La moindre des choses serait quand même qu'on nous donne une explication ! jeta Christine Gaudin d'une voix aiguë. Ces deux argousins doivent bien avoir une idée de ce qui se passe…

— Je vous préviens que, dès notre arrivée à Assouan, je m'adresserai à notre consulat ! déclara Arnaud Le Gall.

— Excellente idée ! Mais en attendant, Raphy, interrogez ces hommes, ils savent certainement quelque chose !

— Ça m'étonnerait, mais je vais quand même essayer.

Il se pencha vers les deux policiers, puis se releva et lâcha d'une voix résignée :

— Ils disent qu'ils ne font qu'obéir aux ordres.

— Ça, on s'en doutait ! Aux ordres de qui ?

— De leur supérieur.

— Mais encore ? Insistez, Raphy ! Qui est le supérieur de ces messieurs ?

Après un nouveau conciliabule en arabe, le guide se redressa et considéra son groupe, l'air franchement inquiet.

— Ces policiers ont reçu l'ordre de nous ramener le plus rapidement possible à bord du Nile Horus. Et cet ordre provient directement du commissaire principal de la police criminelle d'Assouan.

Sa déclaration plongea le groupe dans une stupeur effarée puis dans une sorte de résignation fataliste. Tous comprenaient qu'ils n'en apprendraient pas davantage et qu'insister ne servirait à rien. Certains se mirent à discuter à mi-voix des conséquences pratiques de l'incident mais, assez vite, les conversations se tarirent. La fatigue et la monotonie du paysage aidant, les yeux se fermèrent et la somnolence fit dodeliner les têtes. À un certain moment, quelqu'un poussa un petit cri étonné et prétendit qu'on traversait une étendue d'eau bleue où se reflétaient des îlots rocheux. La voix endormie du guide répondit que ce n'étaient que des mirages.

Vers seize heures trente, le minibus se gara le long du quai d'Assouan et chacun, traînant sa valise à roulettes derrière lui, rembarqua à bord du Nile Horus.

Dans le hall d'accueil, plusieurs policiers montaient la garde et, à la réception, l'employé proposa que chacun reprenne la cabine qu'il avait occupée précédemment. Il demanda qu'on aille y déposer les bagages puis qu'on se rende à la salle à manger où un en-cas serait servi.

Ensuite, le commissaire principal de la police criminelle d'Assouan et le commandant du Nile Horus attendraient les voyageurs au salon et les informeraient de l'événement dramatique qui avait entraîné la modification de leur séjour.

Abrutis par la chaleur et les longues heures de route, tous obéirent sans mot dire.

*

— Mesdames et Messieurs, j'espère que vous êtes un peu remis de votre fatigue et des inconvénients que vous subissez depuis quelques heures. Sachez que le commandant du bateau, Maamoun Ahli, et moi-même comprenons tout à fait votre irritation. À votre place, nous serions très mécontents, nous aussi ! Soyez sûrs que si j'avais pu vous éviter ces tracas, je l'aurais fait. Mais à l'impossible nul n'est tenu, comme vous dites en France. Et je vous assure qu'il m'était absolument impossible d'agir autrement. Avant de vous donner l'explication de ce qui s'est passé ici, permettez-moi de me présenter. Je m'appelle Tarek Charaoui et je suis commissaire principal de la police criminelle d'Assouan. J'ai cinquante ans dont vingt-cinq ans de métier. J'ai fait mes études de droit à l'université d'Alexandrie puis j'ai intégré l'École de Police du Caire. J'ai passé deux ans en France où j'ai suivi de nombreux stages, ce qui explique que je parle assez couramment votre langue. Venons-en maintenant aux faits ! Il s'est produit, la nuit dernière, un drame affreux à bord de ce bateau. Son propriétaire, monsieur Hassan Mohammedi y a été assassiné. Ce matin, après votre départ pour Abou Simbel, on a retrouvé son corps criblé de balles sur le pont solarium. Pour les besoins de l'enquête, j'ai été obligé de bouleverser votre itinéraire et de vous faire revenir ici dans les meilleurs délais. Vos témoignages sont indispensables à mon instruction et j'espère que vous vous prêterez de bonne grâce à un interrogatoire. Naturellement, le consulat de France à Louxor a été prévenu et, s'il y a le moindre litige, vous serez en droit de faire appel à votre représentant. Nous avons aussi informé l'agence Voies Nouvelles de cet aléa et nous avons reçu l'assurance que, de leur côté, ils mettront tout en œuvre pour réduire au maximum les ennuis résultant de cette dramatique affaire. Avec l'accord de "Voies Nouvelle", le commandant Ahli et moi-même, nous vous proposons l'arrangement suivant : il était prévu que, cette nuit, le Nile Horus regagne à vide son port d'attache de Louxor, afin d'y subir une révision complète. Nous avons donc pensé vous faire faire cette descente du Nil au cours de laquelle, durant la soirée, je prendrai vos dépositions. Ensuite, vous irez dormir tranquillement dans vos cabines. Demain matin, vous serez à Louxor d'où vous pourrez gagner Le Caire par avion. Ainsi, pas de stress, pas de bousculade, pas d'attente interminable au poste de police… Êtes-vous d'accord pour que nous procédions de cette manière ?

— Existe-t-il une alternative ?

— Oui. Débarquer à Assouan. Trouver un hôtel. Être interrogés ce soir et demain par mes collègues… Sincèrement, je pense que mon offre est plus confortable. À votre place, je n'hésiterais pas.

— Entre deux maux, il faut choisir le moindre. Je crois que la cause est entendue, nous acceptons votre proposition, déclara Gaston Leroy, après avoir brièvement consulté les autres participants du regard.

— C'est la sagesse même. Eh bien, Commandant Ahli, il ne vous reste plus qu'à appareiller !

— Et qu'en est-il de nos réservations ?

— Ne vous inquiétez pas ! Mes services ont prévenu Egyptair ainsi que l'hôtel Kléopatra où vous deviez descendre ce soir. Cas de force majeure, il n'y aura aucun problème.

— Aucun problème, c'est vous qui le dites ! Cette malheureuse affaire nous privera quand même d'une journée complète de voyage. Cet après-midi, la visite du souk de Khan el-Khalili nous passera sous le nez. Et demain, ce sont les pyramides et le plateau de Saqqara qui vont être rayés du programme !

— Je comprends votre déception… et je vais voir ce que je peux faire pour y remédier. En attendant, nous allons procéder à une opération de routine. À l'appel de vos noms, vous voudrez bien venir me remettre vos passeports.

— Quand nous seront-ils rendus ?

— Demain matin, avant votre débarquement à Louxor, ne vous inquiétez pas pour ça. Ce qui importe maintenant, c'est de vous concentrer sur ce qui s'est passé hier soir, à bord du Nile Horus. J'aurai besoin de tous les détails, de tout ce dont vous vous souvenez, pour tenter de reconstituer le fil des événements.

— Avez-vous interrogé les touristes allemands et chinois ?

— Bien entendu, dans le courant de la journée.

— Ils ne sont plus à bord ?

— Non. Je les ai autorisés à poursuivre leur circuit. Leur voyage en Égypte dure encore six jours, je pourrai donc facilement les contacter si nécessaire… De toute façon, si j'en crois ce qu'ils m'ont dit, Hassan Mohammedi n'a eu de contacts qu'avec les passagers français. Voilà pourquoi je compte particulièrement sur votre collaboration.

— Bon, on est d'accord, fit Vincent Even. Mais avant, il faut nous en dire un peu plus sur cet assassinat. Nous sommes complètement dans le noir.

— Votre demande est tout à fait légitime et je vais essayer de la satisfaire. Voici donc ce que vous êtes en droit de connaître… Le corps sans vie de Hassan Mohammedi a été retrouvé ce matin à six heures vingt, sur le pont solarium, par un couple de touristes allemands. Il était allongé dans un transat et partiellement recouvert d'une serviette éponge. Le corps était criblé de balles. L'arme du crime n'a pas été retrouvée et, au stade où en sont nos recherches, aucun indice n'a été découvert. Ni trace de pas ni empreinte digitale ni objet pouvant nous mettre sur une piste. Un membre de la police scientifique a été diligenté du Caire et est arrivé par l'avion de treize heures. Il a inspecté la scène du crime, a procédé à divers prélèvements en vue d'analyses et a recueilli plusieurs douilles – de calibre neuf millimètres parabellum, pour ceux à qui ce détail dit quelque chose. En raison de la chaleur, le corps a été transféré dès que possible au centre médico-légal d'Assouan où une autopsie a eu lieu. Les premiers résultats doivent me parvenir incessamment. Comme vous le savez peut-être, Hassan Mohammedi étant de confession musulmane, l'inhumation doit avoir lieu dans les vingt-quatre heures, demain matin dernier délai. Voilà tout ce que j'avais à vous dire. Y a-t-il des questions ?

— Avez-vous une idée sur le mobile de cet assassinat ?

— Hassan Mohammedi était un personnage en vue. Pourrait-il s'agir d'un crime politique ?

— Ou religieux ? Est-il possible que les islamistes soient incriminés ?

— Un règlement de comptes de la part de la “maffia” des armateurs est-il envisageable ?

Tarek Charaoui se leva et tendit les mains ouvertes vers son auditoire, en signe d’ignorance.

— Toutes ces questions, je me les pose depuis ce matin. En tout cas, elles confirment ce qu’on m’a dit : contrairement aux passagers allemands et chinois, vous semblez bien renseignés sur la personnalité de la victime... ce qui fait de vous des suspects potentiels. Voilà tout ce que j’avais à vous apprendre pour le moment. Je vous prie maintenant de m’apporter vos papiers d’identité, s’il vous plaît.

*

Le commissaire Tarek Charaoui jeta un bref regard au passeport qu’il tenait entre ses mains puis leva les yeux.

— Monsieur Rouault, vous avez demandé à me voir avant que je prenne les dépositions de vos compatriotes. Je le fais volontiers. Asseyez-vous, je vous en prie.

Jean le remercia et prit place sur la chaise qu’on lui désignait. La pièce où il venait d’être introduit était le bureau personnel du commandant Ahli, situé juste derrière la passerelle. C’est là que l’officier de police s’était installé, le temps d’interroger les témoins.

— J'ai conscience de ce que ma démarche peut avoir d'insolite, dit-il, mais vous allez tout de suite comprendre ce qui l'a motivée.

Il sortit un portefeuille de sa poche et en tira un document qu'il tendit à son interlocuteur.

— Comme l'atteste ce papier, je suis juge d'instruction au tribunal correctionnel de Rennes. De ce fait et vu les circonstances, j'ai pensé que je pourrais éventuellement vous être de quelque utilité et…

Un large sourire éclaira le visage du commissaire Charaoui.

— Ça alors ! Vous tombez du ciel ! J'étais justement en train de me creuser la tête pour trouver comment j'allais manœuvrer, sans déclencher d'incident diplomatique. C'est toujours si délicat d'interroger des étrangers…

— C'est pour éviter de perdre du temps en malentendus de toutes sortes que j'ai décidé de vous proposer mon assistance, non sans avoir préalablement demandé son avis à ma femme. Je craignais que vous ne voyiez, dans ma démarche, une intrusion malvenue…

— Pas du tout ! Au contraire ! Cela me facilitera la tâche tout en rassurant vos compatriotes. Je vous demande donc, comme un service personnel, de servir d'intermédiaire et d'assister à l'interrogatoire des témoins français.

— Sous réserve que ceux-ci soient d'accord.

— Naturellement ! Nous leur expliquerons la situation et, si l'un d'eux refuse votre présence…

— Je me retirerai, cela va de soi.

— Bien ! De vous à moi, cette façon de procéder n'est pas très orthodoxe mais, contrairement à ce que j'ai laissé entendre à la fin de mon petit speech de tout à l'heure, je ne considère pas du tout les membres de votre groupe comme suspects. Il me paraît évident qu'ils n'ont rien à voir avec Hassan Mohammedi. Ils se sont trouvés au mauvais moment au mauvais endroit, et ils en subissent quelques conséquences déplaisantes. J'essaierai de leur obtenir une compensation... En attendant, je dois accomplir mon travail et tâcher de découvrir, non seulement qui a commis ce meurtre, mais aussi qui l'a commandité.

— Commandité ? Vous pensez à un tueur à gages ?

— Cela me semble plus que probable... Voyez-vous, bien que l'Égypte soit un état de droit, l'élimination physique d'un rival, en politique comme en affaires, n'est hélas pas rare. Dans ce contexte, je m'étonne que Hassan Mohammedi se soit trouvé seul à bord du Nile Horus. D'habitude, ce genre de personnage ne paraît jamais en public, sans une escorte.

— Il en avait une quand il a embarqué jeudi, à Edfou. Seulement, hier soir, ces gens se sont installés dans un hôtel d'Assouan.

— Oui, c'est ce qu'on m'a dit. Mohammedi devait se sentir en sécurité au milieu de tous ces touristes, voilà pourquoi il a baissé la garde.

— Je crois surtout qu'il avait des vues sur une jeune femme de notre groupe et qu'il voulait être libre d'agir à sa guise.

— Tiens ! Tiens ! Pouvez-vous me donner le nom de cette personne ?

— Barbara Le Gall… Je voudrais aussi vous signaler qu'il y a, dans notre groupe, quelqu'un qui pourra vous en apprendre beaucoup sur Hassan Mohammedi : le journaliste Michel Lucas qui l'a longuement interviewé hier.

— Merci de m'en informer.

— Un autre fait peut étayer l'hypothèse d'un tueur à gages, poursuivit Jean Rouault, l'absence de surveillance à l'entrée du Nile Horus. Vous avez dû remarquer qu'à Assouan, deux bateaux en rénovation étaient amarrés à couple, entre le nôtre et le quai. J'ai pu observer que des quantités d'ouvriers y entraient et en sortaient sans arrêt. N'importe qui a pu se mêler à eux, se cacher dans l'un de ces bateaux et se glisser à bord du Nile Horus, en cours de soirée. Il y avait un bal costumé, les passagers allaient et venaient, tous masqués. Avec un simple loup sur le visage, un tueur passait inaperçu.

— Vous avez tout à fait raison ! Une fois de plus, nos services de sécurité vont être mis en cause… Négligence, laisser-aller, inattention. Toujours les mêmes carences, toujours les mêmes insuffisances, qui sapent tout ce que nous tentons de construire, dans ce malheureux pays !

— Oh ! Ne croyez pas que chez nous, tout aille pour le mieux, le consola Jean. Chaque jour, je suis moi aussi confronté à des manques, à des carences…

— Peut-être, mais nous savons tous qu'en matière de gabegie, l'Égypte bat vraiment des records.

Le commissaire eut un sourire attristé, puis redressa les épaules.

— Mais que cela ne nous empêche pas de faire notre travail, au plus près de notre conscience ! Assez de jérémiades ! Je vais vous présenter à mes deux subordonnés qui attendent à la passerelle.

Il alla ouvrir la porte de communication et appela ses adjoints.

— Nous allons bénéficier, leur dit-il, de l'aide inattendue mais certainement précieuse de Monsieur le juge d'instruction Rouault qui fait partie du groupe de touristes ramené d'Abou Simbel cet après-midi. Il m'assistera dans l'interrogatoire des témoins français.

Puis se tournant vers Jean :

— Cher ami, permettez-moi de vous présenter l'inspecteur Karim Saher et madame Redoua Bashir, ma greffière.

Un homme basané, à la fine moustache et au nez busqué, inclina brièvement la tête tandis qu'une femme entre deux âges, strictement voilée, esquissait un vague sourire avant d'aller s'asseoir à une petite table, devant un ordinateur portable. L'inspecteur Saher vérifia le fonctionnement d'un dictaphone et prit place un peu en retrait, alors que le commissaire s'installait dans un confortable fauteuil de cuir noir.

— Monsieur le juge d'instruction s'assiéra à côté de moi, déclara-t-il en désignant un fauteuil identique au sien que son subordonné s'empressa d'approcher.

À cet instant, des coups discrets furent frappés à la porte et un policier en uniforme se présenta, une enveloppe cachetée à la main.

— Ah ! Voilà qui tombe bien ! Ce sont les premiers résultats de l'autopsie, s'exclama Charaoui. Voyons ça !

Il parcourut rapidement les pages dactylographiées.

— Le rapport est en arabe, je vais donc vous en résumer les points essentiels : selon le légiste, la mort de Mohammedi se situe entre vingt-deux et vingt-trois heures, hier soir. L'arme du crime est un pistolet calibre neuf mm parabellum, muni d'un silencieux, vu que personne n'a entendu de détonation.

— On ne l'a toujours pas retrouvé ?

— Non. L'assassin a dû le jeter dans le Nil où le courant et le limon l'auront fait disparaître. Plonger s'avérerait totalement inutile. Pour en revenir à la victime… Dix points d'impact ont été dénombrés, causant des blessures dont trois étaient mortelles. La poudre résiduelle autour des points de pénétration indique que la distance de tir était de deux à trois mètres maximum. L'analyse du contenu de l'estomac révèle la présence d'alcool et d'un tranquillisant. Le légiste n'a pas été en mesure de préciser de quelle molécule il s'agissait. Il doit envoyer un échantillon à un laboratoire du Caire.

— Hassan Mohammedi a donc été drogué avant d'être assassiné.

— C'est ce qu'il ressort du rapport... Il était conscient mais certainement pas en état de se défendre.

— Dans ce cas, pourquoi dix balles alors qu'une ou deux auraient suffi, surtout à une aussi courte distance ? Il n'est pas non plus dans les habitudes d'un professionnel de s'acharner sur sa victime. À moins que...

— Oui ?

— À moins que nous ayons affaire à quelqu'un qui s'est laissé emporter par ses sentiments. Haine, rage, fanatisme...

— Vous pensez à un extrémiste religieux ?

— Oui.

— Vous ignorez peut-être qu'il est interdit à un musulman d'ôter la vie d'un coreligionnaire.

Jean réfléchit quelques secondes.

— La nuit, tous les chats sont gris... S'il s'agit d'un fanatique religieux, il pensait sans doute ne trouver à bord qu'une bande d'infidèles en train de festoyer. Il a frappé l'un d'eux au hasard et le sort aura voulu que ce soit Mohammedi qui tombe sous ses coups...

— Oui, c'est plausible en effet. Et si c'est le cas, nous ne mettrons probablement jamais la main sur le coupable.

Le commissaire joua pensivement avec son stylo puis il consulta sa montre.

— Il est dix-neuf heures. Si nous voulons en avoir terminé avant minuit, il est grand temps de procéder à l'audition des témoins. Voici la liste, qui proposez-vous d'appeler en premier ?

— Eu égard à leur âge, les Grazzi, afin qu'ils puissent ensuite aller se reposer dans leur cabine.

Le commissaire fouilla parmi les passeports éparpillés devant lui.

— Antonia Leonetti, épouse Grazzi, née à Rome, le 30 avril 1927… Roberto Grazzi, né à Avezzano, le 2 novembre 1926. Tous deux naturalisés français… Inspecteur Saher, voulez-vous aller chercher ces personnes, je vous prie !

*

— Monsieur le commissaire principal, sachez que ma femme et moi sommes horrifiés par ce qui s'est passé sur ce bateau. Un crime aussi abominable commande qu'on mette tout en œuvre pour en découvrir l'auteur. Soyez sûr que je répondrai de mon mieux aux questions que vous me poserez. Je vous prie, en revanche, d'épargner à mon épouse les rigueurs d'un interrogatoire. Le voyage et la chaleur l'ont beaucoup fatiguée, elle a eu un malaise ce matin à Abou Simbel qui l'a laissée affaiblie. Sans compter ce retour manu militari, la présence des policiers et surtout la mort de ce jeune homme, si près de nous, alors que nous faisions la fête… Tout cela l'a profondément traumatisée. Je vous demande donc d'être son porte-parole car je crains qu'elle ne soit en état de répondre correctement à vos questions.

Roberto Grazzi se tourna ensuite vers Jean :

— Juge d'instruction, qui l'eût cru ? Mais je suis sûr que, grâce à vos bons offices, faire ces dépositions ne sera qu'une simple formalité. N'est-ce pas, cara mia ?

Le vieil homme quêta l'approbation de sa femme, mais celle-ci ne cilla pas.

Elle avait les yeux démesurément écarquillés, le teint blafard, des lèvres décolorées qu'elle mordillait nerveusement. En l'observant, Jean songea qu'elle présentait tous les signes d'une personne profondément effrayée… Mais de quoi Tonia aurait-elle pu avoir peur ?

— Vous devez vous demander, poursuivit Roberto, pour quelle raison des gens de notre âge ont entrepris un tel voyage, surtout en plein été. Elle est simple. Nous avions tellement envie de visiter l'Égypte, et depuis si longtemps, que lorsque l'occasion s'en est présentée, nous n'avons pas pu résister. Je reconnais que c'était imprudent et que ma femme a présumé de ses forces. C'est pourquoi je vous demande, une fois encore, de ne pas exiger d'elle…

— J'ai compris, monsieur Grazzi, fit le commissaire d'un ton patient. Venons-en maintenant à ce qui nous occupe ! J'aimerais savoir si vous avez remarqué quoi que ce soit susceptible de nous mettre sur la piste de l'assassin ?

— Non, je n'ai malheureusement aucun indice à vous fournir.

— Hassan Mohammedi se trouvait dans la salle à manger hier soir, l'avez-vous vu ?

— Oui.

— Est-ce qu'il était seul à table ?

— Non, il ne me semble pas.

— Après le dîner, qu'avez-vous fait ?

— Comme tout le monde, nous sommes allés dans notre cabine où nous avons trouvé nos déguisements, un masque d'Horus pour moi et d'Hathor pour Tonia. Nous les avons mis et rejoint le salon. Là, nous avons regardé les danseurs.

— Que faisait Mohammedi ?

— Je ne sais pas. Il y avait une telle cohue…

— Êtes-vous sortis à un moment ou à un autre ?

— Oui, nous sommes allés prendre l'air sur le pont-promenade, en fin de soirée.

— Où nous vous avons rencontrés, intervint Jean Rouault. Vous vous trouviez au pied de l'escalier menant au pont solarium.

— Quelle heure était-il ? demanda Tarek Charaoui.

— Difficile d'être précis, onze heures moins le quart environ, répondit Roberto en consultant Jean du regard.

— Oui, je confirme.

Le commissaire nota le renseignement sur un calepin.

— Avez-vous rencontré d'autres personnes ?

— En effet, nous avons croisé un couple. J'ignore de qui il s'agissait car tous deux portaient un masque.

Jean hocha la tête en signe d'assentiment.

— L'homme était travesti en Anubis et la femme en princesse égyptienne.

À cet instant, Tonia sortit de son apathie et bafouilla quelques mots. Le commissaire se pencha vers elle.

— Oui, Madame ?

Elle haleta un peu puis fixa le policier.

— Je… ils se dirigeaient v… vers l'escalier…

— L'escalier menant au solarium ?

Lentement, la vieille dame secoua la tête de haut en bas.

— Voyons, Tonia ! En es-tu sûre ? s'exclama Roberto… Je vous en prie, Commissaire, prenez cette affirmation avec toute la prudence qui s'impose. Je vous l'ai dit, ma femme…

— Ne craignez rien, je connais mon métier ! répliqua Charaoui. Puis se tournant vers son subordonné : Inspecteur Saher, vous pouvez raccompagner les témoins à leur cabine. Ensuite, rejoignez les passagers, découvrez qui est le couple dont on vient de parler et ramenez-le-moi ici, merci.

*

— Effectivement ! Effectivement ! Ma femme et moi sommes sortis sur le pont, vers l'heure que vous nous indiquez, déclara Gaston Leroy, l'air furieux. Mais je vous signale que nous n'étions pas les seuls. En outre, il y avait plusieurs passagers déguisés en Anubis et en princesse… C'est aller un peu vite en besogne que de nous mettre en cause, pour ces points de détail !

— Il n'est pas question d'incriminer qui que ce soit pour le moment, fit Charaoui d'un ton apaisant. Je cherche uniquement à reconstituer le déroulement des faits.

— Bon, ça va ! Mais je ne veux pas être entraîné dans une histoire qui ne nous concerne en rien ! C'est bien suffisant de voir la fin de nos vacances gâchée par ce malheureux assassinat. Vous êtes d'accord avec moi, Rouault ?

Jean hocha évasivement la tête. Décidément, il n'arrivait pas à éprouver de sympathie pour l'accastilleur brestois. Sa façon de regarder de haut le commissaire égyptien l'horripilait, et il avait très envie de lui rabattre le caquet. Heureusement, Charaoui n'était pas homme à se laisser impressionner. Il demanda aux témoins ce qu'ils pensaient de la victime puis revint calmement à sa question initiale :

— Vous étiez donc sur le pont, vers vingt-deux heures quarante-cinq ?

— Je viens de vous le confirmer.

— Et vous êtes ensuite montés au solarium ?

— Oui, reconnut Gaston après une brève hésitation.

— Là-haut, qu'avez-vous vu ?

— Rien, il faisait très sombre. Les réverbères du quai étaient trop éloignés pour éclairer le pont. On distinguait vaguement des chaises longues, la piscine, c'est tout… Nous y sommes restés quelques instants à peine. Il faisait très chaud, pas la moindre petite brise nocturne, nous avons vite regagné l'intérieur du bateau. La clim, il n'y a que ça de vrai dans un pays comme l'Égypte !

Le commissaire demanda alors à Mélanie si elle avait quelque chose à ajouter.

— Oui, j'aimerais attirer votre attention sur un incident qui s'est répété plusieurs fois, au cours de notre voyage. Il s'agit de cet homme qui… qui a importuné quelques-unes d'entre nous. Peut-être Jean vous en a-t-il déjà parlé…

— Non ! Je ne suis pas au courant. Racontez-moi ça !

Après que Mélanie lui eut rapporté les méfaits de "l'homme en djellaba", Tarek Charaoui leva les yeux de son carnet, visiblement abasourdi.

— Et vous pensez qu'il s'agit les trois fois du même individu ?

— Difficile à croire, intervint Jean. Karnak, Edfou, Assouan… trop de distance sépare ces différents lieux.

— Non, je ne suis pas d'accord ! s'exclama Gaston en se donnant une tape sur le genou. Vu ce qui s'est passé hier soir, il faut prendre cette hypothèse très au sérieux ! Cet homme a pu nous pister depuis le départ, en attendant l'occasion de commettre son forfait.

— Si c'était le cas, il se serait montré plus discret. Et je vous assure, Commissaire, que ces trois incidents ne sont pas passés inaperçus !

— C'est ce qu'il ressort, en effet, du récit de madame Leroy. Mais je ne tirerai pas de conclusion avant d'avoir entendu les autres voyageurs.

Il remercia le couple, puis demanda à l'inspecteur Saher d'aller chercher Christine Gaudin.

*

— Madame Gaudin, si j'en crois mon collègue français ici présent, vous avez été professeur d'histoire et de géographie. En tant que telle, pourriez-vous me dire ce que vous pensez des compétences de votre guide, Raphaël Boutros.

— Euh… excellentes, Monsieur le commissaire.

— L'avez-vous trouvé à la hauteur de sa fonction ?

— Tout à fait. J'ai beaucoup appris en l'écoutant.

— Et du point de vue contact humain… ses relations avec les membres du groupe étaient-elles bonnes ?

— Mais… parfaites, rien à redire !

— Comment jugez-vous la façon dont il a géré l'incident de Karnak ?

— Ah ! C'est à ça que vous vouliez en venir ! Eh bien, Raphy a réagi comme il fallait, il m'a rassurée car j'étais complètement affolée, puis il a prévenu le service des gardiens… Je ne vois pas ce qu'il aurait pu faire de plus.

— Vous n'avez pas d'autres commentaires concernant cette mésaventure ?

— Non.

— Dans ce cas, passons à la soirée d'hier. Avez-vous remarqué quoi que ce soit qui pourrait m'aider dans mon enquête ?

— Évidemment, et ça n'a pu échapper à personne ! Mais je ne voudrais pas que vous en tiriez de conclusions hâtives…

— Je vous écoute.

— Tout le monde s'est rendu compte que Barbara Le Gall et Hassan Mohammedi avaient, disons, de l'attirance l'un pour l'autre… et qu'Arnaud Le Gall, de son côté, draguait une jeune Chinoise. Drôles de mœurs, non ?

Tarek Charaoui hocha la tête.

— Qu'avez-vous vu exactement ?

— Après le dîner, Hassan Mohammedi est allé s'asseoir à la table des Le Gall où il a commandé une bouteille de champagne. Tous trois ont bavardé un moment, puis Hassan et Barbara sont sortis par la porte qui donne sur le pont latéral, ils avaient la bouteille et des verres à la main. Comme je suis une incorrigible curieuse, je les ai suivis et je les ai vus prendre l'escalier du solarium.

— Voilà qui est intéressant ! Quelle heure était-il ?

— Aucune idée… entre neuf et dix heures, je suppose.

— Et Arnaud Le Gall, où était-il pendant ce temps-là ?

— Je l'ignore, tout le monde était déguisé.

Christine disserta encore quelques minutes sur l'infidélité, les couples échangistes, l'évolution de la société. Le commissaire l'écouta poliment puis la congédia après l'avoir remerciée. Lorsque la porte fut refermée, il regarda Jean Rouault, d'un air ennuyé.

— Drôle d'histoire… Aurions-nous un crime passionnel sur les bras ?

— Je n'en sais rien, mais ma femme a vu, elle aussi, Hassan et Barbara quitter le salon en catimini et sortir par la porte donnant sur le pont promenade. En outre, il y a deux jours, elle a été le témoin involontaire d'une violente dispute entre Barbara et Arnaud. Celle-ci reprochait à son mari son humeur massacrante et les yeux doux qu'il faisait à une Chinoise. Elle a peut-être voulu lui rendre la monnaie de sa pièce, en acceptant les avances de Mohammedi.

*

— J'ai peur… J'ai très peur !

— Je sais.

— Je serai forcément soupçonnée…

— Pas longtemps.

— Suspectée, peut-être même arrêtée…

— Non, je ne crois pas.

— Si je n'arrive pas à convaincre ce policier…

— Aie confiance, tout se passera bien, je te le jure.

— Je t'aime, tu le sais. Ce qui s'est passé hier…

— Je veux l'oublier. Très vite.

— Moi aussi.

Barbara se blottit dans les bras d'Arnaud et tous deux regardèrent défiler les berges du fleuve envahies peu à peu par la nuit. Des forêts de papyrus ondulaient dans l'ombre, laissant par intermittence la place à des champs, des arbres, des jardins, derrière lesquels on devinait les toits des maisons. Tout paraissait si calme, si tranquille…

— Tu gardes ton sang-froid et tout ira bien, chuchota Arnaud à l'oreille de sa femme. Tu te contentes de leur dire ce que nous avons convenu ensemble. Surtout, ne te laisse pas entraîner à en raconter davantage. Tu répètes mot pour mot les explications que nous avons préparées, et tu t'en tiens là !

— Oui, mais s'ils insistent ?

— Fais-toi passer pour une gourde, c'est encore le meilleur moyen d'avoir la paix.

Arnaud la serra contre lui alors qu'un policier au teint basané s'approchait d'eux.

— Madame Barbara Le Gall ! Veuillez me suivre, je vous prie. Le commissaire principal désire prendre votre déposition.

*

— Madame, je ne vais pas y aller par quatre chemins, déclara Tarek Charaoui après les préliminaires d'usage. Plusieurs témoins m'ont affirmé que vous aviez amorcé une relation sentimentale avec Hassan Mohammedi, aujourd'hui décédé. On m'a aussi rapporté que vous vous étiez rendue avec lui sur le pont solarium, la nuit de son assassinat. Le confirmez-vous ?

— Oui.

— Vous avez certainement conscience que ces faits vous mettent dans une situation embarrassante, voire difficile…

Barbara baissa la tête sans mot dire. Jean Rouault qui, jusque-là, ne lui avait guère prêté attention, la jugeant mignonne et sans intérêt, l'observa de plus près. Elle avait de jolis traits, des yeux sombres, des cheveux noirs ramassés en chignon sur la nuque. Ses mains étaient fines et soignées, elle portait une robe sans prétention mais bien coupée. Tout cela lui donnait une certaine classe qui ne cadrait pas avec l'image de la femme légère qu'elle offrait depuis quelques jours.

— Madame Le Gall, reprit le commissaire, j'aimerais que vous me disiez avec précision, comment s'est passée, pour vous, la soirée d'hier.

— Eh bien, après le dîner, Hassan est venu s'asseoir à notre table et je l'ai présenté à mon mari. Il faut dire que j'avais fait sa connaissance le matin car je n'avais pas participé à l'excursion de Philae. Nous avons discuté de choses et d'autres puis, quand l'orchestre a commencé à jouer, Arnaud s'est rendu au bar car il déteste la danse. Hassan m'a alors proposé d'aller prendre l'air. Nous sommes montés au solarium, en emportant le champagne et les verres.

— Votre mari n'y a pas vu d'objection ?

— Non. Il était en compagnie d'une autre femme.

— Oui, c'est ce qu'on m'a dit. Dites-moi, votre couple…

— Notre couple est ce qu'il est… Cela ne regarde que nous !

— Évidemment… Et ensuite, au solarium ?

— Nous avons fini la bouteille… tout en flirtant un peu. Vous voyez ce que je veux dire… Puis je suis redescendue.

— Et Hassan Mohammedi ?

— Il avait envie de fumer un cigare, tranquillement.

— Pourquoi ne l'a-t-il pas fait au bar ?

— À cause de l'odeur. Il avait peur qu'elle incommode les passagers.

— Oh ! Excusez-moi mais là, j'ai un doute ! s'exclama Jean. Pour autant que j'aie pu en juger, il n'était pas homme à se soucier de ça !

— Qu'en savez-vous ? lança Barbara. En tout cas, une chose est sûre, quand je l'ai quitté, il était bien vivant !

— On n'a retrouvé ni cendres ni mégot sur la scène du crime, fit Charaoui en posant sur elle un regard fatigué. Une dernière question, quelle heure était-il lorsque vous avez regagné le salon ?

— Vingt et une heures quarante-cinq environ.

— Quelqu'un peut-il le confirmer ?

— Comment voulez-vous que je le sache ? Tout le monde était déguisé.

— Et vous, aviez-vous votre masque ?

— Non. Je suis allée le chercher à ce moment-là.

*

— Monsieur Arnaud Le Gall, nous venons d'entendre votre femme. Elle a reconnu avoir prêté une oreille complaisante aux avances de Hassan Mohammedi et être montée en sa compagnie sur le pont solarium, hier soir. Vu ce qui s'est passé là-haut, cela vous place dans une situation délicate.

— Ah bon ! Et pourquoi ?

— De toutes les personnes interrogées, vous êtes le seul à avoir eu un mobile pour assassiner Hassan Mohammedi.

— Hein ? fit Arnaud, l'air interloqué. Et lequel, s'il vous plaît ?

— La jalousie, évidemment.

Le jeune homme eut un hoquet de surprise.

— Vous plaisantez !

— Pas le moins du monde.

Comprenant que le commissaire était des plus sérieux, Arnaud réfléchit puis regarda froidement les deux hommes assis en face de lui.

— Écoutez… Mon couple fonctionne d'une façon un peu particulière, qui peut surprendre mais qui est beaucoup plus fréquente qu'on ne le croit. Barbara et moi avons besoin d'émulation… Nous aimons nous lancer des défis, aiguiser nos envies, en éveillant la jalousie de l'autre. L'amour paisible, le train-train sentimental… très peu pour nous, merci ! C'est pourquoi, nous nous remettons en question chaque fois que l'occasion s'en présente. Nous jouons à nous faire peur, nous adorons être sur la corde raide… Je ne sais pas si vous pouvez comprendre.

— Non, pas vraiment.

— Nos querelles ne sont que prétextes à réconciliations, poursuivit Arnaud. Des réconciliations passionnées sur l'oreiller…

— Dans le cas qui nous occupe, une réconciliation a-t-elle eu lieu ? demanda sèchement Jean Rouault.

— Bien sûr, la nuit dernière. Mais je ne vois pas en quoi cela vous concerne. De toute façon, c'est ainsi que ça marche entre Barbara et moi !

Jean arbora une moue dubitative mais n'ajouta rien. Tarek Charaoui posa encore quelques questions, davantage pour la forme que par nécessité, puis il renvoya le jeune homme.

— Cette explication ne me convainc pas du tout, fit Jean. Je suis persuadé que Barbara est une femme sage, plutôt conventionnelle, et peu encline aux fantaisies que vient de nous évoquer son mari.

— Pourtant, ça correspond assez bien à la liberté des mœurs et à l'état d'esprit des jeunes Occidentaux, rétorqua le commissaire. En tout cas, voilà qui exclut la thèse d'un crime passionnel, et c'est tant mieux ! Imaginez, cher ami, l'imbroglio diplomatique et judiciaire que cela susciterait ! Je n'ose même pas y songer…

— Vous accordez donc crédit à ce que vient de nous dire le couple Le Gall ?

— Parfaitement ! Leur version a un accent de vérité qui ne trompe pas.

*

Lorsque Jean regagna sa cabine, un peu avant minuit, tous les membres du groupe avaient été entendus. Elsa avait ratifié les renseignements que lui-même avait fournis.

Vincent Even ne leur avait rien appris, sinon que l'entorse que s'était faite Christine Gaudin à Karnak, était tout à fait bénigne et qu'il la soupçonnait d'en avoir rajouté.

Agnès Trudeau les avait surpris en affirmant avoir aperçu un homme en djellaba, dans une coursive du Nile Horus, le soir du drame. Selon elle, ce n'était en aucun cas un touriste masqué ou un membre du personnel, elle en mettait sa main au feu.

Michel Lucas s'était présenté, muni des notes prises au cours de l'interview que lui avait accordée Hassan Mohammedi. Il avait rapporté dans le détail les déclarations du jeune armateur à propos de sa formation, son ascension sociale, ses techniques de management, ses projets et ses ambitions. S'apercevant que, malgré sa loquacité, le journaliste ne leur révélait rien de neuf, Charaoui l'avait interrompu en lui demandant si Mohammedi se sentait menacé.

— Bien sûr ! Il ne me l'a pas caché. Il avait beaucoup d'ennemis, des rivaux, des envieux, tous les gens à qui sa réussite portait ombrage. Et aussi certains groupes extrémistes qu'il refusait d'arroser ou que sa façon de vivre à l'occidentale scandalisait. Les tentatives d'intimidation, les menaces de toutes sortes… il connaissait. Mais elles ne l'empêchaient pas de dormir.

Tarek Charaoui avait eu un sourire satisfait car la fin de ce témoignage corroborait indiscutablement la thèse qu'il privilégiait depuis le début. L'audition des témoins s'était achevée par la déposition du guide.

En voyant Raphy pénétrer dans le bureau, Jean avait eu du mal à reconnaître l'homme affable et détendu qui les avait accompagnés durant six jours. Il s'était assis avec raideur sur la chaise qu'on lui désignait. Puis, blême, le regard fuyant, les mains crispées sur ses genoux, il avait répondu aux questions de Charaoui avec une déférence qui frisait le ridicule. Lui, si loquace, si porté aux digressions, ne s'était pas une seule fois écarté du sujet.

Jean n'en était pas revenu. La réputation de la police égyptienne était-elle à ce point détestable pour qu'un honnête citoyen, tel que Raphaël Boutros, soit ainsi terrorisé, du seul fait de se trouver face à l'un de ses représentants ?

Pourtant, malgré son trouble, c'était lui qui avait mis Barbara Le Gall hors de cause en affirmant qu'elle avait rejoint le salon du Nile Horus à vingt et une heures quarante-cinq.

— Comment pouvez-vous être aussi précis ? s'était étonné le commissaire.

— Parce que je venais de consulter ma montre.

Tarek Charaoui n'avait pas cherché à en savoir davantage. Il avait congédié son compatriote et refermé son dossier.

— Et voilà une bonne chose de faite ! s'était-il exclamé en se frottant les mains. Ma conviction est établie. Les touristes de Voies Nouvelles n'avaient aucune raison de massacrer Hassan Mohammedi. Ils n'ont strictement rien à voir dans cette histoire. Notez que je m'en doutais depuis le début. Mais là, j'en ai la certitude. Je vais donc pouvoir transmettre le dossier à mes collègues de la police politique. Eux ont les moyens de faire des investigations dans les milieux extrémistes. Pas moi !

*

* *

« De yo.zeller@yahoo.fr à m.zeller@wanadoo.fr

Hurghada (Égypte), le 2 mars 1999

Micha,

J'utilise encore la messagerie de Yolande car figure-toi qu'elle n'est toujours pas rentrée ! La situation tourne au cauchemar et il faut absolument que tu prennes contact avec moi, soit par mail soit par téléphone. Tout de suite !

Toute la nuit, je l'ai attendue en me faisant un mouron terrible. Et dès que le jour a pointé, je me suis précipitée à la réception. Nathalie y était déjà. Malgré son optimisme de la veille, elle n'avait pas fermé l'œil non plus. Le personnel de nuit n'avait qu'une hâte, voir arriver leurs collègues et se tirer de là, vite fait. Nous sommes allées boire un café et essayer de manger un croissant. Quand nous sommes revenues dans le hall, nous avons trouvé l'officier de police d'hier, accompagné de quelques subordonnés. Ils étaient en train d'installer une "cellule de crise", dans un local du premier étage. Puis d'autres personnes sont arrivées, le directeur de l'hôtel, le responsable des relations avec la clientèle, un représentant de l'agence de voyage et quelqu'un du consulat de France.

Le policier nous a réunis pour faire le point. Voir tous ces gens s'activer m'a remonté le moral. Mais, hélas, les nouvelles n'étaient pas celles que j'espérais. L'hélicoptère qui survolait la région depuis l'aube, venait de découvrir le 4x4 et s'était posé à proximité. La voiture n'était ni en panne ni accidentée. Mais vide ! Le vent qui avait soufflé toute la nuit avait, en outre, effacé toutes les traces de pas ou les pistes qu'on aurait pu suivre.

Nathalie et moi n'arrivons pas à comprendre. Que s'est-il passé ? Comment expliquer tout ça ? L'officier de police s'est montré rassurant. Selon toute probabilité, les occupants du 4x4 se seraient réfugiés dans une grotte ou une anfractuosité de rocher pour se protéger du vent et du froid nocturne. Il n'était que huit heures du matin, on n'allait pas tarder à les récupérer.

Les heures ont passé. L'hélicoptère a poursuivi ses recherches, une colonne de secours s'est rendue sur place, mais on n'a retrouvé personne. Le 4x4 a été ramené en ville où des experts l'ont examiné tout l'après-midi. Sans résultat, il est en parfait état de marche et il n'y avait à bord aucun indice pouvant mettre la police sur la piste de ses occupants.

La journée a été un vrai supplice. Je n'ai rien pu avaler et Nathalie non plus. Notre angoisse n'a fait qu'augmenter, malgré les témoignages de sympathie et les encouragements des clients de l'hôtel. Car, naturellement, la nouvelle s'est répandue comme une traînée de poudre, en dépit des efforts faits par les policiers qui auraient préféré travailler dans le calme et la discrétion. En fin d'après-midi, comme les esprits commençaient à s'échauffer, ils ont fait venir des effectifs supplémentaires et ont établi un cordon de sécurité autour de l'hôtel. Puis tous les clients ont été réunis et on leur a demandé de ne pas chercher à communiquer avec l'extérieur jusqu'à nouvel ordre... ce qui ne m'empêche pas de t'envoyer ce mail !

Micha, je t'en prie, où que tu sois, contacte-moi dès que tu auras lu ce message ! Mieux encore, prends l'avion et rejoins-moi ! Je suis tellement angoissée que j'ai l'impression de perdre complètement les pédales. Avec Nathalie, nous essayons de nous serrer les coudes, mais ça ne sert à rien, parce que nous sommes englouties dans la même panique. Micha, fais quelque chose, je t'en supplie !

Judith »

SEPTIÈME JOUR - ASSOUAN – LE CAIRE

Le matin, visite du plateau de Saqqara et des pyramides de Guizèh. Déjeuner à l'hôtel. Après-midi, en fonction des horaires de vol, transfert et enregistrement à l'aéroport du Caire puis envol à destination de Paris.

Au petit matin quand le Nile Horus accosta le quai de Louxor, Jean Rouault se tenait assis au bord de la piscine, sur le pont solarium. Il se disait que, si le programme n'avait été complètement bouleversé par les événements, il serait au Caire en train de se préparer à la visite de Saqqara et des pyramides. Au lieu de quoi, il se trouvait à côté d'une scène de crime toujours circonscrite par un cordon de sécurité. Le transat où gisait le corps et la serviette ensanglantée avaient été enlevés, avant le départ d'Assouan, et remis au commissariat de police de la ville. Seules demeuraient des traces de sang sur le revêtement synthétique vert qui recouvrait le pont.

Jean ne savait que penser. Ce qu'il venait de vivre lui laissait une étrange impression de décalé qui concordait assez bien avec celle qu'il avait éprouvée tout au long de la croisière. Heureusement, dès cet après-midi, Elsa et lui retrouveraient leur indépendance. Ils visiteraient Le Caire et ses environs à leur guise, sans être escortés par un groupe de gens moroses et indifférents.

Il se réjouissait aussi beaucoup de revoir Mahmoud Salah avec qui il s'était lié d'amitié, douze ans auparavant, durant ses études à l'École de la Magistrature de Paris. Mahmoud était venu y suivre des cours en tant que stagiaire étranger. De retour en Égypte, il avait exercé quelques années au tribunal d'Alexandrie puis ouvert un cabinet d'avocat au Caire. Tout à fait par hasard, les deux hommes s'étaient mariés la même année, et les couples s'étaient rencontrés à l'occasion du voyage de noces des Salah en France. Depuis, ils étaient restés en contact et c'est ainsi que Jean et Elsa avaient décidé de prolonger leur croisière sur le Nil, par un séjour au Caire, chez leurs amis.

Jean avait hâte de discuter avec l'avocat du drame qui avait eu lieu à bord du Nile Horus et de connaître son opinion sur la manière expéditive avec laquelle le commissaire Charaoui avait mené son enquête. Ce désir pressant de transmettre le dossier à la police politique lui paraissait pour le moins curieux.

Comme le soleil montait au-dessus de l'horizon, Jean décida de prendre un bain rapide. La piscine était trop petite pour y faire des longueurs, mais la fraîcheur de l'eau lui fit du bien. Puis il regagna sa cabine où Elsa était en train de s'habiller.

— Un employé est venu me prévenir qu'une réunion avec le commandant et le commissaire Charaoui était prévue à neuf heures trente. On nous demande de ne pas quitter le bateau d'ici là.

Dans la salle à manger, tout le monde avait déjà pris son petit-déjeuner. Les tables étaient vides, couvertes de miettes et de vaisselle sale.

— Eh bien ! Vous avez fait la grasse matinée ? s'exclama Gaston Leroy qui finissait de boire son jus d'orange.

Elsa protesta qu'il était à peine neuf heures et qu'ils avaient tout le temps.

— D'accord ! Seulement, personne ne tient à s'attarder à bord plus longtemps que nécessaire. Ah ! On s'en souviendra de nos vacances en Égypte ! Assassinat, convoi sous escorte policière, interrogatoire de police, assignation à résidence sur ce foutu rafiot… J'avais bien dit à Mélanie que, dans un pays de bougnoules, on n'était jamais à l'abri des mauvaises surprises. On peut dire qu'on a été servis !

— Je vous en prie, modérez vos paroles !

— C'est la vérité, non ? Encore heureux qu'on ne nous ait pas placés en garde à vue ! Les prisons égyptiennes, ça doit être quelque chose ! En tout cas, moi, plus vite je me tirerai d'ici, mieux je me porterai ! Allez, à tout à l'heure ! Et ne tardez pas, qu'on en finisse au plus tôt !

Dans un coin du salon, le personnel avait installé une table où prirent place le commandant Ahli, en grand uniforme, le commissaire Charaoui, ses adjoints et deux inconnus. Les passagers furent invités à s'asseoir sur les chaises placées en demi-cercle, face à eux.

— Mesdames et Messieurs, merci d'être aussi ponctuels. Nous en aurons vite terminé avec ces tristes formalités. Avant de commencer, permettez-moi de vous présenter monsieur Trumel, consul honoraire de France à Louxor, et monsieur Abdel Kamel, représentant de Voies Nouvelles pour la Haute-Égypte. Tous deux ont pris connaissance du dossier que je vais transmettre à mes supérieurs et ont collaboré à la traduction de vos dépositions en arabe. Qu'ils en soient remerciés.

Maintenant, passons à ce qui vous intéresse au premier chef ! J'ai le plaisir de vous annoncer qu'après l'audition de vos témoignages, je n'ai absolument rien à retenir contre aucun d'entre vous et qu'en conséquence, vous retrouverez votre entière liberté de mouvement à l'issue de cette réunion.

Le commissaire se tut, le temps de laisser le temps aux participants d'exprimer leur satisfaction. Puis il reprit :

— Au terme des interrogatoires, la conclusion que je vais remettre au procureur est celle d'un meurtre perpétré par un ou plusieurs inconnus, agissant vraisemblablement sous influence idéologique ou religieuse. De vous à moi, j'ai la conviction que c'est le geste d'un illuminé, fanatisé par un des groupuscules islamistes dont, malheureusement, notre pays regorge. Mais ce sera à la police politique d'en apporter la preuve. Mon travail d'enquêteur s'arrête ici. De votre côté, il ne vous reste plus qu'à lire et à signer vos dépositions. Si, à la lecture de celles-ci, il y a quoi que ce soit que vous contestez, dites-le tout de suite. Nous apporterons les corrections nécessaires dans la forme réglementaire, afin qu'il ne puisse y avoir de contestations ultérieures. Madame Bashir, veuillez distribuer les documents, s'il vous plaît !

Ceux-ci furent lus et signés sans qu'aucune controverse ne soit soulevée. Le commissaire les récupéra, puis le représentant de l'agence de voyage se leva, la mine réjouie.

— Et maintenant, chers amis, passons aux choses agréables ! J'ai de bonnes nouvelles à vous communiquer. Depuis hier, j'ai multiplié les démarches auprès de Voies Nouvelles, à Paris, et de l'Office du Tourisme Égyptien, afin de voir comment vous dédommager de l'aléa que vous avez subi. Nous nous sommes mis d'accord pour vous proposer la compensation suivante : nous vous offrons une journée supplémentaire de séjour au Caire, tous frais payés, bien entendu. Au lieu de rentrer à Brest aujourd'hui, comme prévu, votre retour se fera demain, dans les mêmes conditions. Cet après-midi, vous prendrez l'avion de quatorze heures quinze, Louxor-Le Caire, où des places vous sont réservées. Au Caire, on vous transférera à l'hôtel Kléopatra. La matinée de demain sera consacrée à la visite des pyramides et du plateau de Saqqara. Ensuite, ainsi que je viens de vous le dire, vous vous envolerez pour Brest. La seule différence est que vous ne serez pas accompagnés par monsieur Raphaël Boutros mais par un guide local. Monsieur Boutros a d'autres obligations à partir de ce soir… Voilà ! Nous espérons ainsi vous faire oublier cette triste fin de vacances !

L'agent arbora un sourire jusqu'aux oreilles et regarda son auditoire, en quête d'approbation et de remerciements.

Mais, à sa grande déconvenue, un silence pesant succéda à son petit discours.

— Tout sera pris en charge, vous n'aurez pas un sou à verser, insista-t-il. Nous avons aussi pensé que demain étant un dimanche, vos obligations professionnelles ne vous empêcheraient pas de profiter de notre offre.

— Et qu'avez-vous prévu, en cas de refus ? lança Gaston Leroy d'un ton sec.

— Eh bien… je peux vous faire réserver des places sur le vol Air France, départ du Caire à seize heures trente, aujourd'hui.

— Parfait ! Voilà l'option que ma femme et moi choisissons !

— Oh ! Quel dommage ! Vous ne pourriez pas…

— Non ! Et même si je le pouvais, je ne le ferais pas. J'en ai soupé de ce voyage !

— Il en sera fait comme vous le désirez, dit l'agent d'un air désolé.

Puis, s'adressant aux autres :

— Je suis sûr que le reste du groupe saisira l'occasion de prolonger le séjour et je…

Il n'acheva pas car il ne voyait devant lui que des visages navrés et des hochements de tête négatifs.

— Ce… ce n'est pas possible, balbutia-t-il. Vous n'allez pas tous refuser une offre aussi généreuse ! Les pyramides, les tombeaux de Saqqara, vous ne pouvez pas manquer ça !

— Je crains bien que si, répondit Michel Lucas en consultant ses compagnons du regard. J'ai malheureusement l'impression que nous avons tous une raison qui nous oblige à rentrer en France, dès aujourd'hui. Je suis persuadé que chacun le regrette, seulement que voulez-vous, on n'est pas toujours maître de son emploi du temps.

— Je comprends, mais n'y a-t-il vraiment personne qui…

— Si, nous ! lança Jean Rouault en levant la main.

— À la bonne heure !

— Attendez ! Nous acceptons le voyage en avion Louxor-Le Caire. Pour le reste, nous déclinons votre proposition. Nous avions prévu une prolongation de notre séjour chez des amis.

— Pas de problème, nous ferons comme vous voulez… Bien ! Puisque votre décision paraît irrévocable, je vais prévenir l'aéroport et l'agence de voyages. Pour le reste, il est prévu qu'un bus vienne vous prendre à douze heures trente, sur le quai, face au Nile Horus. Je vous accompagnerai personnellement à l'aéroport, au cas où quelques difficultés se présenteraient à l'embarquement. Vous avez eu assez de tracas comme ça !

Tandis qu'il se retirait à l'autre bout du salon pour téléphoner, le commandant Ahli prononça quelques mots d'adieu, puis tout le monde s'éparpilla. Seuls, Elsa et Jean demeurèrent dans le salon afin de régler avec l'agent les détails de leur séjour au Caire.

— C'est incroyable, fit celui-ci à l'oreille de sa femme. Pourquoi sont-ils tous aussi pressés de retourner chez eux ? Je suis sûr que rien ne les y oblige vraiment.

— Ça confirme ce que nous pensions, ce sont des moutons. Il a suffi que l'un d'eux décrète qu'il veut rentrer aujourd'hui, pour que tous le suivent sans discuter.

— Je n'en reviens pas, une journée de vacances supplémentaire gratuite, ça ne se refuse pas !

— Sais-tu à quoi ils m'ont fait penser ? À l'envol d'une bande de moineaux effarouchés !

DEUXIÈME PARTIE

LE CAIRE

Aïcha et Mahmoud Salah habitaient Héliopolis, une banlieue assez chic du Caire, située à une douzaine de kilomètres du centre. L'immeuble de la rue Bagdad devant lequel le taxi déposa Jean et Elsa, était de style européen. Comme tous ceux du quartier, il datait des années trente et avait cet aspect cossu et un peu décati que l'on retrouve dans toutes les grandes villes du bassin méditerranéen. Incontestablement, le bâtiment avait connu des jours meilleurs mais il gardait néanmoins une certaine classe. L'entrée monumentale donnait sur un hall où siégeait un concierge dont l'uniforme débraillé jurait avec le bel escalier de marbre et les miroirs qui ornaient les parois. Jean allait s'adresser à lui pour lui demander à quel étage résidait Maître Salah lorsque la porte de l'ascenseur s'ouvrit et que Mahmoud en émergea, les bras tendus et un large sourire aux lèvres.

— Enfin ! Enfin ! Vous voilà, chers amis !

Il se précipita vers Jean à qui il donna l'accolade, puis serra amicalement la main d'Elsa.

— Je guettais votre taxi depuis la terrasse. Les vols intérieurs ont souvent du retard…

— En effet, c'est ce qui s'est produit… D'autre part, les formalités ont été plus longues que prévues. Il était cinq heures passées quand nous avons embarqué dans notre taxi. Heureusement que l'aéroport est près d'ici, malgré les embouteillages, nous n'avons mis que vingt minutes pour arriver.

— Vous êtes là, c'est l'essentiel ! Suivez-moi, je vous en prie !

Tandis que l'ascenseur grinçant et poussif les emmenait lentement vers les étages supérieurs, Mahmoud Salah leur expliqua que son cabinet d'avocat était situé au premier étage et l'appartement, tout en haut, au sixième.

— J'ai la chance d'habiter sur mon lieu de travail. Vu la circulation et les encombrements, cela me fait gagner un temps précieux et m'évite beaucoup de fatigue et d'énervement.

Elsa allait lui demander des nouvelles de sa famille lorsqu'une brusque secousse indiqua qu'ils étaient arrivés.

Sur le seuil de l'appartement, Aïcha les attendait, un petit garçon à la main. Elle fit un pas en avant et prononça une phrase de bienvenue en arabe. Puis elle poussa le bambin devant elle.

— Mon fils Mehdi, dit Mahmoud, visiblement très fier de sa progéniture. Puis se tournant vers sa femme : Aïcha, tu parlais le français quand nous étions à Paris. Tu ne l'as pas oublié, j'espère…

La jeune femme eut un sourire d'excuse et les pria d'entrer. Puis Mahmoud et elle conduisirent les Rouault jusqu'à une chambre et une salle de bains réservées aux invités.

— Installez-vous, rafraîchissez-vous, mes amis, et quand vous aurez fini, venez nous retrouver sur la terrasse !

Après avoir pris une douche, Jean rejoignit Mahmoud tandis qu'Aïcha emmenait Elsa faire le tour de l'appartement. Celui-ci, à l'instar de l'immeuble et du centre d'Héliopolis, était un savant mélange de styles différents. Le mobilier était européen mais la déco arabe, les tapis égyptiens mais les rideaux visiblement importés de France. Des tables basses incrustées de nacre côtoyaient de confortables fauteuils design. Des tubes de néon brillaient dans la cuisine, mais d'admirables lampes ajourées éclairaient le salon… Elsa trouva ce compromis amusant et plein de charme.

Durant la visite, Aïcha s'était efforcée de se remettre au français.

— Ça revient mais c'est un peu difficile parce que je ne le parle pratiquement jamais. Mahmoud, oui, dans son travail…

Au fil de la conversation, Elsa comprit que l'avocat représentait et défendait les intérêts d'un grand nombre d'hommes d'affaires français ou francophones.

Apparemment, il en avait même fait sa spécialité.

Selon sa femme, il était l'un des meilleurs dans sa branche, grâce aux années qu'il avait passées en France.

Lorsqu'elles eurent terminé leur visite, elles gagnèrent à leur tour la terrasse où leurs maris discutaient devant une bière.

Le soir tombait. Autour d'eux, des lauriers roses en pots, des bougainvillées et des plantes grimpantes donnaient à l'endroit un air de jardin suspendu. On venait de les arroser et il flottait dans l'air une odeur de terre et de feuillage mouillés.

— Jean était en train de me raconter le drame du Nile Horus. Ça a dû être assez traumatisant pour vous…

— En effet, personne n'est préparé à ce genre de chose, répondit Elsa en s'asseyant dans un fauteuil de rotin.

— Nous avons appris cet assassinat aujourd'hui, par les journaux et la télé, mais nous n'avons pas fait le rapprochement. Le nom du Nile Horus n'a pas été mentionné, ni le fait que le meurtre a été commis alors qu'il y avait des touristes à bord… Il faut savoir qu'ici la presse est muselée et les informations filtrées avant d'être transmises aux médias.

— Il est vrai que nous n'avons vu aucun journaliste. Chez nous, un événement pareil les aurait attirés comme des mouches.

— Autre pays, autres mœurs…

— En dehors de ça, la croisière a été magnifique et parfaitement réussie. Ce que j'ai vu sur les sites m'a fascinée, dit Elsa alors qu'Aïcha apparaissait sur la terrasse en poussant une table roulante couverte d'amuse-gueules, de verres et de bouteilles.

— Alors, les amis, est-ce qu'un ouzo vous tenterait ? demanda Mahmoud.

— Évidemment ! Tu nous connais ! s'exclama Jean.

L'avocat remplit les verres puis leva le sien.

— Que l'épisode malheureux que vous venez de vivre ne ternisse pas l'image de l'Égypte dans votre mémoire, c'est là le vœu que je fais !

— Ne t'inquiète pas, nous saurons faire la part des choses, répondit Jean après avoir avalé une gorgée. Pourtant, j'aimerais bien discuter avec toi, de deux ou trois points qui m'ont un peu… chiffonné. Probablement par déformation professionnelle.

— Je vois ! Tu as été choqué par les méthodes assez musclées appliquées ici…

— Non ! Pas du tout ! Ce serait plutôt le contraire. Le commissaire Charaoui s'est montré extrêmement courtois, trop à mon avis. Moi, à sa place, j'aurais été plus incisif.

— Il obéissait à la consigne qui a cours partout en Égypte : les touristes sont intouchables, cela parce qu'au moindre incident propagé par la presse internationale, ce sont des milliers d'entre eux qui annulent leur voyage.

— Je sais. Seulement, nous étions des témoins directs et le commissaire aurait dû pousser plus loin son interrogatoire. C'est, en tout cas, ce que j'aurais fait à sa place.

— Tu sous-entends qu'il a bâclé son enquête ?

— Disons qu'il l'a menée rondement et qu'il semblait surtout désireux de s'en débarrasser au plus vite, en la refilant à la police politique.

— Mets-toi à sa place. C'est le genre d'affaire qui peut te bousiller une carrière en moins de temps qu'il n'en faut pour le dire, fit Mahmoud en se servant copieusement d'amuse-gueules.

Puis il se leva et revint quelques instants plus tard, des journaux à la main.

— Voyons d'un peu plus près ce que nous raconte la presse ! Voici Al-Ahram qui est la voix officielle de l'État, et Al-Masry Al-Youm, un quotidien indépendant. Tous deux consacrent un article à l'événement.

— Et qu'en disent-ils ?

— Pour Al-Ahram, la chose semble claire. Mohammedi a été victime d'un tueur isolé, probablement téléguidé par un groupuscule clandestin.

— De mouvance politique ou religieuse ?

— Aucune précision là-dessus. Selon le journaliste, l'enquête suit son cours. Et si tu veux mon avis, elle n'aboutira jamais. La conclusion ira dans le sens qui conviendra au gouvernement, celui qu'il jugera le plus profitable à sa politique du moment.

— C'est-à-dire ? Je ne vois pas très bien…

— Facile à comprendre ! Si l'État a besoin de faire taire certains groupes d'opposants politiques, ce seront eux qui seront accusés d'avoir commandité le meurtre de Mohammedi. Même chose si ce sont des religieux que l'on veut discréditer. On peut aussi faire porter la responsabilité à une corporation, si celle-ci revendique un peu trop fort certains droits. Etc… etc… Tu as saisi ?

— Tout à fait.

— Bon ! Voyons maintenant ce qu'en dit la presse soi-disant indépendante ! Hum… en gros, la même chose. Mais le journaliste émet aussi l'hypothèse d'une vengeance personnelle.

— Il est vrai que la réussite ostensible de Hassan Mohammedi ne devait pas plaire à tout le monde, déclara Elsa. C'était un arriviste dénué de scrupules, on s'en rendait compte tout de suite.

— Ne perdez pas de vue, mes amis, qu'ici la presse est contrôlée. Les informations que donnent les journalistes sont basées sur des communiqués fournis par la police, et non sur des investigations personnelles.

— Ce qui est arrivé relève du fait divers, non de la politique, objecta Jean.

— Pas si simple ! Par sa réussite sociale, Mohammedi appartenait à la classe des jeunes hommes d'affaires qui, pour bon nombre d'Égyptiens, représentent l'Égypte de demain, dynamique et prospère. En un certain sens, s'attaquer à l'un d'eux, c'est s'en prendre aux forces montantes de la nation.

Comme Mahmoud Salah saisissait la bouteille pour remplir les verres, une jeune femme portant le hidjab apparut, le petit Mehdi à la main. L'enfant la lâcha, courut à travers la terrasse et bondit dans les bras de son père.

Du coup, celui-ci sembla oublier la discussion et se mit à danser sur place, en faisant tournoyer le garçonnet autour de lui. La nounou protesta, puis Aïcha aussi.

— Et alors ! Je n'ai pas le droit de m'amuser avec mon fils ? Je passe si peu de temps avec lui.

— Tu vas le rendre malade, il vient de manger.

Mahmoud leva les yeux au ciel.

— Ah ! Les mères, quels rabat-joie !

Il déposa néanmoins l'enfant sur le sol. Aïcha le prit contre elle et lui demanda de dire bonsoir à leurs invités.

Pour toute réponse, il enfouit le visage dans la robe de sa mère. Celle-ci n'insista pas et fit signe à la nounou de l'emmener.

Tandis qu'elle les regardait s'éloigner, Elsa prit conscience des bruits qui montaient dans la nuit. Le grondement de la circulation, les airs de musique venant des terrasses voisines, des voix d'hommes qui s'interpellaient.

Il y avait aussi des effluves de grillades et d'épices auxquels se mêlait le parfum des fleurs. Jasmins, orangers du Mexique, acacias.

Et, s'infiltrant partout, l'odeur de la chaleur sur la pierre sèche, quelque chose d'âpre et de stérile, de poussiéreux et d'assoiffant… la présence du désert aux portes de la ville.

Aïcha qui s'était absentée discrètement, revint en poussant une autre table surchargée, devant elle.

— Vous connaissez peut-être la prédilection des Égyptiens pour le mezzé, fit Mahmoud. Tous les plats sont posés sur la table, et chaque convive se sert à volonté.

Aïcha distribua assiettes, couverts et serviettes. Elsa et Jean qui n'avaient rien avalé depuis midi, ne se firent pas prier. Salades, fèves, purée d'aubergines, feuilles de vigne farcies et d'autres mets dont ils se firent expliquer la composition… Au dessert, la conversation à bâtons rompus s'orienta à nouveau sur l'affaire Mohammedi.

— Je serais curieux d'en savoir un peu plus sur cet homme, fit Jean. Qui était-il vraiment ? De quel milieu sortait-il ? Comment avait-il acquis assez d'argent pour devenir armateur à trente-cinq ans ?

— Si ça t'intéresse, je peux me renseigner. Quelques coups de fil à donner, et je te livre le CV de ce monsieur sur un plateau !

— Le CV sans doute… mais peut-être pas l'origine de sa fortune. Selon un journaliste qui voyageait avec nous et qui l'a interviewé, il prétendait avoir eu la main heureuse en spéculant à la Bourse.

— Façon d'éluder la question ! C'est sûr que, s'il n'a pas bénéficié d'apports familiaux, il y a magouilles, combines et grenouillages. Et là, pour y voir clair, c'est une autre paire de manches ! Mais je ferai mon possible. J'ai des accointances un peu partout... même dans la police !

— À ce propos, elle doit avoir une drôle de réputation, votre police ! J'ai l'impression que les gens en ont une peur bleue !

— C'est vrai qu'il vaut mieux ne pas tomber entre les mains de certains officiers "spécialisés" de la police politique, reconnut Mahmoud Salah. L'état d'urgence qui a été instauré en 1981 permet toutes les dérives. Mais ça ne veut pas dire qu'on torture à tour de bras dans nos prisons. Dans la vie courante, si tu te tiens à carreau et si tu ne montres pas ouvertement ton opposition à Moubarak, il ne t'arrivera rien. C'est l'attitude qu'adopte l'immense majorité des Égyptiens.

— Je suis persuadé qu'hier, quand on l'interrogeait, notre guide était complètement paniqué. J'ai auditionné suffisamment de témoins dans ma carrière, pour savoir reconnaître quelqu'un qui a peur. Pourtant, je te l'ai dit, le commissaire Charaoui était des plus affables. Pas une fois, il n'a cherché à déstabiliser l'un d'entre nous.

— Peut-être votre guide avait-il quelque chose à se reprocher.

— Oh non ! Ça m'étonnerait.

— Pas forcément une chose se rapportant au meurtre... mais qui aurait pu être dévoilée à l'occasion de l'enquête. Comment s'appelle cet homme ?

— Raphaël Boutros.

— C'est un nom copte assez courant, déclara Salah. Votre guide fait peut-être partie d'un mouvement d'opposition clandestin et craignait que cela ne soit mis au jour, au cours de l'interrogatoire…

— Va savoir ! Dans ce cas, il a dû être rudement soulagé quand le commissaire a innocenté tout le groupe, lui compris.

— Certainement ! Si tu veux, je peux aussi glaner quelques informations sur cet homme. Ça peut être intéressant d'en savoir plus à son sujet…

HUITIÈME JOUR - LE CAIRE

Prolongation de séjour

Le lendemain, lorsque Jean et Elsa prirent leur petit-déjeuner, Mahmoud Salah se trouvait déjà à son cabinet. Aïcha leur confia qu'il y passait ses journées, sauf quand il plaidait au tribunal. Jamais il ne se déplaçait chez ses clients, c'étaient eux qui venaient le voir.

— Mahmoud aime travailler dans le calme de son bureau, à l'abri du bruit, de la poussière et de la chaleur. Il prétend qu'avec ses deux ou trois téléphones, son fax et son ordinateur, il abat plus de besogne que n'importe lequel de ses collègues. En réalité, il a Le Caire en horreur. Il dit que c'est une ville monstrueuse et je sais que, malgré sa réussite, il regrette parfois de s'y être installé. Pourtant, Héliopolis est assez agréable, même si sa qualité de vie se dégrade d'année en année. On construit partout et n'importe quoi, la circulation devient infernale, sans parler de la pollution. Mahmoud aimerait retourner à Alexandrie… et il n'est pas dit que nous ne le ferons pas un jour.

Elsa demanda alors à la jeune femme si elle exerçait une activité professionnelle.

— Quand vous êtes venus nous voir, en 2002, tu avais passé ta licence de français. Je me souviens que tu comptais enseigner, dans un des lycées privés du Caire.

— Je l'ai fait durant quelques mois. Ensuite, j'ai été enceinte et j'ai dû arrêter.

— Je comprends. Et maintenant, est-ce que tu envisages de reprendre l'enseignement ?

— Non, pas pour le moment.

Elle esquissa un sourire et baissa les yeux.

— J'attends un autre enfant pour le mois de décembre.

Jean et Elsa la félicitèrent puis, comme elle paraissait gênée de parler d'un sujet aussi intime devant un homme, ils se mirent à discuter du programme de la journée.

— Aujourd'hui, ce sera le Musée Égyptien, nous avons l'intention d'y passer plusieurs heures.

— Excellente idée ! Attendez que je me renseigne…

Aïcha s'éclipsa et revint quelques minutes plus tard, un ordinateur portable à la main.

— Avec ça, nous saurons tout, tout de suite ! dit-elle en se mettant à pianoter. Bien, nous voilà sur leur site. Ouverture de neuf à dix-huit heures trente… Audioguide en français, ou mieux, service personnel d'un guide officiel, pas très cher et beaucoup plus intéressant. Prix de l'entrée, cinq euros… visite de la salle des momies non comprise. Mais je vous la conseille, c'est impressionnant.

— Comment y va-t-on, en taxi ?

— Oui… mais si vous avez le temps, prenez le bus ! C'est folklorique et très marrant. Il y a la ligne 357 qui passe près d'ici et qui vous amène directement Place Abdel Moneim, juste derrière le Musée Égyptien… Et ensuite, après la visite, qu'est-ce que vous comptez faire ?

— Nous balader au petit bonheur, dans le centre du Caire… répondit Jean. Nous avions l'intention de vous inviter à dîner dans un restaurant, mais comme tu nous as dit que Mahmoud détestait cette ville, je ne sais pas si c'est une bonne idée.

— Nous ne vivons tout de même pas en ermites ! fit Aïcha en éclatant de rire. Il nous arrive de sortir avec des amis…

— Tant mieux ! Dans ce cas, je propose que nous nous retrouvions dans un café. Puis nous irons manger quelque part.

— Les cafés, ce n'est pas ce qui manque dans le centre.

Aïcha réfléchit quelques secondes puis suggéra le Al-Horreya.

— C'est l'un des plus vieux bars du Caire, je suis sûre que vous le trouverez sympa. Vers dix-neuf heures, est-ce que ça vous irait ?

Elsa inscrivit le nom de l'établissement et celui de la rue, dans son calepin, puis tous trois se penchèrent sur un plan de la ville qu'Aïcha avait déplié sur la table.

Une demi-heure plus tard, les Rouault quittaient

l'immeuble et longeaient la rue Bagdad, en direction de l'arrêt de bus. La matinée n'était pas avancée, pourtant, il faisait déjà une chaleur caniculaire. Mais après les records d'Assouan et d'Abou Simbel, ils s'y étaient acclimatés.

*

Le café Al-Horreya était l'endroit idéal pour se défatiguer d'une journée passée au musée et dans les rues du Caire. Pas trop de monde, de hauts plafonds permettant à l'air de circuler, des messieurs d'un certain âge qui conversaient à mi-voix ou lisaient des journaux. L'atmosphère était vieillotte, un peu coloniale. Ne manquaient que quelques Anglais, une pipe à la bouche et un stick à la main.

Assis à une table, les Rouault attendaient leurs amis.

— Les voilà ! s'exclama Jean alors qu'une des grandes portes vitrées s'ouvrait devant les Salah.

— Désolé, nous sommes en retard. Les embouteillages et notre fils qui faisait des caprices… Il n'aime pas nous voir sortir le soir.

— Les enfants se ressemblent tous, ils ont parfois besoin d'affirmer leur personnalité, répondit Elsa en faisant signe à Aïcha de s'asseoir à côté d'elle.

À son grand étonnement, celle-ci portait le foulard islamique, un pantalon et une tunique à manches longues.

— Comment s'est passée votre première journée ? s'enquit Mahmoud.

— Très bien, mais nous sommes épuisés.

— Pas étonnant dans cette ville de fous !

— Le musée est fantastique, seulement il faudrait plusieurs jours pour en faire le tour.

— Qu'à cela ne tienne ! Restez ici autant qu'il vous plaira, notre maison est la vôtre…

Puis, d'un claquement de doigts, il appela le garçon et commanda trois bières et un thé à la menthe pour sa femme.

— De mon côté, j'ai tenu ma promesse ! Pendant que vous vous promeniez, j'ai mené ma petite enquête, dit-il en sortant de sa veste, quelques feuilles pliées en quatre. J'ai noté ici tout ce que j'ai pu apprendre sur Hassan Mohammedi, ainsi que sur votre guide. Est-ce qu'on en parle tout de suite ou est-ce qu'on reporte ça à plus tard ?

— Pourquoi pas maintenant ? L'endroit est tranquille et, visiblement, tu meurs d'envie de nous raconter ce que tu as découvert !

L'avocat prit un air faussement modeste puis éclata de rire.

— Tu me perces à jour comme si j'étais un gamin ! Bon, si ces dames n'y voient pas d'inconvénient…

— Pas du tout, au contraire !

Mahmoud attendit que le garçon ait déposé les consommations sur la table, avant de déplier la première feuille de papier.

— À propos de Hassan Mohammedi… J'ai obtenu sans difficulté des renseignements sur sa biographie au siège de sa société, situé Sharia el-Geish, pas loin d'ici. Ils sont fournis gracieusement à tous ceux qui en font la demande. À noter que ces informations ne s'appuient sur aucun document administratif, uniquement sur les déclarations de l'intéressé, ce qui les rend sujettes à caution. Même la naissance de Mohammedi n'est enregistrée nulle part ! Il dit être né le 2 avril 1973, près de Rafah, dans le nord du Sinaï. Mais il faut savoir qu'à l'époque, cette région avait été envahie par Israël et que l'état civil n'était pas une priorité pour les troupes d'occupation. Mohammedi a toujours affirmé que c'était pour cette raison qu'il n'a jamais possédé d'acte de naissance officiel. Après la restitution du Sinaï à l'Égypte, en 1982, la famille Mohammedi se serait installée à Ismaïlia où le jeune Hassan aurait fréquenté une école coranique. Impossible à vérifier, ces établissements ne tenant aucun registre de leurs élèves. Un an plus tard, nouveau déménagement, pour Le Caire cette fois, dans ce qu'on appelait alors "le quartier des chiffonniers". Hassan entre dans une école primaire qui vient d'être ouverte, pas loin de chez lui. Mais on ne trouve aucune trace écrite de sa scolarité. À cette époque, l'administration et la gestion de l'enseignement primaire, dans les milieux populaires, étaient pour le moins fantaisistes. Locaux lamentables, matériel pédagogique quasi inexistant, enseignants rares et débordés face à un nombre pléthorique d'élèves. Un vrai miracle que, dans ces conditions, certains aient réussi à apprendre à lire, écrire et calculer ! Il fallait être surdoué ou extrêmement motivé. Peut-être

Hassan faisait-il partie de ceux-là… À quatorze ans, il a commencé de gagner sa vie en exerçant trente-six boulots, bien sûr sans contrat ni couverture sociale, rien qui prouve qu'il a bien travaillé au Caire. Quand ses collaborateurs l'interrogeaient à ce sujet, il disait que la rue était le meilleur endroit pour apprendre à vivre, ce qu'il avait fait, souvent à ses dépens, et que, s'il s'en était sorti, c'était grâce à son courage, sa ténacité et quelques coups de chance dont il avait su profiter. Il faisait sans doute allusion à l'opportunité qu'il avait eue de partir à l'étranger, dans divers pays du Proche-Orient, et d'échapper ainsi à la misère.

— Cela recoupe ce qu'il a dit à Lucas, au cours de son interview.

— Oui, mais ça reste très nébuleux, personne ne sait exactement où il se trouvait ni ce qu'il a fait, durant les années qu'il a passées à l'étranger… Toujours est-il que, lorsqu'il réapparaît au Caire, en 2001, il est à la tête d'un capital qu'il saura faire fructifier. Dans ce but, il crée la "Mohammedi Investment Company", inscrite en bonne et due forme au registre du commerce, et qui va très vite se diversifier. Import-export, immobilier, activités de services, armement naval.

— À ton avis, cette édifiante biographie reflète-t-elle vraiment la réalité… toute la réalité ? demanda Jean d'un air sarcastique.

Mahmoud Salah éclata de rire.

— Si les responsables du registre du commerce et des banques ont pris pour argent comptant les déclarations de Mohammedi, ça les regarde, ce n'est pas mon affaire ! Moi, comme je voulais en savoir davantage, j'ai fait appel à Saïd.

— Bonne idée ! s'exclama Aïcha. Avec lui, on est sûr d'approcher la vérité d'un peu plus près.

— Saïd el Zabbagh travaille pour moi, depuis l'ouverture de mon cabinet, poursuivit Mahmoud. Je l'ai engagé comme enquêteur privé et ne l'ai jamais regretté. Il faut savoir qu'ici, la majorité des avocats emploient ce genre d'auxiliaire. Certaines affaires que nous traitons sont si opaques qu'on ne s'en sortirait pas, sans en connaître les tenants et les aboutissants. Dès le départ, Saïd s'est montré très doué pour l'investigation. Avec les années, il est devenu un fouille-merde de premier ordre qui m'a rendu d'inestimables services, je dois le reconnaître. Ce matin, je lui ai donc demandé de se pencher sur le cas Mohammedi et, tout à l'heure, il m'a téléphoné pour me dire qu'il avait la preuve que notre homme était mouillé dans pas mal de combines et qu'il était en contact avec des gangs maffieux. Mais ça, on s'en doutait ! J'ai insisté pour qu'il creuse davantage, particulièrement la période que Mohammedi a passée à l'étranger. Où ? Combien de temps ? Et surtout, de quelle manière il a acquis son “capital de départ”. Saïd sera au rapport demain matin, à l'ouverture du cabinet. Si vous voulez l'entendre, vous serez les bienvenus.

— Nous viendrons, ça va de soi !

— Bien ! Passons maintenant aux quelques informations que j'ai réunies sur votre guide. J'ai appelé l'Ordre Égyptien des Guides Égyptologues auquel adhèrent la majorité des guides professionnels. Là, on m'a donné les meilleurs renseignements sur Raphaël Boutros. Celui-ci possède les diplômes requis et l'Ordre n'a reçu que des éloges à son sujet, les témoignages adressés par les touristes sont flatteurs à tout point de vue. En outre, il ne s'est jamais distingué en affichant des opinions politiques de quelque bord que ce soit. Boutros est né en 1967, au sein d'une famille assez aisée de Port-Saïd, où son père possédait une petite entreprise de réparation navale. Aujourd'hui, il mène une vie rangée, entre sa femme et son fils. Ah ! Un dernier détail, dramatique, celui-là... Raphaël avait un frère, guide comme lui, qui a trouvé la mort dans une prise d'otages qui a mal tourné, à la fin des années quatre-vingt-dix. Je ne sais pas si vous vous souvenez de cette affaire...

— Non, pas du tout, dit Jean. Elle a dû avoir lieu pendant que je roulais ma bosse dans le Pacifique. J'avais pris une année sabbatique, au terme de mes études, et j'étais sans nouvelle de ce qui se passait en France. C'est d'ailleurs à l'issue de ce voyage que j'ai rencontré Elsa, en Nouvelle-Calédonie, où elle enseignait le français, dans un lycée de Nouméa.

— Oh ! Comme c'est romantique ! s'exclama Aïcha. Vous ne nous en aviez jamais parlé !

— Quoi ? Je ne vous ai pas montré les photos de mon périple, quand vous avez séjourné chez nous ?

Les Salah secouèrent la tête.

— Eh bien, il ne faudra pas oublier de le faire lorsque vous reviendrez nous voir, dit Elsa. L'Australie, les mers du Sud, ça fait rêver, je vous assure !

— Je n'en doute pas ! Mais, excusez-moi, il y a une réalité plus pressante… fit Mahmoud. On parle, on parle et on n'a rien à se mettre sous la dent !

— Tu as raison, j'ai la dalle, moi aussi, s'exclama Jean. Est-ce que tu connais un bon restaurant, pas trop loin d'ici ?

— Ne t'inquiète pas, dans ce quartier, on ne risque pas de mourir de faim !

NEUVIÈME JOUR - LE CAIRE

Prolongation de séjour

Lorsque Aïcha avait dit aux Rouault que son mari considérait son cabinet comme son lieu de travail de prédilection et qu'il n'en sortait pratiquement jamais, elle avait omis de préciser que tout y avait été aménagé dans cette optique. Une fois la porte refermée, l'endroit devenait une bulle coupée de son environnement.

En regardant autour d'elle, Elsa songea que le hall d'accueil aurait pu se trouver n'importe où, aussi bien à Paris qu'à New York, à Sydney qu'à Shangaï, tant l'agencement en était conventionnel. Cloisons blanc cassé, moquette beige chiné, portes capitonnées, meubles standard, triple vitrage, stores vénitiens. Aucune décoration, pas de photos, bibelots ou objets personnels. Rien que du silence, de la fraîcheur et une lumière tamisée.

Plusieurs pièces donnaient dans le hall. Par une porte entrebâillée, Elsa voyait une femme assise devant un ordinateur. Venant d'un autre bureau, une voix parlait au téléphone.

Après avoir patienté quelques minutes, Jean se

racla bruyamment la gorge. L'employée leva les yeux de son clavier, fit pivoter sa chaise et vint à leur rencontre. Elle s'excusa en anglais de ne pas les avoir reçus comme il convenait, et les emmena au fond du couloir où elle frappa.

— Entrez, les amis, entrez ! Nous vous attendions.

Le vaste bureau de Mahmoud Salah ressemblait au reste du cabinet. Fonctionnel et sans fioriture. Près de la fenêtre, quelques fauteuils et une table basse en verre fumé… Un homme y était assis, un attaché-case sur les genoux.

— Je vous présente Saïd el Zabbagh, l'enquêteur dont je vous ai parlé hier.

Celui-ci se leva, posa la main droite sur sa poitrine et s'inclina légèrement. Il portait un costume clair, en fibre synthétique bon marché, et des sandales. Puis il ouvrit sa sacoche et en sortit une liasse de documents qu'il tendit à son employeur.

— C'est le rapport écrit de ce qu'il m'a raconté hier, au téléphone. Il n'a malheureusement rien appris de nouveau depuis, si ce n'est que Mohammedi a passé deux ou trois ans au Liban, avant de rentrer en Égypte. En revanche, Saïd a convaincu un de ses indicateurs de le suivre jusqu'ici.

Jean et Elsa découvrirent alors un deuxième homme assis sur un tabouret, dans un coin de la pièce.

— Il dit s'appeler Ali et prétend avoir reconnu Hassan Mohammedi, sur les photos qui ont paru dans les journaux. Saïd se porte garant de lui et affirme qu'on peut lui faire confiance. Bien sûr, il ne parle qu'arabe. Je vais donc l'interroger et je traduirai ensuite. On verra ce qu'on peut en tirer.

Durant une quinzaine de minutes, l'avocat questionna les deux Égyptiens en notant rapidement leurs réponses sur un carnet. Il avait le visage sévère, parlait d'une voix âpre, parfois cinglante, et Elsa songea qu'il ne devait pas faire bon se trouver en face de lui, au tribunal. Lorsqu'il eut fini, il tendit une page de journal au dénommé Ali qui la saisit et se mit à dévider des phrases avec véhémence, tout en pointant un index sur la photo qui accompagnait l'article. Mahmoud dut lui ordonner de se calmer, car il se tut brusquement et rendit l'article à l'avocat.

— Bien ! Voilà de quoi il retourne, dit celui-ci. Je vais essayer de faire court car les Égyptiens ont la fâcheuse habitude de se perdre en circonlocutions interminables. D'abord, Ali affirme qu'il a rencontré Mohammedi à Beyrouth, dans les années 1999-2001. Il pense qu'il avait séjourné quelque temps en Jordanie, avant d'entrer au Liban, parce qu'au début, on le voyait souvent en compagnie de Palestiniens pas très nets. Assez vite, Ali a pris ses distances car des bruits se sont mis à courir sur Mohammedi. On disait qu'il participait à des expéditions punitives, qu'il était l'homme de main de certains groupuscules extrémistes, qu'il faisait la basse besogne des marchands d'armes qui avaient du mal à se faire payer, et que ses méthodes étaient radicales et féroces.

— Si c'est ainsi qu'il a gagné son fric, je comprends qu'il passe ça sous silence !

— Ali n'en est pas convaincu. À Beyrouth, jamais Hassan n'a mené la grande vie comme le faisaient tous les malfrats et les soldats perdus qui hantaient cette malheureuse ville.

— Il a pu agir plus intelligemment et planquer son pognon dans une banque. En dehors de ça, qu'est-ce qu'Ali t'a appris d'autre ?

— Vous allez être surpris ! Il certifie que l'homme auquel nous nous intéressons ne s'appelle pas Hassan Mohammedi mais Khaled al Ziraï. En tout cas, au Liban, c'est sous ce nom-là qu'il était connu.

— Il a dû changer d'identité en changeant de pays. Se procurer de faux papiers ne devait pas être très difficile à Beyrouth.

— Non ! Selon Ali, notre homme se nommait déjà Khaled al Ziraï, avant de quitter l'Égypte. Il connaît une ou deux personnes au Caire, prêtes à l'attester, entre autres un copain qui habitait la même rue que Khaled, quand ils étaient adolescents.

— Tout ça est bien curieux, mais ne nous explique pas comment Mohammedi a pu réapparaître au Caire, en 2001, sous les traits d'un golden boy actif et compétent.

— Nous avons peut-être affaire à deux personnes différentes qui se ressemblent beaucoup, suggéra Elsa. D'autre part, les photos des journaux sont souvent de mauvaise qualité…

— J'y ai pensé, aussi me suis-je procuré une photo de lui, au siège de sa société. C'est elle que j'ai montrée à Ali, avant votre arrivée.

L'avocat se tourna vers l'indic et lui posa une question à laquelle celui-ci répondit d'un ton vif. Visiblement, il campait sur ses positions. Salah hocha la tête, écrivit quelques lignes puis, d'un geste, il congédia le témoin et son enquêteur.

— J'ai noté les coordonnées des personnes susceptibles de confirmer ce qu'Ali vient de nous apprendre. Nous ne nous en servirons probablement pas mais, sait-on jamais… Et maintenant, que diriez-vous d'un petit café, avant de passer à la suite ?

— Volontiers.

Mahmoud commanda les boissons par interphone et poursuivit :

— Ce matin, je me suis levé de très bonne heure et me suis fait conduire, en taxi, jusqu'au siège du "Progrès Égyptien", un journal qui diffuse chaque jour des informations en français. Il y a quelques années, j'ai défendu avec succès son rédacteur en chef dans une sale histoire de diffamation, et celui-ci me voue depuis une reconnaissance éternelle.

Il eut un sourire malicieux et se tut, le temps que sa secrétaire qui venait d'entrer, dépose devant eux, un plateau chargé de tasses fumantes.

— Avec mon ami, nous avons consulté les archives du journal, et j'ai scanné ce qui se rapportait à la prise d'otages dans laquelle le frère de Raphaël Boutros a perdu la vie. J'ai pensé que ça vous intéresserait, vu que les victimes étaient de nationalité française. J'en ai obtenu la liste, le journal la possédait mais n'avait pas eu le droit de la publier. La voici…

— Euh… merci, fit Jean qui ne voyait pas vraiment l'intérêt de la chose.

— J'en ai profité pour me remettre toute cette affaire en mémoire, poursuivit Mahmoud, car je me demande s'il n'y aurait pas un rapprochement à faire entre votre guide, terrorisé par la police, et l'assassinat de Hassan Mohammedi.

— Quoi ? Une corrélation entre les deux événements ? s'exclama Jean d'un air incrédule. Tu ne pousserais pas le bouchon un peu loin ?

— Je n'en sais rien. Prenez quand même la peine de lire les articles que j'ai rapportés. Pendant ce temps, je vais m'occuper de mon courrier avec ma secrétaire. Nous en rediscuterons ensuite.

*

— C'est atroce, fit Elsa d'une voix blanche en déposant sur la table les pages qu'elle venait de lire.

— Tu as raison… Cet événement m'a complètement échappé, à l'époque. En 99, j'étais en bateau dans le Pacifique et le monde aurait pu s'écrouler sans que je n'en sache rien. Quand je suis rentré en France, l'émotion était retombée, on parlait d'autre chose.

— Tous ces gens pris en otages et exécutés… Comment une telle abomination a-t-elle pu se produire ? Ça paraît quand même incroyable…

— En Égypte, les mesures de sécurité étaient beaucoup plus sommaires qu'aujourd'hui. Les hôtels n'étaient pas gardés, les excursions se faisaient sans escorte. Quoi de plus facile que de dresser une embuscade dans le Désert Arabique ? La topographie s'y prêtait à merveille.

— D'accord ! Mais comment tout un groupe a-t-il pu se laisser piéger sans réagir ?

— L'effet de surprise… des armes à feu… quelques gestes violents. Ça suffit pour saper la résistance de gens sans défense. D'après le journal, les ravisseurs les ont emmenés dans une espèce de camp retranché, au fond d'une vallée encaissée, puis ont fait connaître leurs exigences, en menaçant d'exécuter les otages s'ils n'obtenaient pas satisfaction. Scénario classique et bien rodé…

— Qui a pourtant foiré puisque ça s'est mal terminé.

— Outre les trois millions de livres égyptiennes réclamées, il y avait une demande de libération de plusieurs prisonniers politiques. C'est à ce niveau-là que ça a dû coincer.

— Pourtant, le journal affirme que les négociations ont cessé dès que la rançon a été versée… silence radio, plus aucun contact. Plus tard, l'autopsie a révélé que les malheureux avaient été exécutés, quelques heures à peine après la remise de l'argent.

— Ce qui incite à penser que les exigences concernant les prisonniers n'étaient peut-être destinées qu'à égarer la police, et qu'en réalité, l'affaire était purement crapuleuse.

— Oui… Ceci expliquerait aussi les deux corps d'hommes tués par balles, retrouvés à proximité du lieu où étaient retenus les otages. Tu as lu la conclusion du journaliste : au moment du partage, l'un des ravisseurs aurait raflé la mise, en éliminant ses deux complices.

— D'une façon comme de l'autre, c'est un drame horrible…

— Et que vous trouverez encore plus affreux, fit Mahmoud Salah en rejoignant les Rouault, quand vous saurez que les otages ont été égorgés… L'information n'a jamais été divulguée. Au ministère de l'Intérieur, on a donné l'ordre à la police de taire ce détail, afin de ne pas accroître l'émotion qui était déjà à son comble. Je ne l'ai appris que ce matin, par le rédacteur en chef du "Progrès Égyptien."

— Une discrétion qui s'imposait et que je comprends parfaitement, dit Jean d'une voix consternée.

— L'enquête s'est poursuivie durant des mois, sans résultat. Puis d'autres événements graves se sont succédé : l'agression de Moubarak en septembre, la montée de l'islamisme, la situation en Palestine… Le dossier a peu à peu été relégué au second plan.

Jean hocha la tête.

— Ainsi va la vie… Mais objectivement, je ne vois pas ce qui pourrait relier cette tragédie à l'assassinat du Nile Horus. S'il existe un rapport, les chaînons manquants sont nombreux et certainement impossibles à découvrir.

— Tu as sans doute raison, acquiesça l'avocat. Mieux vaut laisser tomber. D'ailleurs, vous n'êtes pas ici pour mener une enquête mais pour passer quelques jours de vacances, le plus agréablement possible… Qu'avez-vous prévu aujourd'hui ?

— Les pyramides et le plateau de Saqqara.

— Étape incontournable ! Si je peux me permettre un conseil, louez un taxi pour la journée. Le chauffeur vous conduira d'un site à l'autre, et vous économiserez du temps et de la fatigue. Je vous suggère aussi de commencer par Saqqara, ses mastabas et ses pyramides à degrés… et de finir par Guizèh et le Sphinx. Cet itinéraire vous permettra d'aller dans le sens de l'histoire et de suivre l'évolution architecturale des pyramides, des plus anciennes aux plus achevées.

*

Le jour commençait à baisser et, si la chaleur était moins vive, elle semblait peser plus lourdement sur la ville. La lumière s'adoucissait mais la touffeur demeurait, avec ses odeurs de poussière, de gaz d'échappement et de sable brûlant. Jean et Elsa qui avaient assez bien supporté cette fournaise toute la journée, eurent l'impression, en débarquant du taxi rue Bagdad, qu'elle s'abattait sur eux de tout son poids.

Ils traversèrent l'avenue et s'engouffrèrent dans l'immeuble des Salah. Arrivés à l'appartement, ils gagnèrent directement leur chambre et se précipitèrent sous la douche.

Une demi-heure plus tard, revigorés par des flots

d'eau fraîche, ils rejoignirent la terrasse où leurs hôtes les attendaient, devant des carafes de citronnade et de karkadé glacés.

— Je me suis inquiétée pour vous, dit Aïcha. À midi, la télé a annoncé des records de température. Il paraît que la canicule est en train de s'installer sur l'est de la Méditerranée.

— Le soir est le meilleur moment de la journée. Asseyez-vous, reposez-vous, fit Mahmoud, affalé dans un fauteuil.

Il portait une djellaba blanche qui soulignait son teint mat, une pipe à eau était posée par terre, à côté de lui.

— Il m'arrive de fumer la chicha, dit-il. Si ça te dit d'essayer, Jean…

— Merci, je ne fume pas.

Elsa aurait bien voulu y goûter, mais on ne la lui proposa pas. Apparemment, les femmes n'étaient pas censées s'adonner à ce genre de plaisir.

Lorsqu'ils se furent désaltérés, tout en racontant la journée inoubliable qu'ils venaient de passer, une table roulante fut amenée par Aïcha et, comme le premier soir, ils burent et grignotèrent tout en bavardant.

Puis le petit Mehdi fit son apparition et s'amusa bruyamment avec son père, avant d'être raccompagné à l'intérieur par sa mère.

— Tout à l'heure, en vous attendant, Aïcha et moi avons reparlé de ce qui s'est passé à bord du Nile Horus. Ma femme a soulevé une question intéressante à laquelle, apparemment, nul n'a songé : pour quelle raison Hassan Mohammedi s'est-il rendu sur son bateau ?

Elsa et Jean échangèrent un regard perplexe.

— Euh… pour une visite d'inspection.

— Et qu'a-t-il inspecté ?

— À notre connaissance, pas grand-chose… Il est arrivé durant notre escale à Edfou et nous l'avons vu, pour la première fois, le soir à la salle à manger. Il était accompagné de quelques personnes de son entourage. Le lendemain, il a consacré sa matinée à donner une interview à Michel Lucas, le journaliste qui voyageait avec nous. L'après-midi, il est allé à terre où il avait, paraît-il, des affaires à régler. Le soir, il a dîné à la table de Raphy et de Lucas. S'il y a eu inspection, on ne s'en est pas aperçu.

— Donc, je repose la question, se pourrait-il que Hassan Mohammedi se soit trouvé à bord pour une autre raison ?

Les Rouault réfléchirent, puis Elsa articula d'une voix songeuse :

— Quelque chose me revient à l'esprit, à propos de l'interview… Le lendemain de son arrivée, au cours du petit-déjeuner, un de ses subordonnés a demandé devant nous à Lucas si l'interview "qu'il avait sollicitée et qu'on lui avait accordée", pourrait avoir lieu à dix heures…

— C'est exact, je m'en souviens ! approuva Jean.

— Ce qui signifie que cette interview n'était pas une opportunité saisie par le journaliste, mais qu'elle avait été prévue et organisée à l'avance… depuis la France peut-être.

— Et ce serait là le véritable motif de la présence de l'armateur à bord du Nile Horus ! s'exclama Mahmoud, les yeux brillants.

— Pourquoi un homme aussi occupé que Mohammedi aurait-il consacré presque deux jours à quelque chose de si négligeable ? objecta Jean.

— Négligeable, tu rigoles ? Un article sur lui et sur sa réussite, publié dans un grand journal français… rien de tel pour asseoir sa réputation ! Au Caire, plus personne n'oserait émettre de réserves sur ses origines ou sur son passé. C'était une aubaine que quelqu'un comme lui ne pouvait laisser passer !

— Il a donc pu être attiré sur le Nile Horus, par Michel Lucas… fit Aïcha de retour sur la terrasse.

— On peut appeler ça ainsi, répondit Jean. Mais cela ne signifie nullement qu'il s'agissait d'un traquenard.

— Il faudrait en savoir davantage sur le journaliste. Pourquoi ne pas aller sur Internet, je suis sûre qu'on y trouvera plein de renseignements le concernant.

— Laissons faire Aïcha, elle adore surfer sur le Net, déclara Mahmoud visiblement amusé par l'étonnement des Rouault. L'informatique est l'un de ses passe-temps favoris.

La jeune femme déposa sur la table l'ordinateur qu'elle avait apporté et se mit à pianoter.

— Voilà, j'y suis. Votre ami a un site. Il débute par un assez long CV. Viennent ensuite le répertoire de ses publications, une impressionnante liste d'articles, à quoi s'ajoutent quelques essais de géopolitique. Si ça vous intéresse, l'écran est à votre disposition.

Mais comme ni son mari ni ses invités ne quittaient leurs fauteuils, elle revint au CV :

— Michel Lucas est né en 1959, à Paris où il a grandi. Bac en 1977, licence de droit en 1982. Entre au “Centre de Formation et de Perfectionnement des Journalistes” où il est diplômé en 84. Travaille dans différents journaux de province et, à partir de 1992, devient reporter free lance et se rend dans tous les points chauds du globe. Ces dernières années, il semble avoir axé son intérêt sur le Proche-Orient. Il a souvent collaboré avec un photographe, Daniel Silberstein, qui a illustré la plupart de ses publications. Tous deux sont d'origine russe. Notre journaliste se nomme en réalité Mikhaïl Zeller, Michel Lucas étant son nom de plume.

— Rien à propos de sa famille ?

— S'il en a une, il n'en est pas fait mention sur son site.

— Et en dehors de ça, quoi de particulier ?

— Il appartient à l'Union Internationale de la Presse Francophone.

— C'est tout ?

— Oui.

— Dans ce cas, tu peux arrêter ton ordi, conclut Mahmoud. La raison pour laquelle Lucas a demandé une interview tombe sous le sens, il n'a fait que son boulot de journaliste.

— Attendez une seconde ! lança Elsa. Répétez-moi le vrai nom de Michel Lucas !

— Mikhaïl Zeller.

— Je suis sûre d'avoir lu ce nom sur la liste des otages assassinés en 1999 dans le Désert Arabique, près de Hurghada ! Celle que t'a remise le rédacteur en chef du "Pogrès Égyptien."

Mahmoud se redressa d'un bond.

— Tu crois ? Dans ce cas, on va tout de suite vérifier. Je descends prendre ces papiers à mon cabinet, je n'en ai que pour quelques minutes…

— Yolande Zeller… tu avais raison ! s'exclama Jean. Elle était l'une des trois adolescents victimes des preneurs d'otages. Mais rien ne dit qu'elle avait un lien de parenté avec Michel Lucas.

— Le site du journaliste est étonnamment discret sur sa famille, dit Elsa. Il faudrait peut-être aller voir ailleurs.

— Ça pourrait être intéressant, en effet. Aïcha, à toi de jouer, ma chérie ! fit Mahmoud en adressant à sa femme un petit sourire admiratif.

En observant ce couple visiblement harmonieux et progressiste, où le mari reconnaissait sans restriction les qualités intellectuelles de son épouse, Elsa se demanda comment ces deux-là supportaient les contraintes qu'imposait à la société égyptienne le pouvoir islamiste. Mahmoud souffrait-il de voir Aïcha bridée par toutes sortes d'obligations archaïques ? Égaux, amoureux, libres de parole à l'intérieur de leurs murs. Soumis aux diktats des imams dès qu'ils en passaient la porte. Comment parvenaient-ils à conjuguer, au jour le jour, de telles contradictions ?

— J'ai trouvé ! s'écria Aïcha. Je suis sur le site de la maison d'édition qui a publié les essais de Lucas. Il y a une biographie de l'auteur. Voyons ça ! Naissance et études, on connaît... Cursus, on connaît... Situation familiale : veuf, père d'une fille décédée en 1999. Malheureusement son prénom n'est pas mentionné.

— Quand même, on commence à cerner le personnage, fit Mahmoud. Je suis persuadé que Michel Lucas est le père de la jeune Yolande !

— Comme tous les avocats, tu vas un peu vite en besogne ! le freina Jean. D'ailleurs, même si c'est le cas, je ne vois pas où cela nous mène.

— Simplement à la constatation qu'il y a deux personnes du groupe Voies Nouvelles qui ont eu un proche assassiné, au cours de la prise d'otages de 99 ! Deux sur dix, si on fait abstraction d'Elsa et de toi... ce qui équivaut à vingt pour cent. C'est un chiffre qui devrait t'interpeller.

— Crénom ! Tu as raison ! Comparons la liste des victimes avec celle de nos compagnons de voyages, on verra bien si d'autres noms correspondent !

Jean sortit de sa poche un carnet où il avait noté le nom et les coordonnées des membres du groupe, alors qu'ils étaient interrogés par le commissaire Charaoui. Puis tous les quatre rapprochèrent leurs fauteuils et se penchèrent sur les listes posées l'une à côté de l'autre. Elsa se mit à lire à haute voix :

— Zeller… Chauvet… Josse… Le Gall… Dubrowski… Mazure… Boutros…

— Il y a un nom de plus ! s'exclama Mahmoud. Le Gall figure sur les deux listes.

— Ne t'y fie pas, c'est un patronyme extrêmement courant dans l'ouest de la France. On ne peut rien en déduire de sérieux.

— Oui, mais c'est encourageant ! En cherchant encore un peu, on trouverait peut-être d'autres concordances…

— Possible… Mais il faudrait d'abord démontrer que Hassan Mohammedi, alias Khaled al Ziraï, faisait partie des preneurs d'otages. Et ça, mon ami, ce n'est encore qu'une vue de l'esprit… de ton esprit ! Et j'ai beau me creuser la cervelle, je n'ai pas le début d'une idée sur la façon d'y parvenir ! À l'époque, la police égyptienne qui ne manquait certainement pas de moyens, a dû tout mettre en œuvre pour retrouver les ravisseurs, ici et dans les pays voisins. Sans résultat. Comment veux-tu que, huit ans après, nous arrivions à quelque chose ?

— Michel Lucas a dû mener sa propre enquête…

— À condition que Yolande soit sa fille, ce qui reste à prouver.

— Comme grand reporter, il avait ses entrées dans des milieux interlopes où la police n'accédait pas.

— Mais de là à prétendre qu'il a abouti à un résultat, c'est autre chose !

— Pourquoi ne pas essayer de le contacter et le lui demander ? insista Mahmoud.

— Dis donc, toi ! Quand tu croches dans quelque chose, tu ne le lâches pas facilement ! fit Jean en éclatant de rire. Je ne savais pas les Égyptiens aussi têtus !

— Oh ! Mais tu as encore beaucoup à apprendre à notre sujet ! Tiens ! Je suis sûr, par exemple, que tu ignores que nous produisons du vin, fit l'avocat en se levant. J'ai mis au frais une bouteille de rosé que nous allons boire en mangeant. Et sais-tu comment s'appelle ce vin ? "Rubis d'Égypte"... Rien que ça donne envie d'y goûter, non ?

DIXIÈME JOUR - LE CAIRE

Prolongation de séjour

En se levant, le lendemain, Elsa et Jean décidèrent de faire une pause. La visite des sites et la chaleur torride de la veille les avaient littéralement épuisés. Un jour de repos ne serait pas du luxe.

En milieu de matinée, Aïcha proposa à Elsa de faire quelques courses dans le centre historique d'Héliopolis et de découvrir ainsi les rues commerçantes et leurs arcades.

— Tu verras, nous avons quelques jolies boutiques. Et cet après-midi, si tu veux, je t'emmènerai au hammam. Celui que je fréquente est très bien, je te présenterai quelques-unes de mes amies. Je suis sûre que tu aimeras ça.

Tandis que les deux femmes partaient bras dessus bras dessous, Jean sortit de son côté et se lança à la recherche d'un marchand de journaux qui vendait le “Progrès Égyptien”. De retour rue Bagdad, il s'arrêta au premier étage et rejoignit Mahmoud à son cabinet. L'avocat l'accueillit à bras ouverts et les deux hommes se mirent à discuter de leurs spécialités respectives et des aspects juridiques qui différenciaient l'Égypte de la France. Puis ils revinrent à l'énigme du Nile Horus.

— Cette nuit, j'ai réfléchi à tout ça… Et veux-tu savoir quelle conclusion j'en ai tirée ? fit Mahmoud Salah, en saisissant une des tasses de café que la secrétaire venait d'apporter. Je crois que Raphaël Boutros et Michel Lucas pourraient bien être mêlés de près au meurtre de Mohammedi !

Jean le fixa en silence puis lâcha :

— Je ne suis pas loin de penser comme toi. Toute cette histoire continue à me trotter par la tête. Non pas que je tienne particulièrement à découvrir le coupable, je ne suis pas chez moi et cette affaire ne me concerne en rien. Mais tout de même… intellectuellement parlant, j'aimerais bien démêler les fils de cette histoire. Je suis sûr qu'elle est plus complexe que le commissaire Charaoui voulait nous le laisser croire.

— Oh lui ! Il occupe une fonction dont il n'assume plus vraiment la charge. Il est en fin de carrière et son principal souci est de ne pas se mettre ses supérieurs à dos. L'homme fort, à Assouan, c'est l'inspecteur Saher !

Jean arqua les sourcils, étonné.

— Ah bon ? Ce n'est pas l'impression qu'il m'a donnée, je l'ai plutôt vu comme le larbin de Charaoui.

— Il ne paie pas de mine mais c'est lui qui fait l'essentiel du boulot, j'ai pu le constater quand j'ai dû faire appel à lui, pour certains litiges dont je m'occupais. C'est un vrai renard qui connaît les dossiers à fond… J'ai bien envie de lui téléphoner afin de savoir où en est l'enquête.

— Oui, pourquoi pas… fit Jean en réprimant un sourire.

Comme il l'avait constaté la veille, son ami ne lâchait pas facilement une affaire quand celle-ci l'intéressait. L'avocat décrocha le téléphone, composa un numéro, aboya des ordres dans le récepteur, attendit, recommença, s'énerva et enfin, leva le pouce d'un air triomphant.

— Ça y est ! On me le passe !

Alors que la communication se déroulait en arabe, Jean repensa leur croisière en Haute-Égypte et tenta de se remémorer le comportement de Raphy et de Lucas. Y avait-il des détails, des incohérences, des bizarreries auxquels il n'avait pas prêté attention et qui, maintenant, pourraient renforcer leurs soupçons ? Mais la conversation s'acheva sans que rien ne lui vienne à l'esprit.

— Quelle fine mouche que ce Saher ! fit Mahmoud, l'air mi-figue mi-raisin. J'ai bien peur que ce coup de fil ne lui en ait appris plus qu'à moi.

— Que veux-tu dire ? Tu as glané quelques informations tout de même ?

— Pas grand-chose… Juste une précision, à propos du bal costumé. Saher a demandé au commandant Ahli à qui on en devait l'initiative. Celui-ci a répondu que c'était la coutume de faire une soirée de gala, en fin de croisière, mais que, jusqu'à maintenant, les participants ne s'étaient jamais déguisés.

— Qui a eu cette idée ?

— Le guide, Raphaël Boutros. C'est lui qui a apporté les masques et qui les a répartis dans les cabines dont il s'est fait ouvrir les portes par un membre du personnel. Le commandant a admis que, sur le moment, il n'y avait vu aucun inconvénient.

— C'était une excellente façon de brouiller les pistes ! Personne ne savait au juste qui était qui, déclara Jean… Et la police scientifique, est-ce qu'elle a découvert quelques indices ?

— Non, rien d'exploitable, il y a eu trop d'allées et venues sur la scène du crime. En fait, Saher m'a avoué à demi-mot que l'enquête piétinait. Apparemment, ils courent toujours après "l'homme à la djellaba."

— Je croyais que Charaoui devait passer l'affaire à la police politique…

— Il a essayé, mais les autres ont refusé, jugeant que, pour le moment, c'était à la criminelle de mener l'enquête… À la fin de la conversation, alors que j'allais raccrocher, Saher m'a demandé pour quelle raison je m'intéressais à Hassan Mohammedi. Figurait-il parmi mes amis ou mes clients ? J'ai menti en prétendant que mon cabinet avait été en relation avec la "Mohammedi Investment Company" et que, de ce fait, il m'était arrivé de le rencontrer. Pour le reste, j'ai éludé en me retranchant derrière le secret professionnel, ce qui l'a bien fait rire… Et il avait de quoi être content parce qu'en vérité, il m'avait ferré comme une carpe du Nil ! Il a suggéré que j'avais peut-être quelques renseignements à lui fournir concernant cette affaire, et qu'il était prêt à m'écouter. J'étais bien emmerdé… J'ai un peu hésité puis je lui ai balancé la double identité de Hassan Mohammedi, ce qui l'a vivement intéressé. Il m'a assuré qu'il allait lancer une recherche sur Khaled al Ziraï et qu'il me tiendrait au courant. Mais ça ne lui a pas suffi ! Il a susurré que j'avais certainement d'autres choses à lui apprendre, et osé me rappeler que dans une enquête criminelle, la rétention d'informations est considérée comme un délit ! J'étais au pied du mur, il fallait bien que je lâche encore quelque chose et…

— Tu ne lui as pas parlé de Raphaël Boutros et de l'attentat de 99 ?

— S… si ! Comprends-moi, c'est la police de mon pays, je suis tenu de répondre à ses questions.

— Ce que je comprends surtout, c'est qu'on aurait dû y réfléchir à deux fois, avant d'aller se fourrer dans les griffes d'un type comme Saher !

— Grâce à lui, nous obtiendrons peut-être des renseignements sur Khaled al Ziraï.

— Possible… mais ce qui est sûr, c'est qu'il va fondre à bras raccourcis sur Raphaël Boutros ! Je n'ai pas l'impression que tu réalises dans quel pétrin tu as fourré cet homme…

*

Elsa aurait bien voulu discuter sérieusement du statut de la femme égyptienne avec Aïcha. C'était un sujet qui lui tenait à cœur. Pourtant, bien qu'ayant passé presque toute la journée ensemble, elles n'avaient qu'effleuré la question, au moment où elles quittaient l'appartement pour aller faire leurs courses. Aïcha était tête nue, en robe à manches courtes, des sandales aux pieds. Devant l'air étonné d'Elsa, elle avait haussé les épaules.

— Je sais à quoi tu penses. Certaines choses sont difficiles à comprendre pour qui ne vit pas ici.

— J'avoue que, l'autre soir, quand je t'ai vue arriver au café Al-Horreya, couverte des pieds à la tête, ça m'a causé un choc. Je vous prenais pour un couple moderne, affranchi de toutes ces coutumes archaïques.

— Nous le sommes. Seulement, quand je me rends au Caire, je m'habille de façon à passer inaperçue, parce que j'en ai marre d'être constamment en butte aux remarques et aux vexations que n'importe quel type se permet de m'adresser. Et je sais que Mahmoud en souffre encore plus que moi. C'est d'ailleurs une des raisons pour lesquelles nous habitons Héliopolis. Ce quartier n'est pas trop strict, et les religieux n'y sont pas encore très présents.

— C'est une façon de baisser les bras, non ?

— Sans doute. Mais qu'est-ce que je peux faire ?

— J'ai entendu dire qu'il y a une vingtaine d'années, les femmes ne portaient pratiquement plus le hidjab, dans les villes du moins.

— C'est vrai, mais les choses ont bien changé depuis.

Tout en parlant, elles étaient arrivées dans les rues

commerçantes où elles avaient fait du lèche-vitrines sous les arcades, sans que personne ne leur prête attention. Sur les conseils de son amie, Elsa avait acheté tout un assortiment d'épices, une très belle chemise en coton pour Jean, une écharpe de soie bleue pour elle et une boîte de legos destinée à Mehdi.

L'après-midi, en se rendant au hammam, elles parlèrent de la grossesse d'Aïcha, de la qualité des soins et des cliniques qui étaient, selon la jeune Égyptienne, tout à fait convenables du moment qu'on avait les moyens de se payer les plus chères.

— Tout est à plusieurs niveaux, ici. La santé mais aussi l'éducation… Ainsi, pour la scolarisation des enfants, il y a l'école publique, gratuite mais d'une qualité déplorable… les écoles privées égyptiennes, correctes et assez coûteuses… et les écoles privées étrangères, les meilleures mais très onéreuses. L'égalité des chances est un concept qui n'a malheureusement pas cours en Égypte.

Puis elle avait ajouté que Mehdi était d'ores et déjà inscrit dans l'établissement privé le plus réputé d'Héliopolis.

— Nous sommes conscients que cette discrimination est injuste, mais nous voulons ce qu'il y a de meilleur pour nos enfants.

Elsa avait avoué qu'à leur place, Jean et elle auraient agi de la même manière. Puis elles arrivèrent au hammam, et toutes ces graves questions semblèrent se déliter dans la vapeur chaude qui régnait là. Suivant l'exemple d'Aïcha, Elsa soumit son corps au rituel du savonnage et de la friction au gant, puis au shampoing, au massage et à la douche. Ensuite, elle alla s'allonger à côté des femmes qu'Aïcha lui présenta comme des amies et des voisines. Certaines avaient de jeunes enfants avec elles mais la plupart étaient venues seules. Toutes riaient, bavardaient, s'interpellaient joyeusement, et l'endroit ressemblait au préau d'un pensionnat de jeunes filles. « Nous laissons nos soucis et notre vie quotidienne à la porte. Le hammam, c'est de la détente et du plaisir, rien que ça ! »

En rentrant rue Bagdad, Elsa se sentait propre, fatiguée mais tout à fait relaxée. Elle rejoignit Jean qui bouquinait au salon, tandis qu'Aïcha allait retrouver son fils et la nounou, à l'autre bout de l'appartement. Mahmoud n'avait pas encore quitté son cabinet.

Lorsqu'il arriva une heure plus tard, il avait l'air préoccupé.

— Saïd, mon enquêteur, vient de me téléphoner. Il paraît qu'il y a du nouveau dans l'affaire Mohammedi, et qu'il en sera question aux infos télévisées. À dix-neuf heures, nous nous brancherons sur la Chaîne 2. On y donne chaque soir des nouvelles en français.

*

Après une dizaine de minutes consacrées aux informations générales, le visage affable et détendu du commissaire Charaoui apparut soudain à l'écran. En face de lui, le journaliste récapitula brièvement le crime du Nile Horus puis demanda au policier où en était l'enquête.

— Je suis heureux de pouvoir annoncer que nous progressons enfin ! Au cours de ces dernières heures, des éléments nouveaux ont modifié l'orientation de nos recherches. Sans abandonner l'hypothèse d'un tueur fanatique, nous nous sommes axés sur la piste d'une vengeance personnelle. Ce changement d'optique nous a permis de découvrir un suspect : le guide égyptien qui accompagnait un groupe de touristes français, à bord du Nile Horus, le soir du crime. Un détachement de policiers cairotes l'ont appréhendé en fin d'après-midi, au moment où il quittait son domicile de Guizèh, avec sa femme et son fils. L'homme a expliqué qu'il était en congé pour deux mois et qu'il partait en vacances dans sa famille. Départ qui a été reporté sine die, étant donné les circonstances !

Le commissaire adressa un sourire finaud aux téléspectateurs, puis attendit les questions du journaliste.

— Dans quel cadre le suspect sera-t-il entendu ?

— Il devrait normalement être transféré, dès demain, au commissariat d'Assouan.

— Qui mène l'enquête ?

— Moi naturellement, secondé par mes adjoints, pour tout ce qui concerne les recherches sur le terrain.

— Pensez-vous obtenir rapidement des résultats ?

— J'ai bon espoir. Notre avancée d'aujourd'hui a été des plus significatives.

— Que pouvez-vous nous dire de plus ?

Charaoui se mordilla les lèvres, baissa les yeux, l'air de peser ce qu'il avait le droit de révéler et ce qu'il devait taire. « Quel comédien ! » marmonna Mahmoud. « Toujours à parader sur le devant de la scène… »

Mais déjà le commissaire reprenait :

— Eh bien… il y a de fortes présomptions pour que l'assassinat du Nile Horus prenne ses racines dans l'attentat qui a eu lieu près de Hurghada en mars 1999, et qui s'était soldé, vous vous en souvenez certainement, par la mort de dix personnes.

— Oh ! C'est un vrai scoop que vous nous donnez là ! Et qui éclaire d'un jour nouveau l'affaire Mohammedi.

— C'est aussi mon opinion.

— En quoi la tragédie de 99 concerne-t-elle l'homme que vous avez arrêté cet après-midi ?

— Ça, je n'ai pas le droit de vous le dévoiler pour l'instant. Tout ce que je peux vous apprendre, c'est que le suspect avait un mobile et une opportunité.

— Et aucun alibi ?

— Cela reste à déterminer, nous y travaillons.

— Peut-on dire que le suspect se trouve dans une situation critique ?

— Je n'irai pas jusque-là, mais je vous avoue que je n'aimerais pas être à sa place.

Tarek Charaoui passa avec lenteur une main sur son menton, en penchant légèrement la tête de côté, l'air préoccupé. Puis il reprit d'un ton grave :

— Au terme de cette interview, je veux lancer un appel. Pour les besoins de l'enquête, nous devons absolument en savoir davantage sur un dénommé Khaled al Ziraï qui a vécu au Caire, dans les années 90, puis qui a disparu. Il est sans doute parti pour l'étranger, au Liban probablement. Si l'un d'entre vous a connu ou côtoyé cet individu, qu'il le fasse savoir, en s'adressant au poste de police de son quartier, anonymement s'il le désire. Une récompense lui sera attribuée si ses renseignements permettent de faire avancer l'enquête. Nous comptons sur votre collaboration. C'est là tout ce que j'avais à dire.

Le journaliste le remercia, puis les infos se poursuivirent avec la rubrique sportive. Mahmoud passa sur Nile TV, une chaîne qui diffusait souvent des actualités en anglais.

— Votre ami Raphy semble être dans de sales draps, dit-il après avoir baissé le son.

— A qui la faute ? lança Jean d'un ton amer. Si nous avions retenu notre langue, il n'en serait pas là. Après l'appel à témoins de Charaoui, si quelqu'un se présente et établit que Khaled al Ziraï, alias Mohammedi, a pu participer à la prise d'otages de 99, le mobile de Raphy sera renforcé, et notre ami aura intérêt à se trouver un très bon avocat !

— Je suis d'accord avec toi ! D'autant que les médias s'étant emparés de l'affaire, Tarek Charaoui ne lui fera pas de cadeau. De peur de perdre la face, il le chargera au maximum.

Elsa et Aïcha s'écrièrent alors qu'on ne pouvait

pas laisser les choses aller leur cours, sans essayer d'intervenir.

— On verra demain ce que les journaux en diront, répliqua Mahmoud.

— Mais le temps presse ! Qu'est-ce qu'on pourrait faire là, tout de suite ?

— Rien, je le crains.

— Et si nous alertions Michel Lucas ? suggéra Elsa. Il aura peut-être une idée.

— Hum...

— De toute manière, ma conviction est faite, poursuivit-elle avec véhémence. Raphy n'est pour rien dans cet assassinat ! Un homme si fin, si cultivé... je ne peux l'imaginer abattre froidement Mohammedi. C'est impossible ! D'ailleurs, il n'est pas très costaud, l'autre aurait pu facilement se défendre !

— Tu oublies qu'il était à moitié drogué, rétorqua Jean. En outre, je te rappelle que Raphy partageait la table de Mohammedi, ce soir-là, et qu'il a eu la possibilité de verser le narcotique dans son verre.

— D'accord ! Seulement comment aurait-il pu deviner qu'il monterait ensuite sur le pont solarium ?

Jean haussa les épaules en signe d'ignorance, puis échangea un coup d'œil entendu avec Mahmoud. Celui-ci hocha la tête et s'adressa aux deux femmes.

— Jean et moi pensons que Raphy et Michel Lucas sont en cheville dans cette affaire.

— En cheville ? Vous voulez dire complices ? s'étrangla Elsa.

— Plusieurs choses nous incitent à le croire.

— Eh bien… si c'est le cas, le journaliste a peut-être prévu une manœuvre de repli…

— Oui, mais à l'heure qu'il est, Lucas se trouve en France, hors de portée du commissaire Charaoui et de la police égyptienne, objecta Aïcha.

— On peut le prévenir par mail. J'ai son adresse informatique dans mon carnet.

— Dans ce cas, faisons-le tout de suite ! Mon ordinateur est à votre disposition.

Jean rédigea rapidement un message rapportant au journaliste les avatars que connaissait Raphy, à quoi tous quatre décidèrent d'ajouter ce qu'ils savaient sur la double identité de Hassan Mohammedi ainsi que sur son passé au Liban. Lucas ayant lui-même séjourné au Proche-Orient à cette époque, et travaillé dans les milieux activistes, peut-être avait-il entendu parler de Khaled al Ziraï. Jean termina en indiquant ses coordonnées en France et celles des Salah à Héliopolis.

Puis ils gagnèrent la terrasse où, selon un rituel désormais établi, ils s'apprêtèrent à passer la soirée.

ONZIÈME JOUR - LE CAIRE

Prolongation de séjour

Devant le café Fichaoui, dans l'un des plus anciens quartiers du Caire, Jean et Elsa étaient assis à l'une des nombreuses tables qui encombraient le trottoir. C'était la fin de l'après-midi et ils regardaient défiler les passants, en buvant un thé à la menthe.

« — Khan el-Khalili est le souk le plus populaire et le plus étendu du Caire. Voilà quelque chose que vous ne devez pas manquer, avait décrété, le matin même, Mahmoud Salah. Prenez un taxi jusqu'à la mosquée El-Azhar, et de là enfoncez-vous dans le labyrinthe des ruelles. Promenez-vous, regardez, fouinez, marchandez, achetez ce qui vous fait envie... Je suis sûr que cela vous plaira énormément. Éloignez-vous du souk des orfèvres où se concentrent les touristes, et allez dans les petites rues, vous y verrez toutes sortes d'échoppes et d'ateliers d'artisans. Vous ne le regretterez pas.

— Ne ratez pas El-Tahra, le souk aux épices, avait ajouté Aïcha. C'est mon préféré. Pas loin de là, il y a le Musée des Textiles qui vient d'être ouvert. Il est passionnant... On y relate toute l'histoire des étoffes, depuis les pharaons jusqu'au siècle passé.

— Dans la même rue, il y a une quantité de bâtiments tout à fait remarquables, des madrassas, des mosquées, des mausolées. Et près d'El-Azhar, vous avez aussi d'anciennes maisons d'habitation qui sont des bijoux de l'architecture mamelouk du XVIIIe siècle... Vous verrez, cette partie de la ville vaut la peine qu'on y passe au moins une journée ! »

Jean et Elsa avaient écouté leurs amis. Durant les heures chaudes, ils avaient visité les musées. Ensuite, ils avaient flâné dans les souks.

— Quel quartier ! On se croirait dans un autre monde, je me sens complètement dépassé, dit Jean en suivant des yeux les gens qui passaient devant lui.

— Toutes ces boutiques, ces marchandises, cette foule m'ont presque fait oublier l'autre Égypte, celle qu'on a vue la semaine dernière. Ce pays est si contrasté. D'un côté, cette population remuante, affairée... De l'autre, l'immobilité, le silence, la contemplation de l'Au-delà. Deux extrêmes qui se côtoient sans jamais s'imbriquer...

— Voilà pourquoi l'Égypte est un pays hors norme, le seul qu'il faut voir absolument, au moins une fois dans sa vie.

Ils continuèrent à regarder la foule hétéroclite qui défilait devant eux puis, quand ils se sentirent suffisamment reposés, ils se rendirent sans se presser jusqu'à la Sharia el-Mansuriya où ils hélèrent un taxi qui les ramena à Héliopolis.

*

— Votre guide a été libéré !

Mahmoud Salah qui devait guetter les Rouault de la terrasse, les attendait à la sortie de l'ascenseur.

— Libéré ? Comment ça, libéré ? s'exclama Jean. Hier, il était pratiquement accusé de meurtre et aujourd'hui, on le relâche ? Tu peux nous expliquer…

— Il y a eu un coup de théâtre, répondit l'avocat en se frottant les mains d'un air guilleret. Allez vous rafraîchir, ensuite, je vous raconterai tout ça. Vous verrez, ça ne manque pas de sel !

Elsa et Jean se précipitèrent jusqu'à leur chambre, prirent une douche rapide puis, comme tous les soirs, se rendirent sur la terrasse.

— Il est dix-neuf heures, est-ce qu'on regarde d'abord les infos en français ?

— Inutile ! s'esclaffa Mahmoud. Ce soir, personne ne parlera de l'enquête. L'annonce qu'a faite Charaoui hier n'était qu'un pétard mouillé, et il ne va pas venir s'en vanter à la télé, ça vous pouvez me croire ! Si j'ai appris la nouvelle, c'est grâce à l'inspecteur Saher qui m'a appelé cet après-midi. Mais asseyons-nous que je vous rapporte tout en détail !

— Aïcha n'est pas là ? fit alors Elsa en regardant autour d'elle.

— Elle ne va sans doute pas tarder. Elle se sentait fatiguée et est allée s'allonger. Je ne sais pas si elle vous a mis au courant, mais elle attend un bébé pour la fin de l'année.

— Oui, toutes nos félicitations !

— Merci. Nous sommes très contents... Nous ne voulions pas un enfant unique, ce n'est bon ni pour le gosse ni pour les parents. Pour le moment, Aïcha se porte bien mais la chaleur l'éprouve. Je devrais peut-être l'emmener au bord de la Mer Rouge ou sur la Méditerranée.

— Pourquoi pas chez nous ? En Bretagne, elle ne risque pas de souffrir de la canicule !

— Hé ! Il faudra que nous en reparlions... Pour l'instant, revenons à nos moutons ! Cet après-midi, vers quinze heures, ma secrétaire m'a transmis un appel en provenance d'Assouan. C'était Saher qui voulait s'entretenir avec moi. Dès la première phrase, je l'ai senti jubiler au bout du fil. Je crois vous avoir dit qu'il ne portait pas Charaoui dans son cœur. Il m'a donc appris, avec un plaisir non dissimulé, la claque qu'avait prise son chef... Hier soir, à l'écran, celui-ci donnait l'impression d'avoir de solides atouts qui allaient très vite lui permettre d'inculper Raphaël Boutros. Erreur ! Ce n'était qu'un château de cartes qui s'est écroulé ce matin, quand est arrivé, au commissariat d'Assouan, un fax qui disculpait incontestablement le suspect. Ce fax provenait d'un cabinet d'avocat de Chartres, en France. Il était signé par une dénommée Agnès Trudeau qui déclarait, sous serment, avoir passé la soirée du 7 juin 2007, à bord du Nile Horus, en compagnie de Boutros. Tous deux s'étaient retirés en tête-à-tête dans la cabine de la signataire, entre vingt et une heures trente et vingt-trois heures environ. Par discrétion, elle n'en avait pas fait mention, lors de l'interrogatoire effectué le 8 juin par le commissaire Charaoui. Elle s'en excusait sincèrement et se disait prête à venir répéter son témoignage devant une juridiction égyptienne, si besoin était.

— Agnès Trudeau ! s'exclamèrent les Rouault d'une seule voix.

— Ça vous étonne ? Vous savez, même si elles sont officiellement interdites, les aventures avec les touristes sont fréquentes. Les religieux ont beau faire les gendarmes, ils ne peuvent pas être partout !

— La question n'est pas là, répondit Jean en riant. Si tu connaissais Agnès Trudeau, tu comprendrais. Elle est gay et ne s'en cache pas. Qu'elle se soit payé une partie de jambes en l'air avec Raphy est tout à fait improbable. Son témoignage est mensonger, j'en jurerais !

— Apparemment, Saher et Charaoui n'ont rien remarqué. Ils ont pris sa déclaration très au sérieux puisqu'ils ont levé la garde à vue et relaxé Boutros. Celui-ci a pu regagner son domicile, sous réserve de rester à la disposition de la police, quelque temps encore.

— Sa libération est une excellente nouvelle mais qui, hélas, n'éclaircit en rien toute cette histoire.

— Je dirais même qu'elle soulève des questions auxquelles nous n'avions pas songé… renchérit

Elsa. Par exemple, comment Agnès a-t-elle pu apprendre aussi vite l'arrestation de Raphy ?

— Par Michel Lucas… et indirectement, par l'e-mail que nous avons envoyé à celui-ci hier soir. Une solution de secours existait bel et bien ! Raphy est incriminé et, aussitôt, comme par miracle, un témoin se manifeste et lui fournit un alibi. Incroyable, non ?

— Si ! Et cela amène une autre question. Que vient faire Agnès dans ce panier de crabes ? Pour autant que j'aie pu m'en rendre compte, elle ne s'était pas liée d'amitié avec Lucas ou Raphy. Je ne les ai jamais vus discuter, boire un verre ensemble ou quoi que ce soit de ce genre. Porter un faux témoignage est un délit grave. Pourquoi cette femme se mouille-t-elle pour quelqu'un qui ne lui était rien ?

— Par bonté d'âme…

— Elle ne m'a pas donné l'impression d'être une personne particulièrement charitable.

Jean Rouault soupira bruyamment, l'air excédé.

— Cette affaire finit par me taper sur les nerfs. Rien ne mène à rien. Maintenant que notre guide est hors de cause, est-ce qu'on ne pourrait pas laisser tomber et penser à autre chose ?

— Excuse-moi de te contredire, Jean, mais je ne suis pas du tout d'accord avec toi.

Mahmoud et les Rouault se retournèrent. Aïcha se tenait debout sur le seuil de la porte-fenêtre. Son mari alla la prendre par la main et la fit asseoir à côté de lui.

— Je viens de passer deux heures allongée sur mon lit, dit-elle, et j'ai eu le temps de réfléchir au rôle qu'a joué Barbara Le Gall, le soir du crime… et aussi au comportement bizarre de ce jeune couple, durant votre croisière. Selon vous, au début, Barbara et Arnaud paraissaient très amoureux. Ensuite, des disputes ont éclaté, au vu et au su de tout le monde. Puis Arnaud s'est mis à draguer une Chinoise et Barbara a flirté avec Hassan Mohammedi… Tout le monde à bord était au courant. C'était devenu une vraie comédie jouée en public. Une comédie qui, peut-être, n'était destinée qu'à préparer le terrain pour la suite…

— Tu veux dire que leurs querelles n'étaient que de la frime, de la simulation ? s'exclama Elsa.

— Essaie de prendre du recul, pose-toi les bonnes questions et tu verras que cela y ressemble beaucoup ! Qui a entraîné Hassan sur le pont solarium, qui a eu la meilleure occasion de verser un narcotique dans son verre ? Barbara… Lorsqu'elle est redescendue au salon, il ne restait plus à Arnaud qu'à entrer en scène et terminer la partie.

Aïcha se laissa aller contre le dossier de son fauteuil, étendit ses jambes devant elle, laissant à son mari et aux Rouault le temps de digérer ce qu'elle venait de dire.

— Ça tient debout, reconnut Jean. Mais pourquoi diable ces deux-là auraient-ils assassiné Hassan Mohammedi ?

— Cela reste à déterminer, moi je n'en ai aucune idée.

— Et si vous essayiez de rencontrer Raphy… suggéra Elsa en regardant Mahmoud et Jean. Je suis sûre qu'il en sait plus qu'il ne veut le laisser croire. Vous n'aurez qu'à lui dire que c'est grâce à vous qu'il a été libéré et qu'il vous doit bien une compensation.

*

— Tiens ! le voilà ! Il est assis là-bas, à côté du gros barbu en costume beige !

Accompagné de Mahmoud, Jean se retrouvait devant le café Fichaoui qu'il avait quitté quelques heures plus tôt.

Les deux hommes s'approchèrent, ils n'étaient qu'à quelques mètres de Raphaël Boutros, lorsque le visage de celui-ci s'éclaira d'un bref sourire. Sans paraître les reconnaître, il paya sa consommation et gagna la rue.

— Suivons-le, il va nous emmener dans un endroit plus discret. Au téléphone, il m'a dit qu'il craignait d'être surveillé par la police.

Malgré l'heure tardive, la foule n'avait pas diminué dans Khan el-Khalili. C'était toujours le même grouillement humain. Les gens allaient et venaient, des enfants couraient partout, les touristes flânaient devant les étalages, harcelés par les marchands. Toutes sortes de musiques braillaient d'une ruelle à l'autre. Sans lâcher le guide des yeux, Jean et Mahmoud s'enfoncèrent dans le dédale du souk. Bientôt, la foule s'éclaircit et les artisans remplacèrent les boutiques à touristes.

— Là ! Il vient d'entrer dans ce café !

Ils pénétrèrent à leur tour dans un local exigu, sommairement meublé, au fond duquel Raphy avait pris place.

— Content de vous revoir, fit Jean en lui tendant la main.

— Et moi donc ! Si vous saviez combien je suis heureux de me trouver ici !

— Ça, j'imagine ! Permettez-moi de vous présenter un collègue et ami, Maître Mahmoud Salah, avocat au barreau du Caire, chez qui nous séjournons, ma femme et moi.

Les deux Égyptiens échangèrent des salutations en arabe, puis le temps que les consommations arrivent, ils se mirent à parler des rénovations du quartier, des embouteillages, de la cherté de la vie et d'autres questions tout aussi anodines, ainsi que le voulait l'usage. Impatient d'entrer dans le vif du sujet, Jean les interrompit et demanda au guide comment il expliquait ce qui lui était arrivé.

— Franchement, je ne sais pas. Tout s'est passé si vite, répondit celui-ci avec, sur le visage, une expression de naïveté étonnée.

— Allons ! Allons ! Ne nous faites pas croire qu'on vous a mis en garde à vue, sans vous donner au moins un motif !

— Je pense que c'est à cause de cette histoire de masques. Ah ! J'aurais dû y réfléchir à deux fois, avant de prendre une telle initiative ! Seulement, quand je les ai vus, dans la vitrine d'une boutique de farces et attrapes, je me suis dit que ce serait amusant de les acheter pour la traditionnelle soirée de gala, organisée en fin de croisière. Comme ils étaient très bon marché, j'ai pris tout le stock. Quand j'en ai parlé au commandant Ahli, il a trouvé que c'était une bonne idée et il a été d'accord que je les remette aux passagers. Le commissaire Charaoui en a déduit que les masques avaient surtout permis à l'assassin d'agir à visage couvert. Du coup, je devenais complice. Mais c'est faux, je vous le jure ! Ensuite, ce qui a aggravé mon cas, c'est le fait que mon frère Georges figurait parmi les victimes de l'attentat de 1999. Je ne vois pas le rapport entre ces deux événements, mais ce point paraissait essentiel pour Charaoui. Quand je lui ai demandé des éclaircissements, il m'a rabroué et renvoyé dans ma cellule. Et ce matin, on m'a libéré, sans explication... C'est en arrivant chez moi que j'ai appris qu'on avait parlé de mon arrestation, hier soir à la télévision.

— Heureusement pour vous ! Sinon, vous seriez toujours en prison, et bien mal barré à mon avis, fit Mahmoud Salah.

Jean rapporta alors brièvement à Raphy, leur intervention auprès de Michel Lucas, la seule personne susceptible, à leurs yeux, de faire quelque chose pour le tirer des griffes de la police criminelle égyptienne.

Le guide le regarda, l'air éberlué. Puis il se leva, contourna la table et serra les deux mains du Français dans les siennes.

— Mon ami ! Mon frère ! Tu as fait ça pour moi… Quel grand cœur ! Quelle générosité ! À toi va ma reconnaissance éternelle ! s'exclama-t-il en se mettant à le tutoyer sous le coup de l'émotion.

— Arrête, Raphy, tu vas me gêner ! Nous n'avons fait qu'envoyer un e-mail. La suite n'a pas dépendu de nous.

Le guide regagna sa chaise, les yeux embués de larmes.

— Dites-moi, monsieur Boutros, savez-vous pour quelle raison exacte on vous a relâché ? lança alors Mahmoud Salah.

— Non. Je suis dans le noir le plus complet.

— Eh bien, laissez-moi vous l'apprendre ! Une femme du groupe Voies Nouvelles, Agnès Trudeau, vous a fourni un excellent alibi. Elle a déclaré sous serment qu'elle était avec vous, dans sa cabine, entre vingt et une heures trente et vingt-trois heures, moment présumé de l'assassinat de Hassan Mohammedi.

— Agnès Trudeau a dit ça ? articula Raphy, abasourdi.

— Elle l'a même écrit… dans un fax qu'elle a expédié au commissaire Charaoui, ce matin.

— Et ce n'est pas la vérité, n'est-ce pas ? demanda doucement Jean Rouault.

— N… non, bien sûr que non. Mais je ne démentirai rien, ça vous pouvez en être sûrs !

— Nous le comprenons parfaitement. Seulement, il faudrait nous en apprendre un peu plus, déclara l'avocat. Nous aimerions beaucoup comprendre certaines choses.

Le guide reprit aussitôt son expression de stupeur candide.

— Je… j'ai été le jouet des événements, balbutia-t-il. Comment voulez-vous que…

— À d'autres ! le coupa Jean. Tu viens de me jurer ta gratitude éternelle. J'attends que tu m'en donnes la preuve, là, tout de suite, en nous racontant tout ce que tu sais !

— Je… je ne sais rien, je ne suis qu'un modeste guide…

— Un guide qui peut retourner en prison dès demain, parce que moi qui ai assisté aux interrogatoires, à bord du Nile Horus, je me souviens de ta déclaration, je l'ai même écrite dans mon calepin. Tu as affirmé avoir vu Barbara Le Gall redescendre du pont solarium à vingt et une heures quarante-cinq exactement. Comment est-ce possible si tu te trouvais avec Agnès dans sa cabine à ce moment-là ? Peux-tu me le dire ? Charaoui ne semble pas s'être aperçu de cette contradiction. Il dépend de toi pour que je lui rafraîchisse ou non la mémoire !

Raphaël Boutros blêmit, son teint bronzé vira au jaunâtre. Il retira ses lunettes, les essuya à l'aide d'une pochette de coton. Lorsqu'il les remit sur son nez, son regard avait changé. La candeur un peu niaise en avait disparu.

— J'ai compris. Posez-moi des questions, j'essaierai d'y répondre.

— À la bonne heure ! dit Jean en sortant un carnet et un stylo de sa poche. Procédons par ordre. Est-ce que tu connaissais le journaliste Michel Lucas, avant le 3 juin 2007, date du début du voyage ?

— Oui.

— Dans quelles circonstances as-tu fait sa connaissance ?

Le guide baissa les yeux et sembla se concentrer. Comme le patron du café s'approchait pour renouveler les consommations, Mahmoud le chassa d'un geste impérieux.

L'homme gagna aussitôt la rue où il se mit à discuter avec un passant. Le café était vide.

— Alors ?

Raphy avala sa salive et, les yeux fixés sur la table, il se mit à parler :

— En décembre dernier, une secrétaire de l'Ordre Égyptien des Guides Égyptologues dont je fais partie, m'a appris qu'un journaliste français cherchait à me joindre. Il était passé au bureau et avait laissé son numéro de portable en insistant pour que je le contacte dès que possible. J'ai pensé qu'il désirait louer mes services et je l'ai appelé le soir même. Il a paru très content de m'entendre et nous avons convenu d'un rendez-vous, le lendemain, dans un café. C'est là que j'ai vu Michel Lucas pour la première fois. Il m'a un peu raconté sa vie de journaliste indépendant, puis m'a demandé si je serais d'accord d'accompagner un groupe de touristes français, dans un voyage d'une semaine en Haute-Égypte, au mois de juin

2007. Le circuit classique : Louxor-Assouan-Abou Simbel. J'ai répondu qu'a priori, je n'y voyais pas d'inconvénient mais que je devais prévenir l'agence qui m'employait. Deux jours plus tard, je le rappelai pour confirmer. Il a semblé très satisfait et m'a invité dans un restaurant de Qasr el-Nil. Au cours du repas, j'ai essayé d'en apprendre un peu plus, mais il est resté très évasif. Il m'a juste dit que lui-même participerait à la croisière, mais que je devrais faire comme si je ne le connaissais pas. Voilà à quoi s'est borné mon rôle dans cette histoire. Ça et l'achat des masques dont, en réalité, l'idée n'était même pas de moi, mais de Michel Lucas.

— Il t'a payé ? fit Jean.

— Payé ?

— Pour la faveur qu'il te demandait. Il te devait bien une compensation…

— N… non.

Raphy baissa les yeux puis sortit lentement une cigarette de son paquet et l'alluma.

— Tu te fous de notre gueule, Boutros, et je n'aime pas ça ! lança alors Mahmoud Salah.

Jean tressaillit imperceptiblement, jamais encore il n'avait entendu son ami parler grossièrement. Celui-ci avait perdu son air chaleureux. Il regardait le guide avec un dédain hautain, le menton pointé en avant, agressif, presque haineux.

— Que t'a dit Lucas pour que tu te mettes en quatre pour lui rendre service ?

— Mais… rien de spécial.

— À d'autres ! En Égypte, on n'a jamais rien pour rien, tu le sais aussi bien que moi ! Alors quoi ?

— Est-ce que ça n'aurait pas quelque chose à voir avec la mort de ton frère Georges ? demanda Jean d'un ton conciliant.

— …

— Écoute, Raphy, mettons cartes sur table ! Je te dis ce que nous savons, ensuite, toi, tu fais la même chose. D'accord ?

— Si… si vous voulez.

— Bien ! Voilà ce que nous avons découvert. D'abord, Michel Lucas s'appelle en réalité Mikhaïl Zeller. Ensuite, dans le groupe Voies Nouvelles, deux personnes avaient des liens familiaux avec des victimes de la tuerie de Hurghada : toi qui as perdu ton frère aîné, et Lucas, sa fille Yolande. En outre, nous nous interrogeons très sérieusement sur le rôle exact qu'ont pu jouer Barbara et Arnaud Le Gall, dans cette affaire.

Une lueur d'affolement passa dans les yeux du guide, elle n'échappa pas à Jean qui conclut :

— À ton tour ! Nous t'écoutons.

Raphy poussa un soupir puis se décida :

— Lors de notre première rencontre, quand Lucas m'a demandé d'accompagner des touristes en Haute-Égypte, je n'ai pas accepté d'emblée. Je ne voyais pas à quoi cela rimait ni quel intérêt je pouvais y trouver. Alors il m'a dit de but en blanc qu'il m'offrait là, l'occasion de venger la mort de mon frère. Ça changeait tout et je l'ai écouté d'une autre oreille ! Le lendemain, au restaurant, il m'a appris que sa propre fille avait été assassinée dans l'attentat, et que sa femme Judith, qui y avait échappé par hasard, n'avait pas supporté cette tragédie et s'était suicidée, quelques mois plus tard. Il m'a dit que tout ça l'avait rendu à moitié fou de douleur et que seule, l'idée de se venger lui avait permis de survivre. Il a ajouté qu'au moment des faits, lui-même se trouvait en reportage, dans une vallée perdue des Andes, inaccessible aux téléphones mobiles et à Internet. Quand il a rejoint la civilisation, tout était terminé. Sa femme et le corps de leur fille avaient été rapatriés en France. À peine sa fille inhumée, Lucas s'est rendu à Hurghada. Là, sans dévoiler sa véritable identité, il a profité de son statut de journaliste pour couvrir l'affaire et entreprendre sa propre enquête. Grâce à sa carte de presse, il a eu accès aux dossiers et, presque tout de suite, il a compris que les deux hommes tués par balle, près du lieu de rétention des otages, étaient la seule piste ayant une chance de le mener quelque part. Si, comme certains journalistes égyptiens le supposaient, le partage de la rançon avait donné lieu à un règlement de comptes sanglant, les deux morts pourraient lui fournir des indices sur le troisième homme, le survivant, celui qui avait raflé le pactole et qui était probablement le responsable de la prise d'otages. Je ne sais pas exactement comment Michel Lucas a manœuvré, sans doute en arrosant copieusement les indics, et en payant au prix fort chaque renseignement lui permettant de progresser dans ses recherches… D'une manière ou d'une autre, il a réussi assez vite à identifier les deux cadavres. Le premier était un gars de la région, natif de Quseir, au sud d'Hurghada, un voyou qui avait sévi à Suez et qui, surtout, connaissait parfaitement l'arrière-pays. L'autre venait du Caire où la pègre le tenait pour un malfrat dangereux et prêt à tout. Afin d'en savoir plus, Lucas n'a pas hésité à plonger dans les bas-fonds de la capitale. En soudoyant qui il fallait, il est parvenu à apprendre tout ce qu'il y avait à savoir sur cet individu, en particulier qu'il était le bras droit d'un chef de gang de seconde zone, appelé Khaled al Ziraï…

— Ouah ! Voilà le chaînon qui nous manquait ! s'exclama Mahmoud, les yeux brillants.

D'un regard aigu, Jean lui fit signe de se taire, et Raphy, tout à son récit, continua comme s'il ne l'avait pas entendu :

— Michel Lucas fut tout de suite persuadé qu'al Ziraï était l'homme qu'il cherchait. Seulement, si l'identification des deux complices n'avait demandé que quelques semaines, la traque de leur chef s'avéra beaucoup plus difficile. Tout en couvrant les événements politiques qui secouaient le Proche-Orient, Lucas l'a poursuivie durant des mois, sans jamais se décourager. Enfin, début 2001, il a réussi à repérer al Ziraï, à Beyrouth. Pendant plusieurs semaines, il a pu l'observer, le pister, étudier ses allées et venues, connaître ses habitudes… Mais, alors qu'il échafaudait un plan pour le coincer, brusquement l'homme a disparu. Envolé, volatilisé ! Avait-il remarqué qu'on le surveillait ? Lucas ne le pense pas, il penche plutôt pour un mauvais coup du hasard. Des années durant, la piste a été perdue. Rien, aucune trace, à croire qu'al Ziraï n'était plus de ce monde… Puis la chance a souri à Lucas. En mai 2006, alors qu'il se trouvait en Égypte pour effectuer des reportages sur le trafic fluvial – transports de marchandises et croisières sur le Nil – il a été invité à une réception donnée par le cartel des armateurs. Et c'est là qu'il est tombé sur l'homme qu'il désespérait de retrouver un jour. Ah ! Khaled al Ziraï avait bien changé, depuis Beyrouth ! Il ne portait plus le même nom, n'avait plus la même allure. Il offrait maintenant l'image d'un homme d'affaires actif et compétent, qui savait parler et se tenir en société. Malgré ça, Michel Lucas l'a reconnu, sans la moindre hésitation.

— Sans la moindre hésitation ? lâcha Jean, dubitatif.

— C'est en tout cas ce qu'il m'a déclaré, au restaurant de la rue Qasr el-Nil. Et il a conclu en disant que l'assassin de sa fille semblait avoir su tirer profit de la rançon… mais qu'il ne l'emporterait pas au paradis pour autant !

— Lucas serait donc le meurtrier de Hassan Mohammedi…

— Je n'ai pas dit ça ! Je me suis contenté de faire ce qui était convenu, convoyer un groupe de touristes, distribuer les masques… sans chercher à en savoir davantage.

— Pourquoi n'avoir rien dit à Charaoui, au cours de ton interrogatoire ?

— Parce qu'il ne m'a rien demandé. En Égypte, quand on a affaire à la police, moins on en dit, mieux on se porte.

— C'est aussi ce que pense la majorité des Français, ne put s'empêcher de lâcher Jean Rouault. Et qu'est-ce que tu as pensé, quand tu t'es retrouvé en prison ?

— Que Michel Lucas ne me laisserait pas tomber et qu'il trouverait une astuce pour m'en faire sortir. C'est bien ce qui est arrivé, non ?

— As-tu conscience du danger potentiel que tu présentes pour lui ?

— Oh non ! Jamais je ne rapporterai un mot de tout ça, à la police !

— Nous, par contre, nous pourrions très bien le faire ! déclara Mahmoud Salah d'un ton glacial. Ce serait même notre devoir.

Le guide se mordit nerveusement les lèvres puis lança :

— Ce que je viens de vous relater n'est qu'un témoignage indirect. Je n'ai pas vu Lucas faire feu sur Hassan Mohammedi. Il rêvait de se venger mais rien ne prouve qu'il l'ait fait.

— Et moi, j'affirme qu'il a mis ce rêve à exécution ! C'est le dénouement logique d'une enquête qui a duré des années, décréta l'avocat.

— Vous pouvez penser ce que vous voulez, articula Raphaël Boutros. Mais je vais vous faire une confidence. Si Lucas a vraiment éliminé Khaled al Ziraï, cela signifie qu'il y a un scélérat de moins sur la terre. Et pour ça, que la grâce du bon Dieu soit sur lui !

*

— Et maintenant, qu'est-ce qu'on fait ? s'enquit Jean Rouault alors que Raphy passait la porte du café et disparaissait dans les profondeurs des souks.

Par précaution, il leur avait demandé de patienter quelques minutes, avant de s'en aller à leur tour.

— Pour moi, l'affaire est résolue, déclara Mahmoud. Tout se tient parfaitement.

— D'accord ! Mais, est-ce qu'on garde toute cette histoire pour nous, ou est-ce qu'on la rapporte à Tarek Charaoui ? Nous sommes dans ton pays, à toi de décider !

L'incertitude se peignit sur le visage de l'avocat.

— Existe-t-il des accords d'extradition entre la France et l'Égypte ?

— Je n'en sais rien… Probablement.

— Qu'est-ce que tu penses, toi ?

— Que c'est un sacré dilemme ! Avant de prendre une décision, parlons-en demain à nos femmes. Nous verrons bien ce qu'elles en diront.

Mais lorsque vers minuit, ils pénétrèrent dans l'appartement de la rue Bagdad, la lumière brillait au salon. Assises dans des fauteuils, Elsa et Aïcha les attendaient.

Sans leur laisser le temps de placer un mot, elles leur annoncèrent qu'elles avaient fait une recherche sur Internet et trouvé la preuve que Barbara et Arnaud Le Gall étaient apparentés avec les Le Gall assassinés en 1999.

— Je suppose que vous voulez tout de suite savoir comment nous sommes arrivées à ce résultat, dit Elsa. Asseyez-vous, on va tout vous expliquer ! Après votre départ, comme nous n'avions rien d'autre à faire, nous avons décidé d'examiner de plus près le cas du couple Le Gall. A mes yeux, la conduite de Barbara n'avait rien d'improvisé ; pour moi, cette femme n'était ni une coquette ni une écervelée. Après m'être creusé la cervelle, j'ai fini par me souvenir d'un bout de conversation que j'avais eue avec elle, à bord du Nile Horus. Elle avait vaguement fait allusion à leur situation professionnelle, en disant que le travail de la terre était ingrat et qu'ils ne s'en sortaient qu'en vendant leurs produits en direct. Il me semble qu'elle avait aussi laissé échapper qu'ils étaient établis quelque part au sud de la Bretagne. Voilà quel a été notre point de départ. Mais nous nous sommes vite rendu compte qu'il y a une quantité de Le Gall dans le secteur agricole et qu'en outre, le "travail de la terre" couvre un large éventail de professions : horticulteurs, vignerons, arboriculteurs, agriculteurs… Il aurait fallu pouvoir mieux cibler le sujet. Nous avons alors attaqué le problème par un autre bout, en cherchant du côté de la vente en direct des produits fermiers. D'abord dans le Morbihan, puis en Loire-Atlantique et en Vendée. Mais là aussi, nous sommes tombées de haut ! Il existe un nombre incroyable de producteurs qui pratiquent ce mode de commercialisation, le plus souvent sous des labels et des désignations fantaisies. Nous commencions à désespérer lorsque, soudain, une appellation a éveillé mon attention : “La Ferme de Grand-Lieu.”

— Ah ! Et pourquoi donc ?

— Parce que Grand-Lieu est le nom d’un lac et d’une réserve naturelle, situés près de Nantes. Souviens-toi, Jean, nous y sommes allés plusieurs fois observer le passage d’oiseaux migrateurs.

— Oui, mais je ne vois pas le rapport.

— Le rapport est qu’à proximité de ce lac, il existe un hameau appelé La Guinanderie, et qu’il me semblait avoir vu un nom qui ressemblait à ça, sur la liste des victimes de 99… À partir de là, découvrir l’actuel propriétaire de la ferme de Grand-Lieu n’a été qu’un jeu d’enfant. Comme nous le présumions, il s’agissait d’Arnaud Le Gall, le fils aîné de la famille dont le père et les deux fils avaient été exécutés, au cours de la prise d’otages.

— Alors là, vous m’épatez ! s’exclama Jean. De vrais détectives, tels que j’en rêve pour me seconder dans mon travail ! Du flair, de la déduction, de bonnes notions d’informatique. Je vous félicite !

Aïcha sourit d’un air flatté puis regarda son mari qui paraissait abasourdi par la démonstration des deux femmes.

— Eh bien, Mahmoud, qu’est-ce que tu en dis ?

— Ce que j'en dis ? C'est que Raphy nous a menés en bateau, ou alors qu'il ne nous a révélé qu'une partie de ses informations.

À leur tour, les hommes racontèrent leur entrevue avec le guide, et la conclusion à laquelle ils avaient abouti.

— En arrivant ici, nous étions sûrs d'avoir résolu l'enquête. La seule question qui restait était de savoir s'il fallait ou non en parler au commissaire Charaoui. Mais voilà que tout est remis en cause. Grâce à vous deux !

— On dirait que tu nous en veux ! lança Aïcha, piquée au vif.

— Non ! La vérité passe avant tout ! Seulement, c'est toujours un peu vexant de constater qu'on s'est trompé… Maintenant, nous pourrons courir pour essayer de retrouver Raphy et lui faire cracher ce qu'il sait vraiment. Dans une ville comme Le Caire, c'est fichu d'avance.

— Du calme, les amis ! intervint Jean. Soyons positifs ! Mahmoud et moi n'avons pas perdu notre soirée, loin de là. D'abord, nous avons acquis la certitude que Hassan Mohammedi, alias Khaled al Ziraï, était bien l'auteur de la prise d'otages, et son seul bénéficiaire. C'est primordial ! Ensuite, qu'il y ait quatre complices au lieu de deux… fondamentalement, cela ne change rien à notre reconstitution des faits. Et enfin, l'analyse d'Aïcha sur le comportement du couple Le Gall – leurs disputes, leur apparente infidélité – reste valable. Barbara a bien entraîné

Hassan sur le pont solarium, c'est elle qui a probablement versé le narcotique dans son verre. La seule chose qui change, c'est qu'Arnaud n'a pas été le seul à terminer la partie. Michel Lucas et Raphaël Boutros ont très bien pu s'y associer.

— Quatre complices au lieu de deux… possible en effet, reconnut l'avocat. Et qui explique, d'une certaine manière, le nombre de coups de feu tirés.

— Tu as raison, je n'y avais pas songé… Ah ! Il faut reconnaître que Michel Lucas est un fin renard pour avoir combiné un plan aussi subtil. Quelle idée géniale que de se fondre dans un groupe de touristes en voyage organisé. Quoi de plus banal, de plus inoffensif… S'en servir comme camouflage, il fallait y penser !

— Seulement le destin a placé deux vieux routiers des enquêtes criminelles sur sa route, dit Elsa, et voilà l'ingénieux mécanisme démonté !

— C'est vrai, mais une question reste posée ! Qu'est-ce que nous faisons maintenant ? On garde notre découverte pour nous ou on déballe tout à la police ?

Mahmoud réfléchit quelques instants puis promena son regard sur sa femme et ses amis.

— Hassan Mohammedi a reçu le châtiment qu'il méritait. Seulement, en Égypte comme en France, nul n'a le droit de se faire justice soi-même. Je suis avocat, juriste, défenseur de la loi. À ce titre, je prends la décision de rapporter, dès demain, tout ce que nous avons appris, au commissaire Charaoui. Si, comme je le suppose, le juge d'instruction dont il dépend, lance un mandat de comparution à l'encontre de Lucas, Boutros et Le Gall, je contacterai Nabil Hamama, le meilleur avocat en droit pénal du Caire et, avec lui, j'assurerai la défense des prévenus.

DOUZIÈME JOUR - LE CAIRE

Prolongation du séjour

Éveillée de très bonne heure, Elsa enfila un léger peignoir de coton puis, pieds nus, elle traversa l'appartement où tout le monde dormait encore, et gagna la terrasse. L'aube naissait à peine. Sans être frais, l'air était agréable à respirer. Le ciel rosissait et les plantes en pots semblaient ranimées par la trêve de la nuit.

La veille, au moment de se coucher, elle avait fait part à Jean de ses doutes sur le bien-fondé de la décision que venait de prendre Mahmoud Salah.

— Je ne pense pas que prévenir la police soit une bonne idée.

— Ça le regarde. Pour lui, c'est un véritable cas de conscience. Sous ses dehors avenants, Mahmoud est quelqu'un de moralement très carré. S'il estime qu'il est de son devoir d'informer Charaoui, il le fera.

— Conscience, devoir… voilà des concepts bien clairs, bien nets, pour une situation qui ne l'est pas. À nous quatre, nous avons décortiqué l'énigme. Les pièces du casse-tête s'emboîtent et tiennent ensemble, c'est un fait. Pourtant, tout ça garde un goût d'inachevé qui me gêne. Il reste trop de petites incohérences, des défauts minuscules, des imprécisions que je n'arrive pas à définir… Il faudrait pouvoir les regrouper, en faire un ensemble qui nous révélerait peut-être des éléments qui nous ont échappé.

Jean avait paru surpris mais il connaissait trop bien sa femme pour ne pas prendre ses restrictions à la légère. Son intuition l'avait plus d'une fois empêché de commettre des erreurs professionnelles, il n'avait pas honte de le reconnaître. Il lui avait donc conseillé d'écrire pêle-mêle tout ce qui avait pu la troubler, au cours de la croisière. Ensuite, ils tenteraient d'en faire la synthèse… et on verrait bien ce que cela donnerait.

Elsa s'assit dans un fauteuil, posa ses pieds sur le bord de la table basse et se concentra sur le voyage en Haute-Égypte. Elle voulait en dérouler le fil dans sa mémoire et noter sur le bloc de papier qu'elle avait apporté avec elle, les détails curieux, contradictoires, inexplicables. Tout ce qui, pour une raison même infime, ne cadrait pas avec le reste.

Incontestablement, ce qui l'avait frappée dès le début, c'était l'impression de tristesse qui émanait de l'ensemble du groupe. Même quand ils riaient ou s'amusaient, ces gens n'exprimaient jamais une franche gaieté, de l'insouciance, de l'enthousiasme. Pas vraiment ce que l'on attend de touristes en vacances !

La jeune femme mordilla son stylo et, soudain, face à l'admirable lumière rose qui peu à peu se répandait sur la terrasse, elle prit conscience que, durant toute la croisière, ils avaient été plongés dans une civilisation où la mort tenait une place prédominante. Et le combat contre la destruction du corps, l'obsession de tout un peuple. Pendant plusieurs jours, il n'avait été question que de tombeaux, de temples funéraires, de cadavres, de momification, de passage dans l'Au-delà, de résurrection et d'éternité.

Cette imbrication mystique de la vie et de la mort, des hommes et des dieux, l'avait fascinée. Possédant de bonnes notions sur la théogonie de l'Ancienne Égypte, elle avait adoré pénétrer plus avant dans cet univers que leur guide expliquait et décrivait à merveille.

Seulement, ce qui était vrai pour elle ne l'était pas forcément pour les autres !

Elsa songea alors que, pour la majorité des touristes, la visite des sites archéologiques faisait partie du programme, au même titre qu'une balade en calèche ou une promenade en felouque sur le Nil. Ni plus ni moins. Ce qu'elle avait pris pour de la mélancolie n'était peut-être que de l'ennui, une absence d'intérêt ou de curiosité.

À y regarder de près, qui étaient ses compagnons de voyage, dans la vie courante ?

Gaston et Mélanie Leroy, des parvenus à l'esprit étroit et mercantile.

Christine Gaudin, une égocentrique toujours prête à déverser son savoir dans l'oreille du premier venu.

Les Grazzi, de gentils vieillards fourvoyés dans un voyage qui n'était plus de leur âge.

Vincent Even, un kiné aimable et insipide.

Barbara et Arnaud Le Gall, deux jeunes mariés déjà travaillés par des incompatibilités d'humeur.

Agnès Trudeau, une lesbienne incapable d'en finir avec son coming out.

Un groupe de touristes ordinaires face à une civilisation qui les dépassait. Puis confrontés, durant vingt-quatre heures, à la mort violente d'un inconnu. Voilà tout.

Elsa releva néanmoins que plusieurs d'entre eux s'étaient laissés aller à des confidences concernant la mort douloureuse d'un proche. Elle se rappelait Mélanie Leroy pleurant sa fille et son gendre, face aux Colosses de Memnon. Vincent Even qui avait parlé à Jean de la disparition de sa femme. Sans oublier, bien sûr, Michel Lucas et sa fille Yolande, Raphy et son frère Georges.

C'était triste mais n'ouvrait pas de nouvelles pistes pour autant.

Avant de terminer, Elsa nota encore deux incidents mineurs, des bribes de conversations dont elle n'avait pas vraiment saisi le sens. D'abord, le dialogue surpris, une nuit, à bord du Nile Horus, entre un inconnu et Vincent Even, au cours duquel celui-ci avait parlé de "consigne" à respecter. Puis Mélanie Leroy qui avait fait allusion à des "instructions" qu'elle n'avait pas observées. Dans leur bouche, ces mots avaient le même sens… un sens qu'Elsa ne comprenait toujours pas aujourd'hui.

Posant son bloc et son stylo sur la table, la jeune

femme alla jusqu'aux grands pots de terre cuite où poussaient les lauriers roses, les bougainvillées, les citronniers. Elle actionna le robinet, saisit le tuyau et se mit à les arroser. De la terre mouillée monta l'odeur fraîche et sensuelle de l'humus qu'elle respira avec délice. Puis elle tourna la rondelle de l'embout et actionna le brumisateur. Le feuillage s'emperla de gouttelettes et son vert s'illumina car, au-dessus des toits, l'éclat du soleil embrasait le ciel.

Lorsqu'elle eut fait le tour des plantations, Elsa revint à son fauteuil, relut ses notes et constata qu'elles ne contenaient rien qui aurait pu orienter les recherches vers d'autres pistes. Malgré ses efforts, elle n'était pas parvenue à dépasser le stade des intuitions. La jeune femme hésita quelques secondes puis elle arracha les pages qu'elle venait d'écrire, les déchira et les jeta dans une petite poubelle de métal, destinée à recevoir les fleurs fanées et les débris végétaux.

*

Quelques heures plus tard, accompagnée d'Aïcha qui avait revêtu sa tenue de musulmane, voile, tunique et robe longue, Elsa embarquait dans un taxi pour le centre du Caire. Les Rouault avaient décidé de rentrer en France le samedi suivant, il fallait donc que l'un d'eux se rende à l'agence Air France pour faire valider leurs billets open. Ensuite, les deux femmes feraient du shopping et déjeuneraient en ville. Aïcha désirait emmener son amie dans quelques beaux magasins où celle-ci pourrait faire des achats de qualité.

— Rien à voir avec les souks ! Là, tu auras le temps de regarder, de comparer, de choisir, bien au frais et sans être harcelée par les vendeurs. Je connais des boutiques d'artisanat, de textiles, de cuir qui valent vraiment la peine qu'on s'y arrête. Elles te plairont, j'en suis sûre.

Mahmoud avait annoncé qu'il était surchargé de travail et passerait la journée à son cabinet, sans faire la moindre allusion à la décision qu'il avait prise la veille, concernant l'affaire Mohammedi. Jean, quant à lui, avait envie de visiter la citadelle de Saladin et ses mosquées. Ensuite, pendant les heures chaudes, il prévoyait une deuxième visite du Musée Égyptien et, s'il lui restait du temps, une incursion dans le souk des bouquinistes.

— Eh bien, que chacun fasse ce qui lui plaît et nous nous retrouverons tous ici ce soir ! avait déclaré Mahmoud. Mes amis, passez une bonne journée !

Même en milieu de matinée, la circulation dans le centre-ville était infernale. Bloqué au milieu des encombrements, entouré de toutes parts par des dizaines de véhicules, le taxi semblait piégé là pour le restant de la journée. Perdant patience, Aïcha sortit son porte-monnaie et paya la course. Puis les deux femmes s'extirpèrent de la voiture et se retrouvèrent sur le trottoir de Sharia Qasr el-Nil.

— La place Talaat Harb n'est pas loin, nous y arriverons plus vite à pied !

Elles se mêlèrent au flot des piétons qui s'écoulait sans heurt le long de l'avenue. Les gens semblaient vaquer à leurs occupations, indifférents aux embouteillages qui obstruaient tout le quartier. Pressant le pas, elles atteignirent rapidement la place Talaat Harb et l'agence Air France où la validation des billets ne posa aucun problème. Il restait suffisamment de places sur le vol du samedi suivant.

— Et maintenant, quel est le programme ? demanda Elsa en rejoignant Aïcha qui attendait dans le hall d'entrée.

— Il y a plusieurs possibilités. Tout dépend de ce qui te fait envie.

— À dire vrai, tout me fait envie. Je me fie à toi, conduis-moi où tu veux !

— Bon, dans ce cas, allons d'abord à Oum el-Dounia, une nouvelle galerie d'artisanat. C'est tout près. Le décor est très joli, les produits de bonne qualité et à des prix tout à fait honnêtes… Tu vas craquer, c'est certain !

— Ouah ! Qu'est-ce qu'on attend ? Fonçons là-bas et tout de suite ! s'exclama Elsa en prenant son amie par le bras.

Elles quittèrent l'agence et se retrouvèrent sur la place baignée de soleil et de chaleur, dans une cacophonie de klaxons et de moteurs mal réglés. Elles la contournèrent puis s'engagèrent dans une avenue qui partait en direction de la place El-Tahrir.

À peine avaient-elles parcouru une centaine de mètres qu'une voix retentissait derrière elles.

— Elsa ! Elsa Rouault !

Elles se retournèrent aussitôt. Michel Lucas, un large sourire aux lèvres, venait à leur rencontre.

— Je ne m'étais pas trompé, c'était bien vous ! Quelle bonne surprise !

— Mais... je croyais que vous étiez rentré en France avec les autres, samedi dernier ! balbutia Elsa, déconcertée.

— En fait, à l'escale du Caire, j'ai changé d'avis. J'aime trop cette ville pour ne pas y passer quelques jours lorsque l'occasion se présente... Mais les meilleures choses ont une fin. J'ai un reportage à réaliser à Istanbul, et j'étais en train d'acheter mon billet d'avion quand je vous ai aperçue à l'agence Air France. Vous étiez en train de sortir. J'ai payé et j'ai couru derrière vous. C'est incroyable de se rencontrer par hasard, dans une ville aussi vaste, non ?

— Effectivement ! Permettez-moi de vous présenter mon amie Aïcha Salah qui nous héberge, Jean et moi... Aïcha, voici Michel Lucas, un membre du groupe Voies Nouvelles, qui a fait la croisière en notre compagnie.

Connaissant les coutumes du pays, le journaliste ne tendit pas la main mais s'inclina légèrement. La jeune Égyptienne lui adressa un sourire et un petit signe de tête, sans laisser transparaître la moindre surprise ni le fait qu'il n'était pas un inconnu pour elle.

— Eh bien, maintenant que la glace est rompue, puis-je vous inviter à boire quelque chose ? proposa

Lucas en désignant un café qui donnait sur l'avenue.

Elsa interrogea Aïcha du regard.

— Pourquoi pas ? Nous ne sommes pas pressées, répondit celle-ci, un infime accent de défi dans la voix.

Sirotant un verre de thé à la menthe, Elsa observait le journaliste. À bord du Nile Horus, elle ne lui avait pas vraiment prêté attention. Elle savait que Jean avait discuté plusieurs fois avec lui et apprécié ses connaissances et son esprit affûté. En le regardant de près, elle lui trouva un certain charme. Il devait approcher de la cinquantaine et demeurait séduisant. Les cheveux épais et grisonnants, un teint bronzé qui faisait ressortir le bleu de ses yeux, un sourire enjôleur d'homme à femmes…

Il était en train de raconter à Aïcha, sans jamais la regarder en face, comme le voulaient les règles de la bonne éducation égyptienne, le reportage qu'il venait d'effectuer sur ce qu'on appelait, au Caire, les “constructions informelles” qui envahissaient de façon complètement anarchique les abords de la capitale.

— Une fois ces immeubles bâtis et habités, il est impossible de les démolir sans risquer de déclencher une émeute. Les autorités et les services administratifs sont placés devant le fait accompli et pratiquement obligés d'entreprendre des travaux d'adduction d'eau et d'électrification… Le plus grave est que ces constructions s'élèvent sur d'excellentes terres arables où l'on pourrait faire pousser toutes les cultures vivrières que l'on voudrait.

— Les gens de notre milieu sont au courant et déplorent cet état de fait, répondit Aïcha. Mais personne ne trouve le moyen d'inverser la tendance. Vous savez, il est très difficile de se faire entendre, dans ce pays.

— Oui, je connais la situation, acquiesça le journaliste.

En le regardant discuter, amical et détendu, Elsa se sentait très mal à l'aise. Elle avait devant elle l'homme que, depuis hier soir, Jean, les Salah et elle, tenaient pour un meurtrier, ou tout au moins, pour l'instigateur d'une conjuration qui avait abouti à la mort de Hassan Mohammedi. Et voilà qu'Aïcha et elle bavardaient avec lui autour d'un verre, comme si de rien n'était ! Quelque chose lui souffla alors qu'il fallait arrêter ça tout de suite. Couper court. S'en aller… Elle s'apprêtait à se lever, mais Lucas lui jeta un coup d'œil acéré comme s'il avait deviné ses pensées.

— Ce sont là des questions qui ne sont pas très plaisantes, reprit-il, surtout pour deux jeunes femmes telles que vous ! L'Égypte offre tant de choses agréables et intéressantes à découvrir… Excusez ma curiosité, mais puis-je vous demander ce que vous avez l'intention de visiter aujourd'hui ?

Elsa allait lui répondre que cela ne le regardait pas lorsque Aïcha la devança et déclara qu'elles se rendaient à Oum el-Dounia faire des achats.

— Je connais, c'est tout nouveau. Seulement, il y a beaucoup mieux en la matière !

— Peut-être, mais cette galerie a l'avantage de se trouver tout près d'ici. C'est tellement difficile de circuler dans le centre du Caire…

— Le quartier de Zamalek n'est pas loin et il existe, à proximité de l'hôtel Marriott, des galeries d'artisanat qui valent vraiment le déplacement !

— Je suis au courant, j'y suis déjà allée, Nomad, El-Wady Craft et quelques autres…

— Franchement, il n'y a pas photo, c'est là qu'il faut emmener Elsa ! décréta Michel Lucas. Écoutez ! J'ai une auto de location garée à deux pas d'ici. Si vous voulez, je vous y conduis !

— Non ! Non ! Oum el-Dounia me convient parfaitement. Inutile de vous déranger ! s'exclama Elsa, en se tournant vers son amie pour quêter son approbation.

Mais celle-ci semblait très tentée par l'offre du journaliste.

— Il faut reconnaître que les galeries de Zamalek sont les meilleures, en choix comme en qualité…

— Bon ! Le débat est clos, fit Lucas en se levant, je vais chercher la voiture et nous nous retrouvons dans cinq minutes sur le trottoir, devant ce café.

Elsa le laissa s'éloigner puis demanda à Aïcha ce qui lui avait pris d'accepter l'invitation de cet homme.

— Tu as oublié qui il est, ce que nos maris ont découvert sur lui ? En ce moment, Mahmoud est peut-être en train de le dénoncer à la police, tu y as pensé ? Laissons-le tomber et fichons le camp d'ici, en vitesse !

— Qu'est-ce qu'on risque ? Il va nous emmener jusqu'au Marriott, c'est tout. Pendant le trajet, nous apprendrons peut-être où il habite... Nous refilerons le tuyau à la police qui le cueillera plus facilement.

— Tu rigoles ! Michel Lucas n'est pas homme à parler à la légère... encore moins à agir inconsidérément. Filons d'ici en douce, je t'assure que ça vaudra mieux !

— Non, ce serait trop impoli ! D'ailleurs, regarde, le voilà. Allons-y !

Au volant d'une Opel Corsa vert pâle, Michel Lucas s'était garé au bord du trottoir. Un grand sac occupait le siège à côté de lui.

— C'est mon matériel professionnel, dit-il en rejoignant les deux femmes. Appareil photo, caméra, magnétophone, ordinateur portable... Je le trimbale partout, pour l'avoir sous la main s'il se passe quelque chose d'intéressant.

— Vous n'avez pas peur de vous le faire voler ?

— Si... mais ce vieux sac minable est dissuasif. Il n'attire pas l'attention et je ferme bien sûr la voiture à clé.

L'Opel étant une trois portes, il fit basculer son siège pour permettre à ses invitées de s'installer à l'arrière, puis il démarra. Le trafic très dense ne parut pas le gêner. Louvoyant et klaxonnant comme un vrai Cairote, il n'hésita pas sur l'itinéraire à suivre et parvint assez vite au bord du Nil qu'il traversa. Après le pont, il indiqua l'opéra, sur leur gauche, puis bifurqua et remonta vers le nord.

— C'est un beau quartier, fit Elsa alors qu'ils longeaient une avenue bordée d'arbres et de jardins.

— Nous sommes sur l'île de Gezira, l'un des endroits les plus chics du Caire. Zamalek se situe un peu plus loin, devant nous.

La circulation avait diminué et la voiture roulait plus vite. Elsa se tourna vers son amie et remarqua que son visage strictement enserré par son voile, avait un air soucieux. Elle la poussa du coude et l'interrogea du regard. Aïcha se rapprocha et lui murmura à l'oreille qu'ils avaient dépassé le Marriott ainsi que les rues où se trouvaient les galeries.

— Il cherche peut-être une place de stationnement.

— Pas à la vitesse où il roule.

— Eh bien, on va savoir ça tout de suite, dit Elsa en tapotant l'épaule du journaliste. Mon amie Aïcha me dit que nous sommes arrivées. Vous pouvez nous déposer ici, nous ferons le reste à pied.

Mais Lucas fit mine de ne pas l'entendre et poursuivit sa route.

— Vous avez compris ce que je viens de dire ? cria Elsa pour couvrir les flots de musique que déversait l'autoradio.

— Ne vous inquiétez pas ! Je connais le quartier, j'ai pris un raccourci. Nous sommes presque rendus.

Elsa regarda Aïcha qui secoua négativement la tête. Elle paraissait effrayée et chiffonnait nerveusement un coin de son voile. Elsa réalisa alors que, même si elles le voulaient, il leur était impossible de s'enfuir de cette voiture, à un stop ou un feu rouge, puisque l'arrière ne comportait pas de porte. Prises au piège !

Puis elle se morigéna. Allons donc ! Michel Lucas n'était pas un tueur en série ni un pervers ni rien de tout cela… En définitive, peut-être n'était-il même pas l'assassin de Mohammedi… De toute façon, jamais il n'oserait s'en prendre à elles ! Il n'avait d'ailleurs aucune raison de le faire.

Elsa saisissait la main d'Aïcha pour la rassurer lorsque, brusquement, l'Opel vira à droite, enfila une ruelle puis, bifurquant à nouveau, pénétra dans une cour dont le portail se referma derrière elle.

*

— Ce type a complètement perdu la tête ! Est-ce qu'il se rend compte de ce qu'il est en train de faire ? balbutia Elsa encore sous le coup de ce qui venait de se produire.

La stupéfaction avait aboli l'angoisse ressentie dans la voiture, quand elle s'était aperçue que Michel Lucas ne les emmenait pas là où elles avaient prévu d'aller.

— Crois-tu qu'il envisage vraiment de nous séquestrer ici ? articula Aïcha, tout aussi abasourdie.

— Ça m'en a l'air ! On peut vérifier, mais je suis sûre que tout est bouclé.

Elles firent rapidement le tour de la pièce. Les

persiennes étaient tirées, les fenêtres cadenassées, la porte verrouillée.

— Tu as peur ? souffla la jeune Égyptienne.

— Pas vraiment. Tout dépendra de ce qu'il nous dira quand il reviendra. Il faut reconnaître qu'il nous a bien eues, le salaud !

— J'aurais dû t'écouter et filer de ce café, ni vu ni connu !

— Ce qui est fait est fait. Inutile de revenir là-dessus !

— Tu as raison… Bon, puisque c'est ainsi, autant se mettre à l'aise !

Et sans plus attendre, Aïcha retira son voile, sa tunique et sa jupe.

— Qu'est-ce qu'il y a ? Tu as l'air choquée… Je ne vais tout de même pas supporter ma tenue de musulmane pour un Européen qui s'en balance complètement !

Elsa se mit à rire car son amie se tenait crânement debout devant elle, en short et débardeur.

— Là ! Je me sens mieux, dit celle-ci en s'ébouriffant les cheveux. Tu devrais faire comme moi ! Il n'y a pas de clim, ça ne va pas tarder à chauffer !

— Pas la peine. Tu as vu ma robe, elle ne couvre pas grand-chose…

Aïcha haussa les épaules et alla jeter un coup d'œil par les fentes des persiennes.

— Les fenêtres donnent sur un parc, j'aperçois des arbres. Zamalek est un quartier où il y a beaucoup de villas, plus ou moins grandes et luxueuses. Les plus anciennes datent du XIXe siècle. Ce doit être dans l'une d'elles que nous nous trouvons.

— Elle semble inoccupée. On n'entend pas un bruit et je n'ai vu personne quand nous sommes arrivées.

— Tu crois que le pistolet de Lucas était chargé ?

— Aucune idée. Je ne connais rien aux armes à feu. En tout cas, on s'est fait posséder comme deux idiotes !

— L'effet de surprise a joué autant que la menace du pistolet.

— C'est vrai. Et le résultat est là, nous sommes prisonnières et incapables de nous évader !

— Ni de communiquer avec l'extérieur puisque Lucas a emporté nos sacs et nos téléphones mobiles, renchérit Aïcha toujours plantée devant une fenêtre.

Elsa remarqua alors son ventre arrondi.

— Tu es enceinte de combien ?

— Trois mois.

— Ça commence à se voir.

— Bien sûr, c'est normal, répondit la jeune femme en passant sa main sur l'espace de peau nue, entre le short et le débardeur.

— Tu devrais peut-être t'allonger. Toutes ces émotions…

— Ne t'en fais pas, les émotions n'ont jamais causé de fausses couches ! Par contre, je vais jouer le grand jeu tout à l'heure, quand Lucas reviendra. Peut-être que ça marchera… En attendant, je boirais bien un verre d'eau. Il commence à faire rudement chaud !

Elle se laissa tomber sur un canapé, enleva ses sandales et allongea ses jambes. Elsa s'assit en face d'elle, dans un des fauteuils. Elle sentait une houle de panique se nouer au creux de son estomac et monter en elle, prête à jaillir en pleurs et en cris. Sans le sang-froid d'Aïcha, elle se serait précipitée à coups de poing sur la porte, en hurlant.

— Vous n'avez jamais envisagé d'avoir un enfant, Jean et toi ?

Elsa regarda son amie et comprit que sa peur devait se voir sur son visage et que c'était pour la lui faire oublier que son amie abordait de front un sujet aussi intime.

— Si… seulement ça ne marche pas. Depuis trois ans, nous essayons, mais je ne tombe pas enceinte.

— Oh ! Je suis désolée, excuse-moi. Et… et tu sais pourquoi ?

— Non. Il faudrait que nous passions des examens médicaux mais nous reportons sans cesse à plus tard.

— Je comprends, c'est compliqué.

— Jean est plus affecté que moi. Il en fait un échec personnel.

— Les hommes réagissent souvent ainsi.

— Personnellement, j'estime qu'on peut très bien réussir sa vie sans fonder une famille. Seulement, dans nos sociétés, la tienne plus encore que la mienne, c'est mal vu. Un couple sans enfant suscite l'apitoiement, la méfiance et beaucoup de questions.

Aïcha hocha la tête.

— C'est vrai que les couples n'ont pas vraiment le choix. Mais je comprends qu'on puisse préférer…

Elle s'interrompit brusquement car un bruit de clé se fit entendre dans la serrure. La porte s'ouvrit et la silhouette de Michel Lucas se découpa dans l'embrasure.

Il attendit quelques secondes, le temps que ses yeux s'accoutument à la pénombre, puis pénétra à l'intérieur et verrouilla soigneusement la porte derrière lui.

— Je vous ai apporté à boire et à manger, je ne voudrais pas être accusé de maltraitance, dit-il en déposant un couffin sur la table.

Puis il réprima un mouvement de surprise en découvrant Aïcha, en petite tenue.

— Désolé, la clim est en panne. Vous allez avoir chaud.

La jeune Égyptienne le toisa avec dédain et ne répondit rien.

— Je me suis servi de votre portable pour prendre contact avec votre époux, poursuivit le journaliste. Je lui ai résumé la situation et l'ai sommé de ne rien faire qui pourrait compromettre les chances de régler cette affaire, le plus vite possible et à la satisfaction des deux parties… Heureusement pour tout le monde, Maître Salah m'a certifié qu'il n'avait pas encore pris contact avec Tarek Charaoui ! J'avoue que je me suis senti très soulagé. Cela nous permettra de négocier en toute tranquillité.

— J'aimerais être sûre que vous connaissez exactement les risques que vous prenez, fit Aïcha d'une voix dolente. D'abord, sachez que je suis enceinte et que, s'il m'arrive quoi que ce soit, suite à cette séquestration, vous en serez tenu pour responsable. D'autre part, mon mari n'est pas homme à plier ni à céder à quelque forme de chantage que ce soit...

— Même quand il s'agit de sa femme ?

Aïcha baissa les paupières et poussa un long soupir fatigué.

— Vous constatez que mon amie n'est pas en état de supporter le stress que vous lui infligez, fit Elsa d'une voix cinglante. Il est encore temps de tout arrêter !

Michel Lucas secoua la tête.

— Pas question ! L'enjeu est trop important et vous êtes entièrement responsables de ce qui vous arrive... Vous auriez dû y réfléchir à deux fois avant de vous amuser à éclaircir une affaire qui ne vous concernait pas. Votre petit jeu a mis au jour des choses qui auraient dû rester cachées. En menaçant de les divulguer à la police, Maître Salah m'a contraint à prendre précipitamment des mesures extrêmes. J'en suis désolé pour vous, mais vous ne m'avez pas laissé le choix.

— On a toujours le choix... lâcha Aïcha d'un ton alangui.

— Vous changerez peut-être d'avis quand vous aurez entendu ce que je compte dévoiler à vos époux ! Mais pour l'instant, parons au plus pressé ! Je veux que vous vous restauriez, dit Lucas en débouchant une bouteille d'eau et en sortant du couffin des fruits et des paquets de gâteaux. Tenez ! Servez-vous !

Il était plus de treize heures et les deux femmes, qui n'avaient rien avalé depuis le matin, ne se firent pas prier.

— Où sommes-nous exactement ? demanda Elsa, la bouche pleine.

— À Zamalek.

— D'accord. Mais cette villa, ce parc…

— Appartiennent à un de mes amis libanais. Il a acheté cette propriété au moment où la guerre civile s'est déclenchée dans son pays. Sa famille y a vécu lorsque la vie est devenue intenable à Beyrouth. Lui-même est venu s'y réfugier aux périodes les plus difficiles. Quand la Syrie a occupé le Liban et ramené un semblant de calme, ils ont tous réintégré Beyrouth, mais mon ami a gardé cette maison. Depuis, elle sert de pied-à-terre à ceux qui en ont besoin. C'est ici que j'habite quand je suis au Caire. Le quartier est tranquille, discret. Vous pouvez aller et venir sans attirer l'attention.

— Une bonne planque, quoi !

— Je ne vous le fais pas dire !

— Comment réagirait votre ami s'il apprenait que vous séquestrez des femmes, sous son toit ?

— Ça ne l'empêcherait pas de dormir !

Michel Lucas se leva et alla regarder par les fentes des volets.

La chaleur augmentait. Malgré la hauteur du

plafond et son sol dallé, la pièce ne tarderait pas à devenir un four. Étendue sur son divan, Aïcha avait fermé les yeux.

Le journaliste la considéra d'un air préoccupé, puis se dirigea vers la porte et sortit.

Quelques minutes plus tard, il était de retour, un ventilateur électrique et une rallonge à la main. Il posa l'appareil sur la table, près du visage de la jeune Égyptienne, et le mit en marche. Il y eut un bourdonnement sourd, Elsa sentit un faible courant d'air contre ses mollets mais Aïcha ne bougea pas, elle paraissait endormie.

— Libre à vous d'en faire autant, suggéra le journaliste. Maître Salah m'a dit que Jean serait injoignable avant la fin de l'après-midi.

Il se versa un verre d'eau qu'il avala d'un trait.

— Je préférerais un café, l'attente va être longue.

— Et vous craignez de vous endormir, vous aussi ! se moqua Elsa.

— Ce n'est pas le problème. Je peux vous enfermer et sortir me balader, dans le parc ou ailleurs.

Il fit quelques allers et retours entre la porte et les fenêtres, puis vint se rasseoir en face d'elle.

— Je me demande comment vos maris s'y sont pris, hier soir, pour embobiner Raphy et le pousser à leur raconter tout ce qu'il savait.

— C'est leur métier, ils font ça à longueur d'année.

— Eh oui… face à deux experts comme eux, le pauvre n'était pas de taille !

— De plus, il se sentait leur obligé, vu qu'il croyait leur devoir sa libération.

— Là, il se trompait ! J'ai suivi l'interview de Tarek Charaoui, avant-hier à la télé, et je n'ai pas attendu votre e-mail pour prendre les mesures qui s'imposaient. Comme je vous l'ai dit ce matin, j'ai profité de l'escale du Caire pour quitter discrètement l'aéroport et m'installer ici. En fait, je voulais m'assurer que les choses se passeraient bien pour Raphy, et pouvoir intervenir, si cela s'avérait nécessaire.

— Je dois avouer que le choix d'Agnès Trudeau comme alibi, nous a laissés perplexes.

— Je n'avais pas d'alternative, elle était la seule célibataire du groupe ! Les flics ne pouvaient pas deviner qu'elle était homo. Je vous le répète, votre intervention m'a forcé à travailler dans l'urgence.

— L'urgence… c'est la porte ouverte à toutes les conneries. Et nous retenir ici prisonnières en est une de première grandeur ! Vous allez avoir affaire à forte partie avec nos maris, je vous le garantis ! Ils doivent être fous de rage et d'inquiétude… Mahmoud Salah surtout, à cause de la grossesse de sa femme.

— Ça, je ne pouvais pas le deviner.

— Eh oui ! L'éternel grain de sable dans les rouages. Comme le disait je ne sais plus quel général, les stratégies sont appliquées jusqu'au moment où l'on tire les premières balles !

Lucas haussa les épaules et se versa un nouveau verre d'eau.

— Et qu'est-ce que vous attendez exactement de tout ça ? demanda Elsa. À quoi notre "kidnapping" devrait-il aboutir ?

— Je veux avoir Jean et Maître Salah en face de moi, et les convaincre de renoncer à leur idée de tout révéler à Charaoui.

— Ils vous tiennent pour un assassin. Et avec un assassin, on ne négocie pas !

— Oh ! Je vous trouve bien carrée dans vos affirmations !

— Écoutez, Lucas ! Grâce à Raphy, nous connaissons votre histoire. Vous avez droit à toutes les circonstances atténuantes possibles, et je suis sûre que vous bénéficierez…

Le journaliste se redressa dans un mouvement d'impatience.

— Ça va ! Ça va ! On n'en est pas encore au plaidoyer ! D'ailleurs, il n'y aura jamais de procès ! Si vous me dénoncez, j'entrerai dans la clandestinité, et Charaoui pourra toujours courir pour me mettre la main dessus !

— L'informatique a rendu la clandestinité plus difficile, surtout pour un reporter aussi connu que vous au Proche-Orient. Ne comptez pas vous fondre dans l'anonymat des pauvres hères sans papiers.

Le journaliste souffla bruyamment.

— J'ai le temps d'y penser. Pour le moment, je veux rencontrer vos maris, sans courir de risques, d'où votre présence ici. Je veux qu'ils écoutent ce que j'ai à leur dire. Pour la suite…

— La suite ? Et si les choses ne tournent pas selon vos vœux, qu'est-ce que vous ferez ? Vous nous abattrez, comme Hassan Mohammedi ?

Michel Lucas émit un rire grinçant où se mêlaient l'autodérision et la tristesse. Elsa se laissa aller contre le dossier de son fauteuil. La pièce devenait une vraie fournaise et elle envia le profond sommeil d'Aïcha.

— Vous ne m'avez pas dit comment vous avez fait pour nous rencontrer si opportunément, devant l'agence Air France, reprit-elle.

— Pas compliqué ! Cette nuit, après le coup de fil affolé de Raphy, j'ai cherché l'adresse de Maître Salah, et tôt ce matin, j'étais rue Bagdad, dans ma voiture. J'ai vu sortir Jean de l'immeuble et, une heure plus tard, Aïcha et vous qui montiez dans un taxi. Je vous ai prises en filature. Lorsque je vous ai vues débarquer tout près de la place Talaat Harb, j'ai compris que vous vous rendiez à l'agence Air France. C'est toujours là que je prends mes billets d'avion, quand je suis au Caire. J'ai garé ma voiture à la première place qui se présentait. La suite, vous la connaissez… J'admets qu'il y avait une bonne part d'improvisation dans cette façon de faire, mais la chance était avec moi !

Michel Lucas se tut.

Dans la pénombre, seul un bruit de respiration troublait le silence. Terrassée par la chaleur, Elsa s'était à son tour endormie.

*

Quand les deux femmes se réveillèrent, elles étaient seules. Elles se regardèrent sans mot dire. La chaleur était si suffocante que même parler semblait difficile. Aïcha se redressa péniblement.

— Dommage qu'il ne marche pas, on étouffe ici, dit-elle en désignant le petit ventilateur.

— C'est une vieillerie que Lucas a apportée. Il a dû tomber en panne pendant que nous dormions.

Puis elles aperçurent une petite glacière portable, posée par terre. Elles en sortirent deux bouteilles d'eau et du jus de fruit. Lorsque leur soif fut étanchée, Aïcha prit un mouchoir propre dans une poche de sa tunique. Elles le mouillèrent et se le passèrent sur le visage, le cou et les bras. Mais la sensation de fraîcheur ne dura hélas pas et il restait trop peu d'eau pour recommencer.

— Nous avons fait une fameuse sieste ! s'exclama Elsa en consultant sa montre. Rends-toi compte, il est presque cinq heures. Jamais je ne dors autant dans la journée.

— Tu crois que Lucas nous a droguées ?

— Non ! La chaleur et le manque d'air ont suffi. Maintenant, j'espère qu'il ne va pas nous laisser macérer dans cette étuve encore longtemps.

— Où est-ce qu'il est, à ton avis ?

— Au mieux, en train de parlementer avec nos maris.

— Et au pire ?

— Je préfère ne pas l'envisager ! Mais, sincèrement, je ne crois pas que nous risquions grand-chose.

— Sauf si Mahmoud perd la tête et fait donner la cavalerie !

— La cavalerie ? Tu veux dire qu'il pourrait arriver ici avec la police ?

Aïcha acquiesça, l'air inquiet.

— Ton mari n'est pas idiot ! Et de toute façon, comment veux-tu qu'il sache où nous sommes retenues prisonnières ? Tu penses bien que Michel Lucas ne lui aura rien dit, sans obtenir au préalable des garanties suffisantes, pour sa propre sécurité.

— Je l'espère, parce que Mahmoud connaît plusieurs hauts fonctionnaires qui n'auraient qu'un coup de fil à passer pour que toute une compagnie de gendarmerie prenne cette maison d'assaut.

— Dis donc ! Je ne pensais pas que ton mari avait le bras aussi long ! plaisanta Elsa pour rassurer son amie.

Celle-ci afficha une moue incertaine puis se versa un verre d'eau.

— Je pourrais en boire des litres et des litres…

— Vas-y, ne te prive pas ! Il ne faut pas que tu te déshydrates.

Elsa manifestait une désinvolture qu'elle n'éprouvait pas.

Ce que venait de lui dire Aïcha sur les accointances de Mahmoud dans le monde du pouvoir, l'inquiétait. Au point où elles en étaient, les choses pouvaient très vite déraper et échapper à tout contrôle. Puis elle pensa à Jean. Lui ne perdrait pas son sang-froid. Il avait l'expérience des situations épineuses et savait comment manier les gens acculés dans leurs derniers retranchements.

— Allons, ne t'en fais pas ! dit-elle en serrant la main d'Aïcha. Tout va bien se passer.

— Inch'Allah !

Le silence s'installa, le besoin de dormir avait disparu et, avec lui, la bienheureuse inconscience du temps qui s'écoule trop lentement. La lumière baissait. Elsa cherchait vainement un sujet de conversation qui aurait pu les distraire. Elle avait envie de soupirer, de faire les cent pas, de tambouriner avec ses doigts sur les accoudoirs. Mais cela n'aurait fait qu'exacerber l'angoisse de son amie étendue à demi nue sur le divan.

— Tu sais quoi ! lança-t-elle soudain. Tu devrais enfiler ta jupe. Les hommes peuvent arriver d'un instant à l'autre, et ton mari…

Aïcha tressaillit.

— Tu as raison, j'aurais dû y penser.

Elle se leva, passa rapidement ses vêtements et ses sandales puis s'assit bien droite, au milieu du canapé.

À peine quelques minutes plus tard, des pas retentirent dans le couloir, la clé tourna et trois silhouettes se découpèrent en ombres chinoises, dans le rectangle clair de la porte.

— Nom de Dieu ! tonna Jean Rouault, c'est dans ce four que tu les retiens !

Sans un mot, Mahmoud se précipita vers sa femme qui l'accueillit, un vague sourire aux lèvres.

— Tout va bien, rassure-toi…

Puis il fonça jusqu'à une fenêtre qu'il secoua avec rage.

— Ouvrez-la ! aboya-t-il.

Lucas décadenassa l'espagnolette et poussa les persiennes. La lumière entra à flots. La chaleur aussi, mais avec elle, le parfum des arbres et des fleurs que les deux prisonnières respirèrent avec délice.

— En arriver à de telles extrémités, quelle honte ! Comment as-tu osé ? gronda Jean, dressé devant le journaliste.

Jamais Elsa n'avait vu son mari dans une colère pareille, il avait les mâchoires contractées, le regard noir de fureur et de haine. Elle se rendit compte qu'il ne se dominait plus et que, dans une fraction de seconde, il se jetterait sur Lucas, avec une violence décuplée par l'angoisse des dernières heures.

— Ça va, Jean ! Il ne s'est rien passé, rien de grave en tout cas... Jean, arrête de le regarder comme ça !

Mahmoud se retourna et comprit. Il saisit son ami par le bras et le tira en arrière.

— Calme-toi, nos femmes se portent bien... Nous ne sommes pas venus ici pour nous battre mais pour discuter.

— On ne discute pas avec un... un...

— D'accord ! Mais on va quand même le faire. Et surtout écouter ce qu'il a à nous dire. Nous lui avons donné notre parole. N'oublie pas que la défense a toujours le droit d'être entendue !

Elsa songea avec ironie que, contrairement à ce

qu'elles avaient cru, c'était Mahmoud qui dominait la situation et prenait les choses en main, alors que Jean avait complètement perdu le nord.

— Bien ! Installons-nous, fit l'avocat en poussant devant les fenêtres grandes ouvertes les fauteuils et la table.

Michel Lucas y déposa des verres et une deuxième glacière qu'il était allé chercher dans le couloir. Jean avait rapidement recouvré son sang-froid et tentait de réparer le ventilateur, à l'aide de son couteau suisse. Mahmoud sortait un bloc-notes et un stylo de sa poche.

Quelques minutes plus tard, alors que le ventilateur ronronnait et que tous avaient bu une bière ou un jus de fruit, l'avocat se tourna vers le journaliste :

— C'est quand vous voulez, nous vous écoutons !

Michel Lucas baissa les paupières et sembla se concentrer, comme le plongeur au bout de la planche, qui contemple l'eau avant de faire le grand saut.

— Raphy vous a raconté l'enquête que j'ai menée en 99, à Hurghada et au Caire, après la mort de ma fille Yolande. Et comment j'ai retrouvé Khaled al Ziraï, alias Mohammedi, à Beyrouth, puis au Caire, quelques années plus tard. Je n'y reviendrai pas… Sachez seulement que j'ignore complètement ce qui s'est passé dans la vie de ce type, entre 2001 et 2006. La dernière fois que je l'ai vu, au Liban, il servait d'homme de main aux marchands d'armes et à certains groupuscules extrémistes. Il avait la réputation d'être dangereux et de se vendre au plus offrant. Rien à voir avec le personnage qui m'a été présenté, il y a un peu plus d'un an, lors du cocktail offert par les armateurs, à l'hôtel Marriott. Pour moi, la surprise a été de taille, je vous le garantis ! Mais je l'ai reconnu, sans l'ombre d'une hésitation.

Néanmoins, par acquit de conscience, j'ai fait une enquête discrète à son sujet. Tout concordait avec ce que je savais déjà. Alors, j'ai pu commencer à réfléchir au piège dans lequel j'allais le faire tomber. Ce monstre qui avait égorgé ma fille et causé le suicide de Judith, ma femme, il me le fallait à tout prix et par n'importe quel moyen ! Les années n'avaient pas atténué ma douleur. La haine corrodait mon âme, des images me rongeaient l'intérieur du cerveau... celles de la tuerie bien sûr, mais aussi les souvenirs que j'avais de Yolande depuis sa naissance, et tous les projets, tout ce que ma fille aurait dû vivre et qu'un salopard lui avait volé ! Oui, il me fallait ce scélérat pour toutes ces raisons. Et aussi, parce que je ne voyais pas d'autres manières de me laver de ce chagrin et de retrouver une certaine paix intérieure.

Alors j'ai gambergé jour et nuit, pendant des semaines. Des dizaines de plans s'ébauchèrent dans ma tête sans qu'aucun d'eux ne convienne vraiment. Je devais agir à couvert. Protéger mes arrières. Appâter ma proie. L'amener là où je voulais, à une date et en un lieu précis. Et surtout, il fallait que, le moment venu, l'homme sache pourquoi il allait mourir et qu'il crève de peur.

Tout cela exigeait un scénario très pointu et une

préparation minutieuse. Ce n'était pas facile, mais le désir de vengeance et la haine sont de puissants aiguillons pour l'imagination. Enfin, un projet finit par se démarquer des autres. L'idée de départ était d'attirer Mohammedi sur le bateau dont il était propriétaire et sur lequel je me trouverais moi-même en simple touriste. Et là, lui régler son compte ! L'appât a été facile à trouver. Au cours du cocktail des armateurs, j'avais remarqué que Mohammedi était vaniteux, avide de considération, et combien il avait besoin de la reconnaissance de ses pairs. Si je lui proposais une interview pour un grand journal français, il accepterait à coup sûr.

Ce début de plan était de loin le meilleur que j'avais forgé. Seulement, je n'arrivais pas à lui trouver une suite satisfaisante. Toutes les idées qui me venaient comportaient trop d'aléas, trop d'improvisation, trop de risques. À force de me triturer la cervelle, j'ai fini par comprendre que je ne m'en tirerais jamais seul. Il me fallait un complice ! Et ce complice, je ne le trouverais que parmi les proches des autres victimes. Il y aurait bien quelqu'un d'assez torturé, d'assez désespéré, pour marcher avec moi.

La liste des otages que j'avais obtenue à Hurghada comprenait leurs adresses mais, hélas, pas celles de leurs familles. En outre, depuis 99, une partie de celles-ci avait dû déménager… Après quelques semaines de recherches, j'ai dû me rendre à l'évidence, je n'aboutissais à rien. J'étais dans une impasse et n'en serais peut-être jamais sorti, sans un sacré coup de pouce du hasard.

Alors que je me trouvais à Brest, mandaté par une revue sportive pour un reportage sur la plaisance et les métiers qui en dépendent, j'ai été amené à visiter des entreprises de mécanique, de corderie, de voilerie et, pour finir, d'accastillage. Là, je suis tombé sur un type compétent et qui parlait très bien de sa profession, qualité plus rare qu'on ne le croit... Avec lui, mon papier a été vite torché, ce qui nous a permis de sortir du sujet et de bavarder de choses et d'autres. Nous nous trouvions à table, dans un petit restaurant du port de commerce, et il déplorait que des affaires familiales telles que la sienne, soient cédées à des grandes chaînes de vente, des enseignes que l'on retrouve dans tous les ports. Je lui ai demandé s'il avait des enfants à qui passer le relais, et il a secoué la tête.

« — Non, malheureusement pas... »

La tristesse que j'ai vue s'abattre brutalement sur cet homme, a éveillé un écho en moi. J'ai ressenti cette affinité mystérieuse qui relie entre elles les personnes ayant subi un si grand malheur qu'elles en gardent une blessure ouverte.

« — Vous avez perdu un enfant ? » demandai-je d'une voix prudente car je ne savais pas trop où je mettais les pieds.

Il m'a répondu que oui et dans des circonstances horribles. Je lui ai alors révélé que cela m'était arrivé, à moi aussi, et que je pouvais partager sa peine parce que je savais exactement à quoi elle ressemblait. L'accastilleur m'a regardé fixement puis il a articulé :

« — Il y a ceux qui ont vécu cette atroce souffrance, et ceux à qui elle a été épargnée. Un fossé infranchissable les sépare.

— C'est ce que je ressens aussi. J'ai l'impression que nous parlons le même langage. Depuis la mort de ma fille en 99, je crois que ça ne m'est jamais arrivé.

— 1999... c'est aussi l'année du décès d'Évelyne. »

Il a dit ça à voix basse, en triturant sa serviette de papier, puis il a levé les yeux et m'a regardé d'un air désorienté.

« — Je ne vous connais pas, pourtant j'ai envie de vous raconter ce qui s'est passé... »

Puis il a secoué la tête, s'est redressé et a conclu d'un ton plus ferme :

« — Mais rassurez-vous, je n'en ferai rien ! Je ne vais pas vous ennuyer avec un drame purement familial. D'ailleurs, il est presque quatorze heures et j'ai rendez-vous avec un client. J'ai été content de vous connaître et de parler d'un métier que beaucoup de gens ignorent... Est-ce que vous savez déjà quand votre article paraîtra ?

— Non, mais ne vous inquiétez pas, je vous enverrai un exemplaire de la revue. Il suffit de me laisser votre adresse... »

Il m'a tendu sa carte où figuraient les coordonnées

de son entreprise, “Gaston Leroy shipchandler de père en fils”. Puis il a appelé le garçon et a tenu à régler l’addition.

Comme il s’apprêtait à quitter la table, une question m’a échappé :

« — Excusez ma curiosité… Tout à l’heure, vous avez mentionné le prénom de votre fille… elle s’appelait bien Évelyne… Évelyne Leroy ?

— Oui… enfin, non. Elle venait de se marier et c’est au cours de leur voyage de noces qu’elle et son époux ont trouvé la mort. Son nouveau nom était Chauvet… Sur ce, il faut vraiment que je me sauve. J’ai horreur de faire attendre mes clients ! »

Je le regardai partir, frappé de stupeur. Chauvet ! Ce nom figurait sur la liste des otages de 1999 !

Vers dix-neuf heures, j’ai retrouvé Gaston Leroy à la terrasse du même restaurant. Je lui avais téléphoné dans l’après-midi, mais sans préciser pourquoi je voulais le revoir.

Lorsqu’il fut assis en face de moi, j’ai décidé d’aller au plus court et d’aborder directement le sujet. Je le jugeais capable d’encaisser tout ce que j’avais à lui dire.

J’avais deviné juste. D’abord médusé de stupeur par l’extraordinaire concours de circonstances qui avait permis notre rencontre, il a ensuite écouté mon récit avec un intérêt croissant. Je lui ai rapporté tout ce que je savais sur Khaled al Ziraï, ses acolytes et ses activités au Liban, puis comment j’étais tombé sur lui, au Caire, quelques mois auparavant… Sa transformation, son changement de nom, son apparente réussite sociale.

Quand je me suis tu, Gaston Leroy m'a avoué que, pour la première fois depuis la mort de sa fille et de son gendre, Olivier Chauvet, évoquer leur mémoire ne le plongeait pas dans un désespoir absolu. Parce que, pour la première fois, le silence et l'opacité qui entouraient cette affaire semblaient vouloir se déchirer. En effet, durant huit ans, sa femme et lui en étaient restés à la thèse adoptée par les polices égyptienne et française, de l'époque : prise d'otages par des extrémistes fanatiques et remise de rançon qui avait mal tourné.

« — Vous avez fait ce que j'aurais voulu pouvoir accomplir moi-même, me dit-il. Chercher, traquer et retrouver l'assassin de nos enfants. Et je suppose que vous n'allez pas en rester là ?

— Quand j'ai découvert Khaled Al Ziraï pour la première fois, à Beyrouth, alors qu'il n'était qu'un malfrat de bas étage… le voir en vie avait déjà été difficile. Mais lorsque je l'ai rencontré au Caire, dans la peau d'un notable et d'un nanti… alors là, c'est devenu carrément insupportable ! Après les horreurs qu'il a commises, je refuse à ce monstre le droit de vivre sous le même ciel que moi !

— Ah, bon Dieu ! Quel bien ça fait d'entendre quelqu'un qui pense exactement la même chose que moi ! s'est écrié Gaston Leroy en prenant ma main dans la sienne. Ce misérable a ravagé notre existence. Mélanie ne s'en est jamais remise. Et moi, sous mes dehors de bon vivant et de commerçant prospère, je suis un homme qui tourne à vide. J'irais certainement mieux si je pouvais… si je pouvais…

— Vous venger…

— C'est ça ! »

Je lui ai alors confié que j'avais ébauché un plan qui pourrait marcher… et que j'aimerais lui en parler, dans un endroit calme et plus discret qu'une terrasse de café. Sans hésiter, il m'a emmené chez lui, dans sa maison de Daoulas où j'ai fait la connaissance de sa femme qui s'est mise à pleurer, dès que nous avons prononcé le nom d'Évelyne.

Toute la soirée et jusque tard dans la nuit, nous avons parlé de notre malheur commun et de notre incapacité d'en guérir. Comme son mari, Mélanie a adhéré sans réticence à mon projet. Elle n'y a posé qu'une seule condition, que son amie, la mère de son gendre Olivier, soit associée à notre entreprise, si elle le désirait.

« — Christine a besoin d'agir, tout comme nous… même si cela va à l'encontre de ce qu'on nous a inculqué depuis l'enfance ! Cet homme nous a causé trop de mal, nous fait encore trop de mal. Ce que vous proposez n'est pas une vengeance mais… une sorte de thérapie. Voilà comment je considère la chose. »

Elle avait raison. C'était aussi l'analyse que je faisais de moi-même et des motifs qui me poussaient.

J'ai passé la nuit chez les Leroy et, le lendemain, j'ai lié connaissance avec Christine Gaudin. Divorcée depuis longtemps, elle avait repris son nom de jeune fille, ce qui expliquait pourquoi Olivier et Évelyne ne portaient pas le même patronyme qu'elle. Tout comme Mélanie et Gaston, elle se dit prête à partir pour l'Égypte, dès qu'il le faudrait. Le récit de ma longue enquête et le plan que je proposais l'avaient tirée de la tristesse où elle stagnait et dont elle était sûre de ne jamais sortir. Elle voyait dans ma rencontre avec Gaston, une faveur de la providence, une faveur qu'elle entendait bien ne pas laisser passer.

Michel Lucas se tut. Il se versa un grand verre d'eau qu'il but d'un trait.

— Ce sont donc Christine Gaudin et les Leroy qui ont été vos complices ! s'exclama Jean avec une surprise non dissimulée. Eh bien, on peut dire que, comme comédiens, ils se posent un peu là ! Qu'en penses-tu, Elsa ?

Celle-ci paraissait tout aussi stupéfaite.

— Je suis bluffée ! Ces deux femmes que je prenais pour des sottes cancanières et incultes, jouaient en fait un double jeu ! C'est donc grâce à ces trois-là que vous avez pu exécuter votre plan ! Je n'en reviens pas, jamais je n'aurais parié sur eux…

— Et sur qui ? s'enquit le journaliste en ébauchant un sourire indéfinissable.

— Eh bien… sur Arnaud Le Gall, par exemple, avec la jolie Barbara en guise d'appât.

Lucas hocha la tête.

— A mon avis, cela commence à faire beaucoup de monde ! lança alors Mahmoud Salah. Et dans ce genre de coup, plus il y a de monde, plus les risques sont élevés.

À nouveau, le journaliste acquiesça en silence.

— Donc, vous vous êtes mis d'accord avec les Leroy et Christine Gaudin, et ensuite vous avez contacté le guide, Raphaël Boutros ? demanda Jean.

— Non, un peu plus tard, en décembre 2006. Mais je ne me faisais aucun souci, je savais où trouver cet homme et j'étais sûr qu'il me suivrait sans hésiter.

— Il est vrai qu'après cette rencontre providentielle à Brest, rien ne pressait. L'essentiel avait été fait. Le lieu du crime était choisi, la manière de piéger la victime aussi, vous aviez des complices prêts à vous fournir tous les alibis dont vous pourriez avoir besoin… J'imagine que le scénario a été fixé dans les grandes lignes, à ce moment-là aussi. Il ne restait plus qu'à trouver un groupe de touristes auxquels vous mêler, et le tour était joué ! Ah ! Vous avez combiné toute cette affaire de main de maître, je le reconnais ! Malheureusement, il y avait sur votre route, un juge d'instruction et un avocat un peu trop curieux, secondés par deux femmes un peu trop malignes… Désolé pour vous, mon vieux !

— J'aimerais bien savoir comment vous vous y êtes pris pour recruter les membres du groupe Voies Nouvelles, dit Elsa. Cela ne présente peut-être pas un réel intérêt dans cette histoire…

— Oh si ! Et plus que vous ne le croyez… vous allez comprendre pourquoi. Au cours de nos conversations, Gaston m'avait appris que, quelques mois après la tragédie, il avait pensé regrouper les familles des victimes en un “comité de défense,” pour essayer de faire avancer l’enquête qui piétinait lamentablement. Les policiers français mandatés à Hurghada n’obtenaient pas plus de résultats que leurs collègues égyptiens. Après avoir établi la liste des parents les plus proches, Gaston Leroy en avait contacté quelques-uns. Mais il s’était vite rendu compte que, traumatisés par le drame, ceux-ci ne semblaient pas avoir la force d’entreprendre quoi que ce soit. Ils vivaient repliés sur eux-mêmes et sur leur chagrin. Gaston n’avait pas insisté…

— Les pauvres, on peut les comprendre, fit Elsa d’une voix compatissante.

— De toute façon, même si son initiative avait emporté l’adhésion des familles, elle n’aurait mené à rien ! La police égyptienne n’aurait, à aucun prix, renoncé à la thèse incriminant des intégristes religieux ! Il faut savoir qu’à l’époque, si cette tragédie portait un coup terrible au tourisme, elle tombait aussi à pic pour justifier le durcissement de l’État vis-à-vis de l’islamisme montant, et pour motiver la répression que le ministère de l’Intérieur égyptien entendait exercer à son encontre. Tant qu’on n’avait pas identifié les preneurs d’otages, on pouvait attribuer l’attentat à des extrémistes fanatiques et sanguinaires, accusation qui portait un tort immense à l’ensemble des mouvements religieux ! En haut lieu, on n’avait donc aucun intérêt à ce que l’enquête aboutisse… Moi, j’ai compris ça assez vite. Comme journaliste, j'étais branché en direct sur l'effervescence politique qui agitait le Proche-Orient et je possédais des sources d'information auxquelles les familles n'avaient pas accès.

— D'après ce que nous a dit Raphaël Boutros, en 1999 vous avez rapidement découvert l'identité des deux complices de Khaled Al Ziraï. Pourquoi n'en avez-vous pas informé la police, à ce moment-là ? lança Mahmoud Salah.

— Cela n'aurait servi à rien. Soit on m'aurait opposé une fin de non-recevoir. Soit mes renseignements auraient passé à la trappe. Je suis sûr que la police avait reçu des consignes. J'en veux pour preuve la vague d'arrestations qui a eu lieu, quelques mois plus tard, dans les milieux religieux.

— C'est là une interprétation subjective des faits, déclara l'avocat.

— Peut-être… Seulement si moi, avec peu de moyens, j'ai réussi à mettre un nom sur les deux corps retrouvés dans les environs d'Hurghada, comment se fait-il que la police n'y soit pas parvenue ? Ou elle n'a pas voulu chercher, ou elle a tu ce qu'elle a trouvé.

Mahmoud Salah afficha une moue sceptique. Michel Lucas attendit quelques instants un commentaire qui ne vint pas, puis il reprit son récit :

— Gaston Leroy possédait toujours la liste des familles des victimes, il m'a donc suggéré d'essayer de joindre ces gens et de leur demander de participer au voyage. Selon lui, c'était la meilleure façon de procéder. En effet, sous quel prétexte contacter des inconnus et leur proposer une croisière ? Cela aurait paru incongru et risquait, en outre, de nous coûter fort cher. J'étais d'accord. Il est allé chercher la liste dans son bureau et me l'a remise.

« — Je vous laisse le soin de contacter ces personnes. J'ai trop de travail en ce moment pour m'en charger. Mais sachez que je suis à fond derrière vous. »

Cela me convenait parfaitement. J'étais la cheville ouvrière de cette affaire et j'entendais bien le rester ! Je l'ai quitté sur la promesse de le tenir informé de la suite des événements ainsi que des modifications qu'il faudrait forcément apporter au plan initial.

Dès mon retour chez moi, je me suis mis au travail.

La liste comportait six noms : deux couples et deux célibataires. Avec Gaston, nous avions jugé que le sujet était trop grave pour une simple conversation téléphonique. Je me rendrais chez ces gens. Au cours de la discussion, je noterais leur état d'esprit et, en fonction de ça, je déciderais s'il fallait ou non leur parler du projet.

Je commençai par prendre rendez-vous avec Vincent Even, un kinésithérapeute de Vannes. Il était le compagnon de Suzanne Dubrowski avec qui il vivait maritalement depuis plusieurs années. Il m'a reçu à son cabinet, après ses consultations. Dès que nous avons parlé de la tragédie, j'ai senti son chagrin à fleur de peau et son écœurement face à une enquête qui n'avait jamais abouti.

Il s'est mis à me raconter son histoire et je l'ai laissé faire, c'était comme un ruisseau que je ne pouvais empêcher de couler.

« — Suzanne était une femme incroyablement belle et gentille, de celles qu'on n'ose espérer rencontrer. Elle a su réveiller ce qu'il y avait de meilleur en moi. Grâce à elle, moi qui étais d'un naturel froid et renfermé, je me suis épanoui. Oui, elle était chaleureuse, vive, gaie… Je ne parviens pas à me consoler de sa disparition. Son fils non plus d'ailleurs…

— Qu'est-ce qu'elle faisait dans la vie ?

— Elle tenait une boutique de mercerie… Oh ! je sais, ça paraît vieillot, démodé, mais en réalité, il n'en était rien. Suzanne ne vendait pas que du fil et des aiguilles, elle vendait aussi des idées et des envies. Elle prétendait qu'un beau tissu, de belles soies, des modèles de broderie et de tricot stimulaient l'imagination et la créativité. Je vous certifie que, dans sa boutique, les vieilles dames acheteuses de boutons étaient rares et qu'on y parlait davantage patchworks, tissus appliqués, macramé, crochet… qu'ourlets et raccommodages. »

En évoquant Suzanne Dubrowski, Vincent Even avait les yeux brillants et l'air heureux, comme s'il m'entretenait de quelqu'un qu'il allait retrouver l'heure suivante. Et lorsqu'il se tut, un voile de tristesse s'abattit sur son visage.

« — Cette femme, je l'aime comme au premier jour, dit-il encore. Et son fils qui vit avec moi, la pleure encore. Si je pouvais étrangler de mes mains celui qui a osé lui ôter la vie, je le ferais sans hésiter, et avec… et avec… »

Il n'acheva pas mais j'avais compris. Je lui ai alors expliqué mon plan et lui ai demandé s'il accepterait de faire partie du groupe des touristes qui me serviraient d'écran de fumée.

« — Non !

— Pourtant, vous désirez venger Suzanne…

— C'est sûr ! Voilà pourquoi je ne me contenterai pas d'un rôle de comparse. Soit je participe activement, soit vous ne comptez pas sur moi ! »

Je lui ai répondu que je le comprenais et que j'allais y réfléchir.

« — D'une manière ou d'une autre, je vous donnerai des nouvelles, dis-je en me levant et en lui tendant la main. »

Il m'a alors demandé si j'avais l'intention de contacter d'autres familles de victimes, auquel cas il pouvait me fournir l'adresse de l'une d'entre elles.

« — Suzanne était partie à Hurghada avec sa meilleure amie, Florence Josse, qui n'en est pas revenue non plus. J'ai eu l'occasion de rencontrer sa jumelle, très affectée par la mort de sa sœur. Je suis persuadé que ce que vous venez de me raconter l'intéresserait. Vous devriez aller la voir. »

Le surlendemain, j'ai pris ma voiture et je me suis rendu à Chartres. La femme osseuse et virile qui m'a reçu n'avait de solide que l'apparence. À l'intérieur, elle était aussi démolie que nous tous.

« — Chacun sait, me dit-elle, qu'il existe entre

jumeaux, même hétérozygotes, des liens étroits et tout à fait particuliers qui s'atténuent parfois avec l'âge, sans jamais disparaître complètement. »

En 1999, les sœurs Trudeau avaient vingt-sept ans. Elles demeuraient très attachées l'une à l'autre, malgré le mariage de Florence avec Justin Josse, l'année précédente. Elles se téléphonaient chaque jour et Agnès m'apprit qu'elles s'adonnaient à la communication extrasensorielle à distance.

« — Hein ? Pouvez-vous m'expliquer…

— Transmission de pensée. Nous faisions des expériences programmées scientifiquement, en respectant des règles très strictes afin d'éviter au maximum les risques, non pas de tricherie, mais d'échanges non réellement télépathiques.

— Et vous obteniez des résultats concluants ?

— Oh oui ! Vous n'imaginez pas à quel point ! répondit-elle en laissant échapper un rire triste. »

Je n'ai pas cherché à en savoir davantage. La parapsychologie ne m'intéresse pas, surtout lorsqu'elle se prétend contrôlée scientifiquement. J'ai donc orienté la conversation vers sa profession et appris que celle-ci avait trait aux arts martiaux.

« — J'aurais dû être un homme, me dit Agnès d'une voix grave. Tous mes goûts sont masculins. Les sports d'autodéfense me passionnent depuis l'enfance, je me suis donc lancée là-dedans et j'ai fini par créer une école de vigiles ainsi qu'une entreprise de gardiennage. Après la mort de ma sœur, je m'y suis investie à fond. Pour moi, c'était presque une question de survie. Donner des coups, en recevoir, enseigner les techniques qui font mal… j'y passais douze heures par jour et, le soir, épuisée, j'oubliais tout en sombrant dans le sommeil. Cela fait des années que ça dure. Mais les images de Florence assassinée continuent à me hanter, sans doute parce que cette affaire n'a jamais connu de conclusion.

— C'est pour vous en proposer une que je suis ici.

— Que voulez-vous dire ? »

Comme aux autres, je lui relatai l'enquête qui m'avait permis de découvrir l'identité des assassins, et tout ce qui en avait découlé.

Agnès m'a écouté en silence mais, avec au fond du regard, comme une lumière qui grandissait. Et lorsque je lui ai offert de participer au projet, elle a accepté d'emblée.

« — Maintenant que je sais que ma sœur a été égorgée pour un paquet de fric, c'est encore plus insupportable. Pas de pardon pour un crime pareil ! »

Ensemble, nous avons discuté de certains points de détail, en particulier du mode opératoire. C'est Agnès Trudeau qui m'a convaincu d'utiliser une arme à feu, plutôt qu'un poignard, comme je l'avais d'abord envisagé.

« — Il est plus facile de tirer sur quelqu'un que de le frapper à coups de couteau… Un pistolet Beretta, calibre 9 mm parabellum, muni d'un silencieux, ferait très bien l'affaire. Je peux vous en procurer un assez facilement. Le problème sera de le faire entrer en Égypte.

— Ne vous inquiétez pas pour ça ! J'ai suffisamment de relations là-bas... Trouver une arme ne me causera pas de difficulté. »

Nous avons parlé encore un moment et c'est alors qu'elle m'a suggéré d'introduire un personnage fictif dans le scénario, afin de créer une diversion et d'égarer la police. Ainsi est né "l'homme à la djellaba".

Michel Lucas se tut. Il se leva, s'étira, fit quelques pas.

— Mon récit est plus long que je ne le prévoyais.

— Oui, mais tout à fait passionnant ! Il faut reconnaître que vous savez tenir votre public en haleine, fit Mahmoud, sarcastique.

— "L'homme à la djellaba"... nous n'y avons jamais vraiment cru, déclara Elsa. Ce personnage avait un côté fabriqué, caricatural, qui ne collait pas avec la réalité.

— Il a pourtant joué le rôle pour lequel nous l'avons créé, rétorqua Lucas. À l'heure qu'il est, le commissaire Charaoui et ses adjoints sont toujours en train de courir après lui !

Il prit une grappe de raisin dans le panier et fit signe aux autres de se servir. Il restait des pêches, des pommes et des gâteaux. Les deux femmes se contentèrent d'un verre de jus de fruit.

Mahmoud décapsula une bière puis consulta ses notes.

— Comment se fait-il que vous ayez contacté la sœur de Florence Josse plutôt que son mari ?

— Il est remarié et père de deux enfants, je ne voulais pas lui faire courir de risques. D'autre part, Agnès m'a laissé entendre qu'il avait pris ses distances avec la famille Trudeau.

Le journaliste termina sa grappe de raisin et poursuivit son récit :

— À l'issue de notre entrevue, Agnès m'a assuré qu'elle se tenait à ma disposition. Je n'avais qu'à la prévenir quelques jours à l'avance et elle me rejoindrait en Égypte ou ailleurs, toute affaire cessante. Puis elle s'éclipsa et revint au bout de quelques minutes, une enveloppe à la main.

« — J'ai oublié de vous dire que ma sœur exerçait le métier de photographe. Au cours de son séjour à Hurghada, elle a pris de nombreux clichés que j'ai fait développer, quand j'ai récupéré son appareil. Parmi les photos, il y avait quelques portraits d'une adolescente… votre fille, je suppose. »

Elle m'a tendu l'enveloppe. Je l'ai remerciée et suis parti sans l'ouvrir. Ce n'est qu'une fois seul chez moi que j'ai eu le courage de le faire. Et là, ce fut comme si le sourire de Yolande me sautait au visage. C'était le plus beau, le plus éclatant sourire qu'il m'ait été donné de voir. Et ce regard ! Mon Dieu, ce regard…

Les clichés avaient été tirés à bord d'un bateau, probablement celui qui les emmenait sur les bancs de coraux. Ce sont les derniers portraits de Yolande. Tenez, les voici !

Le journaliste ouvrit son portefeuille et les tendit

à Jean qui les passa ensuite à Elsa et aux Salah. Personne ne fit de commentaires. Qu'y aurait-il eu à dire ?

— J'ai eu plus de mal à retrouver Arnaud Le Gall que les autres, reprit le journaliste, car je ne connaissais personne susceptible de me fournir d'indications. Après bien des tâtonnements infructueux – Le Gall est un nom extrêmement répandu – je me suis rabattu sur l'adresse figurant sur la liste des victimes de 1999. Adrien Le Gall et ses fils, Colin et Pascal, résidaient en Loire-Atlantique où la famille exploitait un établissement agricole.

J'ai cherché à savoir qui travaillait actuellement sur cette propriété et je suis tombé sur le fils aîné, Arnaud. J'ai pris rendez-vous et, quelques jours plus tard, je débarquai à la ferme de Grand-Lieu, une entreprise légumière prospère, si j'en croyais les engins agricoles ultramodernes qui stationnaient devant les hangars. Arnaud m'attendait dans la cour. Nous avons bavardé quelques minutes et il ne m'a pas caché qu'il était très satisfait de ses résultats. Il m'a aussi appris qu'il avait repris l'exploitation, à la mort de son père et que, depuis un an, c'était sa jeune épouse qui se chargeait de toute la partie administrative de l'affaire.

« — Nous habitons le corps de ferme, beaucoup trop grand pour nous deux, me dit-il. Ce sont mes parents qui avaient fait faire les travaux de rénovation, au début des années 80. Ils désiraient plusieurs enfants et de la place pour les élever. Ils ont eu trois fils… Colin, Pascal et moi, l'aîné. Mes deux frères sont morts, hélas…

— Je suis au courant. C'est d'ailleurs la raison de ma visite. Puis-je vous en parler en particulier ? »

Il m'a emmené dans son bureau où, à peine la porte refermée, il m'a informé que ses jeunes frères et son père avaient été assassinés dans un attentat, en Égypte, huit ans auparavant. Sa mère en avait réchappé par hasard et, depuis, elle ne vivait plus que dans le souvenir de sa famille massacrée. Il n'est pas entré dans le détail mais j'ai compris qu'elle était atteinte de troubles psychologiques graves et qu'elle faisait de longs et fréquents séjours dans une clinique psychiatrique de la région.

Extérieurement, Arnaud Le Gall ne paraissait pas vraiment affecté par la tragédie. Il en parlait calmement, avec détachement, comme s'il s'agissait de parents éloignés. J'ai pensé qu'il était parvenu à faire son deuil et qu'il serait cruel de rouvrir une blessure apparemment cicatrisée. Pour lui, la vie avait repris son cours et je ne voulais, en aucune manière, le replonger dans le cauchemar auquel il avait forcément été confronté.

« — Expliquez-moi maintenant pour quelle raison précise vous êtes venu ici ? » me demanda-t-il en plantant ses yeux bleus dans les miens. « J'attends de vous la plus totale franchise. Ne craignez rien, je peux tout encaisser. »

J'ai bien cherché une échappatoire mais le regard glacé posé sur moi m'empêchait de réfléchir. Ne trouvant rien, je me suis lancé une fois de plus dans mon récit. Il m'a écouté de bout en bout, sans piper mot mais avec, sur le visage, une expression tantôt médusée, tantôt admirative.

« — Félicitations ! Vous avez fait un boulot incroyable ! Comparés à vous, les flics ne sont que des tocards.

— Je crois surtout qu'on leur a cloué le bec en haut lieu, pour des raisons purement politiques. »

Je lui révélai ensuite comment je comptais châtier le coupable et lui proposai de participer au voyage en Haute-Égypte.

« — J'ai besoin de figurants pour former le groupe de touristes auquel nous nous mêlerons. Si vous voulez en être… »

Il a accepté mais en revendiquant le droit de prendre part à l'action.

« — Je veux partager les risques. Trouvez-moi quelque chose à faire, j'y tiens absolument ! »

Sa voix avait un accent si pathétique que j'ai compris que son attitude froide et détachée était sa manière à lui de refouler son chagrin.

« — Écoutez ! Participer à l'entreprise fait de vous un complice. C'est déjà beaucoup. »

Il a réfléchi puis jeté :

« — De quelle façon comptez-vous attirer l'armateur… comment s'appelle-t-il déjà ?

— Hassan Mohammedi.

— Sous quel prétexte le persuaderez-vous de vous suivre sur le pont solarium ?

— Pour l'instant, j'avoue que je n'en sais rien. Mais rassurez-vous, il me viendra bien une idée.

— J'en ai une ! »

C'est alors qu'il m'a proposé le concours de sa femme, Barbara. Venant d'un jeune marié, son offre m'a estomaqué. Puis j'ai compris que sa haine pour l'assassin de sa famille reléguait tout sentiment de jalousie au second plan.

« — À mon avis, c'est la seule manière d'isoler l'armateur des personnes qui pourraient l'accompagner et de le faire monter seul au pont solarium. À moins qu'il ne soit gay, il ne pourra résister au charme de Barbara. »

J'ai répondu que j'en étais convaincu et que si sa femme n'y voyait pas d'obstacle, j'acceptais à sa proposition.

Nous nous étions tout dit. Je quittai Grand-Lieu sans avoir rencontré sa jeune épouse. Ce n'est que plus tard, au cours d'une nouvelle entrevue, que j'ai fait sa connaissance. C'est à cette occasion-là aussi que nous avons évoqué le soporifique qu'elle verserait dans la boisson de Hassan Mohammedi, un produit qui devrait le priver d'une partie de ses moyens, sans pour autant le faire sombrer dans l'inconscience. Cela limiterait les risques et garantirait le succès de l'opération.

Sur ma liste ne restait que le couple Grazzi, les grands-parents d'Yves Mazure.

Gaston Leroy m'avait dit que c'étaient eux qui avaient élevé leur petit-fils, les parents étant décédés alors qu'il était bébé. J'ai beaucoup hésité avant de rencontrer ces gens. Je les jugeais trop âgés pour assumer la charge émotionnelle consécutive à mon projet. Si j'ai fini par le faire, c'est parce que le groupe que j'avais constitué ne comptait que huit participants. C'était trop peu. J'ai pensé, en outre, que deux touristes âgés donneraient à l'ensemble un aspect respectable qui n'attirerait pas l'attention. Oui ! Voilà l'unique raison pour laquelle je suis allé voir les Grazzi dans leur ancienne maison de vacances, près de Paimpol, où ils passaient leur retraite.

Je leur avais envoyé un mot annonçant ma visite, en invoquant de vagues relations communes. J'avais décidé de ne leur parler de rien avant d'avoir pu me rendre compte de leur état de santé et de leur disposition d'esprit.

Ils m'ont reçu dans un salon confortable et vieillot où trônaient plusieurs photos encadrées d'un jeune homme, leur petit-fils sans aucun doute. Tout de suite, j'ai pu constater que, physiquement, ils étaient en bonne forme. Ils se déplaçaient avec aisance, avaient les idées claires et l'élocution facile. Je résolus donc d'abréger les préliminaires et j'entrai dans le vif du sujet, en désignant un portrait posé sur un guéridon, juste à côté de moi.

« — C'est Yves, n'est-ce pas ?

— Oui ! Vous étiez de ses amis ? s'enquit Tonia Grazzi.

— Non, mais j'ai beaucoup entendu parler de lui.

— Il est vrai qu'au moment de sa mort, sa réputation commençait à dépasser nos frontières. Les concours internationaux auxquels il participait, y étaient pour beaucoup. »

Je ne voyais pas à quoi elle faisait allusion car je ne possédais aucune information biographique sur Yves Mazure. Roberto me mit alors sur la voie en me demandant si j'étais musicien, moi aussi.

« — Non ! Journaliste… journaliste d'investigation.

— Oh ! Comme c'est intéressant ! Vous devez beaucoup voyager, découvrir des choses passionnantes… et parfois terribles. »

C'était l'ouverture que j'attendais. Je m'engouffrai dans la brèche, sans atermoyer davantage.

« — En vérité, je n'ai jamais rencontré votre petit-fils, pourtant c'est à cause de lui et de la façon dont il est mort que je suis ici. Je vous estime capables d'entendre ce que je suis venu vous apprendre. J'aimerais que vous m'écoutiez jusqu'au bout et que vous me disiez ensuite sincèrement ce que vous en pensez. »

Et une fois encore, j'ai dévidé mon histoire.

Par moments, les yeux cernés de Tonia s'ouvraient démesurément comme si elle découvrait, à travers mes paroles, des images, des perspectives qui jusqu'à maintenant lui étaient restées cachées. Ses lèvres remuaient, murmurant d'inaudibles commentaires. Les muscles de son visage tressaillaient, ses cheveux blancs semblaient parcourus de risées frémissantes.

Si la vieille dame vibrait de tout son être en m'écoutant, Roberto par contre paraissait pétrifié dans son fauteuil. Son regard noir ne cillait pas. Sa tête ronde ne bougeait pas. Ses poings étaient fermés, son dos et ses épaules immobiles.

J'achevai mon récit en leur exposant mon projet de vengeance et en leur demandant s'il leur paraissait possible, vu leur âge, de participer au voyage en Haute-Égypte.

« — S'il y a une dernière chose que je voudrais faire, dans le peu de temps que j'ai encore à vivre, c'est bien venger mon petit-fils ! articula Roberto. Après ça, je pourrai mourir en paix ! Je vous remercie donc du fond du cœur, Monsieur, d'être venu ici pour m'en offrir la possibilité. »

Il s'est levé et m'a serré la main. Puis il a ajouté :

« — Pour moi, supprimer ce misérable n'est pas une question d'honneur ni même de justice… Que Dieu me pardonne, mais j'ai le sentiment que c'est un devoir à accomplir. Sachez que je m'en acquitterai sans mollir ! »

Je lui ai répondu que leur rôle se bornerait à participer au voyage, ce qui était déjà considérable puisqu'avertis de ce qui allait se passer, ils en seraient, ipso facto, les complices. Mais Roberto a secoué la tête et Tonia a tourné vers moi ses grands yeux gris.

« — Non ! Cela n'entre pas en ligne de compte ! Je veux tenir au bout de mon arme le misérable qui a tranché la gorge d'Yves. Et l'abattre ! Si vous refusez, je reste chez moi. »

Je n'en revenais pas. De telles paroles, prononcées par une vieille dame respectable, avaient quelque chose d'incroyablement irréel. Pourtant, pas une seconde, je ne doutai de sa détermination. Si je lui en fournissais le moyen, cette femme ferait ce qu'elle disait. Elle exécuterait Hassan Mohammedi, sans l'ombre d'un remords.

Les Grazzi me regardaient en silence, dans l'attente de mon verdict. Comme je ne parvenais pas à me décider, Tonia reprit :

« — Yves n'avait pas deux ans lorsque notre fille et son mari sont morts, dans un accident de voiture. Il nous a été confié par le juge des tutelles et ne nous a plus quittés depuis. Il est devenu le centre de notre vie et lui a donné comme un second souffle. Grâce à lui, nous n'avons pas vu la vieillesse venir. C'était un enfant facile et intelligent. Nous lui avons appris ce que nous savions et lui, de son côté, nous a ouvert des horizons dont nous n'avions aucune idée. À travers lui, nous avons découvert les arts, la littérature et, bien sûr, la musique… Nous n'étions que de pauvres émigrés italiens venus en France après la guerre, quand on avait besoin de bras pour reconstruire le pays. Roberto était maçon, quant à moi, issue d'une famille romaine ruinée par le fascisme, je ne savais rien faire de mes dix doigts. Roberto a trouvé du travail dans le bâtiment, de mon côté j'ai appris le français, la sténodactylo et un peu de comptabilité.

Je ne vais pas vous raconter notre vie. Sachez seulement que nous avons fini par acquérir une certaine aisance. Quand notre fille est morte, nous étions à la tête d'une petite entreprise de construction qui marchait bien. Mais notre univers se bornait à nos activités professionnelles et il ne nous serait pas venu à l'esprit de lever le nez et de regarder un peu plus loin. En grandissant, Yves a changé tout ça.

Lorsqu'à l'adolescence, il s'est avéré que ses talents de musicien étaient tout à fait exceptionnels et qu'il envisageait une carrière de pianiste, nous ne nous y sommes pas opposés. Nos moyens nous permettaient de le pousser dans cette voie, et jamais nous ne l'avons regretté. Chaque fois que nous le pouvions, nous assistions à ses concerts et lui, dès qu'il en avait l'occasion, il rentrait à la maison travailler son piano, préparer les concours, les récitals, les enregistrements. Au moment de sa mort, il venait de signer un contrat avec une importante maison de disques allemande, et c'est pour fêter ça qu'il s'était payé un séjour au bord de la Mer Rouge. La plongée sous-marine était son passe-temps favori. Il disait d'ailleurs que le monde des coraux et celui de la musique n'étaient pas fondamentalement différents, qu'ils appartenaient à une seule et même fantasmagorie, celle dont se nourrit toute création artistique. Nous ne pouvions que le croire car ni Roberto ni moi ne savons nager !

Quand il est parti pour Hurghada, Yves avait vingt-huit ans. Il était parvenu à un stade où la maîtrise de son instrument ne lui posait plus de problème. Il jouait comme on respire. Lorsque je l'écoutais, sa musique pénétrait mon âme et l'embellissait... sentiment que devaient partager bon nombre de ceux qui se pressaient à ses concerts.

Les artistes qui possèdent un don pareil sont rares sur cette terre. C'est pourquoi je prétends que celui qui a assassiné Yves a endeuillé une multitude de gens, en les dépossédant d'une source de joie qui, peut-être, leur était essentielle.

Le malheur ne rend pas meilleur, au contraire, je suis assez âgée pour pouvoir le dire. Depuis la mort de mon petit-fils, j'ai cessé d'être bienveillante, généreuse, tolérante. Toutes ces qualités s'en sont allées avec les larmes que j'ai versées. Je suis devenue une vieille femme aigrie, égoïste, impitoyable, qui accepte sans réticence votre offre de vengeance. Je sais que je n'irai pas mieux après, que je ne redeviendrai pas celle que j'étais... Mais ça ne fait rien. Je me rendrai quand même en Égypte et, le moment venu, je ne faiblirai pas. »

Quand Tonia s'est tue, je leur ai avoué qu'après avoir écouté mon récit, tous les proches des victimes avaient réagi comme ils venaient de le faire.

« — Dans ce cas, pourquoi leur refuser ce qui leur est dû ? demanda Roberto d'une voix grave.

— Que voulez-vous dire ?

— Que chacun d'eux a le droit d'abattre cet homme ! »

Bizarrement, cette idée ne s'était jamais clairement manifestée en moi. Elle était pourtant d'une logique imparable.

Moralement défendable et intellectuellement séduisante. En effet, pourquoi un seul aurait-il vengé tous les autres ?

Je réfléchis quelques secondes. À condition de respecter un timing précis, c'était possible. Compliqué à mettre sur pied mais faisable.

J'ai regardé les Grazzi bien en face. Main dans la main, ils attendaient ma réponse, sans impatience, mais avec la détermination des honnêtes gens, quand ils sont sûrs d'être dans leur droit.

« — Eh bien, j'avoue que je n'y avais pas songé... Le principe en est juste. L'application peut s'avérer difficile. Il faut que j'y réfléchisse à tête reposée.

— Nous ne participerons au voyage que si vous acceptez.

— Cela peut présenter des risques pour vous... »

La vieille dame eut un sourire plein de dérision.

« — À notre âge ? Voyons, monsieur Lucas, qu'avons-nous à perdre ? »

Je compris ce qu'elle voulait dire et ne répondis rien. L'entretien était clos. Les Grazzi m'ont raccompagné jusqu'à la porte et nous avons convenu de nous revoir, si leur proposition était retenue et si je parvenais à la concrétiser.

« — Dans le cas contraire, inutile de nous rappeler, nous ne prendrons pas part au voyage, a conclu Roberto avec un bon sourire. À nos âges, nous évitons les fatigues inutiles. »

L'idée d'une vengeance collective devait hanter mon inconscient depuis quelque temps déjà car, à peine avait-elle été exprimée, qu'elle supplanta toutes les autres.

Le soir même, je m'attelai à la tâche et commençai d'imaginer comment je pourrais la réaliser.

Parallèlement, maintenant que j'avais rencontré tout le monde et obtenu un accord de principe de chacun, je me mis en quête de Raphaël Boutros, le frère de Georges. Quelques mois plus tôt, je m'étais renseigné auprès de l'Ordre Égyptien des Guides Égyptologues et savais qu'il exerçait le métier de guide.

Je me suis rendu au Caire une première fois, en décembre 2006, pour le rencontrer.

Je devais absolument le convaincre d'intégrer notre groupe. Sans lui, tout tomberait à l'eau. Mais Raphaël Boutros était un homme d'honneur, il n'a pas hésité une seconde à m'accorder sa confiance et son soutien. Lorsque je lui ai parlé des Grazzi et de leur idée d'une vengeance collective, il s'est montré catégorique : c'était ce plan qu'il fallait adopter. À partir de là, nous avons travaillé la main dans la main. Nous avons établi une stratégie générale et nous nous sommes partagé la tâche. Je me suis chargé de trouver un tour-opérateur susceptible d'organiser le voyage comme nous l'entendions. Cela ne m'a pas posé de problème. Voies Nouvelles, une agence de moyenne importance, a accepté sans difficulté. Les dates du voyage furent arrêtées, il aurait lieu du 3 au 9 juin 2007. Puis l'agence s'est occupée du transport, des réservations dans les hôtels et à bord du Nile Horus, ainsi que de la location du minibus. De son côté,

Raphaël Boutros s'est procuré une arme à feu dont il a fait effacer le numéro de série, et un stock de masques destinés à la soirée costumée.

Bref, lorsque je suis revenu au Caire, en mars dernier, tout était à peu près en place. Nous avons étudié le plan du bateau que Raphaël avait réussi à obtenir, et mis au point tous les détails qui nous vinrent à l'esprit. À mon retour en France, j'ai rencontré séparément les participants et leur ai dévoilé le déroulement de l'opération.

Un seul élément nous a échappé. Le minibus de location pouvait emmener douze touristes, en plus du guide et du chauffeur, alors que notre groupe ne comptait que dix personnes. Et c'est ainsi que, sans me consulter et par souci de rentabilité, Voies Nouvelles a pris l'initiative de compléter l'effectif en ajoutant, au dernier moment, deux voyageurs supplémentaires.

Michel Lucas se tourna vers Jean et Elsa.

— Vous, en l'occurrence ! C'était là un sale tour que nous jouait le hasard et si j'avais trouvé un prétexte pour vous exclure du groupe, je l'aurais fait, croyez-le bien ! Je n'ai, hélas, découvert votre présence que le soir de votre arrivée au Winter Palace de Louxor, quand Raphy est venu dans ma chambre et m'a remis la liste des participants. Il était trop tard pour changer notre fusil d'épaule. Il fallait faire avec.

Je suis donc allé voir individuellement les participants, dans leurs chambres. Je les ai mis au courant, en exigeant d'eux la plus absolue discrétion. Rien dans leurs paroles ou leur comportement ne devait trahir la véritable raison de ce voyage et nuire à la réussite de l'opération… Si j'avais des communications ou des informations à leur donner, je le ferais en privé et avec la plus grande prudence. Pour le reste, tout se déroulerait selon le plan prévu.

— C'est incroyable, s'écria Elsa. Jamais je ne me serais doutée qu'une telle complicité existait entre ces gens ! J'avais bien noté leur tristesse et aussi le fait que plusieurs d'entre eux avaient évoqué la mort douloureuse d'un proche. Mais comment aurais-je pu deviner que cela avait un rapport avec l'assassinat de Hassan Mohammedi ?

— C'était impossible, déclara Jean.

Puis, plantant son regard dans celui de Lucas, il lui demanda comment il avait procédé, la nuit du crime, pour que personne ne s'aperçoive de rien.

— Vous avez eu une chance inouïe ! Aucune anicroche, pas le moindre imprévu… j'ai du mal à imaginer comment vous avez pu régler ça, avec autant d'exactitude.

— Quand j'ai vu Barbara redescendre du pont solarium, répondit le journaliste, j'y suis monté aussitôt et j'ai trouvé Mohammedi, affalé dans un transat, à demi groggy mais parfaitement conscient. Je me suis alors penché vers lui pour lui expliquer qui j'étais et ce qui allait lui arriver. La terreur que j'ai lue dans ses yeux, ses efforts pour essayer de se lever, pour parler… Je ne peux décrire ce que j'ai ressenti, c'était un mélange de plaisir et de rage, la rage de savoir que, quoi que je fasse, rien ne serait vraiment effacé.

Je l'ai laissé mariner dans sa panique plusieurs minutes, puis j'ai étalé une serviette de bain sur lui et j'ai attendu. Les membres du groupe devaient se succéder dans un ordre précis que j'avais tiré au sort. Le premier était Vincent Even. Il est apparu à vingt-deux heures dix tapantes, comme prévu. Il a saisi l'arme et tiré sans hésiter. Puis il m'a rendu le pistolet et il est redescendu. Pas un mot n'était sorti de sa bouche. Ensuite, ça a été le tour de Raphy, puis les autres ont suivi. En dehors d'Agnès Trudeau et de Gaston Leroy, personne n'avait jamais tenu de pistolet entre ses mains. J'ai dû montrer à certains comment s'en servir. Mais aucun n'a flanché. Pour tous, c'était l'heure de vérité, un moment qu'ils avaient attendu et auquel ils s'étaient préparés.

La dernière à passer a été Tonia Grazzi. Elle a craché quelques mots en italien puis fait feu. Ensuite, elle s'est à demi effondrée dans les bras de Roberto. Mais elle s'est vite reprise et tous deux ont quitté le pont solarium. C'était mon tour. J'ai tiré, puis j'ai soulevé la serviette et constaté qu'Hassan Mohammedi était mort. Alors, j'ai essuyé l'arme et l'ai jetée dans le Nil. Après quoi, j'ai regagné le salon où le bal costumé battait son plein. Il était vingt-deux heures cinquante.

— Et ensuite ?

— Le lendemain, nous nous attendions à être interrogés comme témoins par la police égyptienne. La modification de notre fin de voyage n'a donc pas été une surprise. Mais je vous avoue que la façon dont les participants ont joué leur rôle de touristes bouleversés, m'a épaté. Je n'en espérais pas tant !

Michel Lucas regarda son auditoire, patienta quelques secondes puis, comme le silence se prolongeait, il reprit :

— J'ai une question à vous poser, une seule… Qu'est-ce qui a éveillé vos soupçons ? Quel détail, quel défaut, quel faux pas ?

— Aucun, répondit Jean Rouault. Rien, en tout cas, dont vous auriez été directement responsable ! Au terme des interrogatoires, à bord du Nile Horus, j'ai eu le sentiment de rester sur ma faim. J'aurais désiré en savoir davantage sur le golden boy égyptien que l'on venait d'assassiner. D'autre part, je trouvais que le commissaire Charaoui était allé un peu vite en besogne. Visiblement, il avait une opinion préconçue sur le mobile ainsi que sur le profil du meurtrier… À part ça, je dois vous faire un aveu qui vous surprendra sûrement. Jusqu'à ces derniers jours, j'ignorais absolument tout de la tragédie de 1999 ! C'est pour combler cette lacune et satisfaire ma curiosité que mon ami Mahmoud s'est penché sur la question. Nous avons ainsi découvert le passé peu glorieux de Hassan Mohammedi. Ensuite, un peu par jeu, un peu par déformation professionnelle, nous avons voulu en savoir davantage sur Raphaël Boutros. Puis sur vous-même, puisque c'était à cause de vous et de votre interview que Mohammedi avait rejoint le Nile

Horus. Internet nous a fourni votre vrai nom, Zeller, nom qui figurait sur la liste des victimes de 1999, retrouvée par Mahmoud alors qu'il fouillait dans les archives d'un journal égyptien. Tous ces éléments n'ont fait qu'aiguiser notre intérêt pour cette affaire. Nous avons donc continué à tirer sur le fil, et la bobine s'est dévidée... À quoi tiennent les choses, hein ? Si Elsa et moi étions rentrés en France avec le reste du groupe, vous vous en tiriez ni vu ni connu !

— Pourquoi n'êtes-vous pas retourné en France dès que possible ? s'exclama Aïcha. Vous preniez un gros risque en restant en Égypte.

— Je crois l'avoir déjà dit, je voulais m'assurer que tout se passerait bien pour Raphy. Si la police l'inquiétait, je devais être là pour l'aider.

— Votre grandeur d'âme vous honore, lança Mahmoud Salah d'un ton glacial. Seulement je vous rappelle que nul n'a le droit de se faire justice soi-même, pas plus ici qu'en France. Aussi, ne comptez pas sur moi pour cautionner par mon silence, un acte que je réprouve sans restriction. Cela irait à l'encontre de mes convictions les plus profondes !

— Mahmoud ! fit Aïcha d'une voix blanche, tu ne vas pas...

Elsa jeta un bref coup d'œil à son mari et devina aussitôt que, tout juge d'instruction qu'il était, il ne partageait pas le rigorisme de son ami.

— Chacun doit agir en son âme et conscience, dit-il d'un ton conciliant. Seulement, il faut tenir compte des contingences et mesurer les implications politiques et diplomatiques qu'entraînerait une telle décision. On peut facilement imaginer l'émotion que causerait l'inculpation de dix touristes français, surtout lorsqu'on apprendra quel était leur mobile. La tuerie de 99 reviendra forcément sous les feux de l'actualité, ce que n'appréciera pas forcément le gouvernement égyptien.

— Ce n'est pas mon problème ! lâcha l'avocat. Si les autorités décident de garder le silence, libre à elles. Moi, j'aurai fait mon devoir.

— Tarek Charaoui ne sautera pas de joie quand il t'entendra. Il est en fin de carrière et doit fuir comme la peste tout ce qui peut lui compliquer la vie.

— Ce n'est pas non plus mon problème ! Légalement, il est tenu de prendre ma déposition. Ensuite, si ça lui chante, il pourra refiler le dossier à l'inspecteur Saher. Je te l'ai dit, c'est lui l'homme fort d'Assouan.

— Tu as conscience que cette affaire dépassera largement les limites du commissariat d'Assouan ?

— Évidemment.

— Ainsi que les frontières de l'Égypte ?

— Oui.

— Et ça ne te fait ni chaud ni froid ?

Muré dans ses convictions, Mahmoud Salah ne répondit pas.

— Est-ce que vous prenez en compte la souffrance endurée par tous ces gens ? demanda doucement Elsa. Je crois qu'ils auraient pu pardonner, si le massacre avait eu une origine idéologique ou religieuse. Des fous et des fanatiques, il y en a partout et depuis toujours… Mais Mohammedi a commis un crime purement crapuleux, d'autant plus infâme que la rançon avait été versée. C'est un acte gratuit. Incompréhensible. Injustifiable.

— J'ai écouté Michel Lucas avec compassion. Les accusés ont toutes les circonstances atténuantes imaginables. Mais ils doivent être jugés. La loi est la même pour tous, honnêtes gens ou salopards. La respecter, c'est garantir l'ordre et la liberté. Je ne reviendrai pas là-dessus.

Elsa jeta un regard désemparé à son mari qui lui répondit par un haussement d'épaules impuissant. Aucun argument ne semblait pouvoir ébranler l'avocat.

Assis dans son fauteuil, Michel Lucas paraissait se désintéresser de la discussion. L'intransigeance de l'Égyptien ne paraissait pas le surprendre. Elsa se demanda alors quelle issue il avait prévue à cette confrontation. Que ferait-il si Mahmoud prenait soudain son téléphone portable et appelait la police ? Il était armé. Le pistolet dont il les avait menacées, Aïcha et elle à leur arrivée, devait toujours se trouver dans sa poche. En ferait-il usage si leurs maris tentaient de le maîtriser ?

— Et maintenant, quelle est la suite du programme ? lança Jean. On ne va pas rester ici toute la nuit, non ?

Personne ne bougea. Mahmoud regardait droit devant lui sans ciller. Aïcha se mordait nerveusement les lèvres tout en enroulant une mèche de cheveux autour de son index. Les sourcils froncés, Jean cherchait fiévreusement comment sortir tout le monde de ce guêpier. Elsa sentait la tension monter. Il fallait intervenir avant que la situation ne tourne à la catastrophe. Mais que dire ? Que faire ?

Brusquement, Michel Lucas s'ébroua comme s'il émergeait d'un rêve.

— J'ai quelque chose à vous montrer…

Il se redressa et extirpa d'une de ses poches, quelques feuilles de papier pliées en quatre.

— Ce sont les e-mails que Yolande et ma femme m'ont envoyés, alors qu'elles séjournaient à Hurghada. Je les ai imprimés et les emporte partout avec moi. Je les relis chaque soir…

Il les tendit à Elsa.

— Voulez-vous les lire à haute voix, s'il vous plaît.

Le papier était écorné, usé, chiffonné mais les caractères parfaitement lisibles. La jeune femme promena son regard sur les visages désemparés qui l'entouraient, puis commença la lecture :

« De yo.zeller@yahoo.fr à m.zeller@wanadoo.fr

Hurghada (Égypte), le 25 février 1999

Salut Papa !

Nous voilà donc au bord de la Mer Rouge ! Tu n'imagines pas à quel point c'est agréable de retrouver le soleil, la chaleur et une eau à 24°, après la pluie et le froid de Paris. Le voyage en avion s'est bien passé… »

Elsa lut les six messages d'affilée.

Dès le premier, l'impression que Yolande se substituait à elle et parlait par sa voix, l'envahit et ne la quitta plus.

Si l'adolescente était morte, les mots qu'elle avait écrits possédaient une vie propre qui perdurait, une vie dont la joie, la jeunesse, les couleurs étaient inaltérables.

Les menus incidents qu'elle racontait, les descriptions qu'elle faisait des gens qu'elle côtoyait et qui partageraient son destin tragique... tout cela résonnait en Elsa comme l'écho d'un monde réel mais inaccessible.

Lorsqu'elle eut terminé, elle leva les yeux et comprit que ce sentiment était partagé par ceux qui l'écoutaient.

Des larmes coulaient sur les joues brunes d'Aïcha.

Jean, le regard absent et les mâchoires serrées, avait tourné la tête vers la fenêtre où noircissait le ciel.

Mahmoud était livide. Son beau visage avait pris l'aspect hiératique d'un masque mortuaire.

Elsa rendit les lettres à Lucas.

— Après le drame, les policiers égyptiens ont passé au peigne fin la grotte où avaient été détenus les otages. Sous une pierre, enfoui dans le sable, ils ont découvert ça, dit-il en sortant de sa poche une autre feuille de papier. C'est le dernier message de Yolande. Elle a trouvé le moyen de l'écrire juste avant... d'être exécutée. Je veux aussi que vous l'entendiez. Ensuite, vous prendrez votre décision, celle qui vous paraîtra la plus équitable.

Aïcha qui avait essuyé ses larmes, regarda le journaliste et secoua la tête, en signe de refus. Mahmoud lui prit alors la main et murmura quelques mots à son oreille.

Puis il articula d'une voix ferme :

— Allez-y, Lucas ! Nous vous écoutons.

« — *Papa, maman,*

Pour la première fois depuis trois jours, plus personne ne me surveille. J'en profite pour vous écrire. J'espère que quelqu'un trouvera cette lettre et que vous serez rassurés. Je vais bien. Tout le monde va bien. Jusqu'à maintenant, nos ravisseurs nous ont traités convenablement.

Je suis seule dans la grotte parce qu'ils sont en train de nous transférer ailleurs, dans un endroit plus éloigné. C'est ce que nous a dit celui qui est le chef, quand il nous a réveillés cette nuit. Nous, on a pensé que c'était parce que la police approchait et risquait de nous retrouver. Quand le jour a pointé, ils ont commencé à faire sortir les hommes. D'abord mes deux copains, Colin et Pascal. Dix minutes plus tard, Georges, le chauffeur, puis Yves qui n'avait pas arrêté de nous remonter le moral depuis le début, et enfin Olivier et Adrien.

Il y a un moment, le chef est venu et a dit que c'était maintenant le tour des femmes, et il a fait signe à Évelyne de le suivre.

Je déteste ce type, il me fiche une trouille bleue.

Avec les deux autres, je pense qu'on pourrait s'arranger. Mais pas avec lui. Quand il te regarde, ses yeux passent à travers toi, il ne te voit pas. Ça me fait froid dans le dos.

Il y a quelques minutes, on est venu chercher Suzanne. Il ne restait plus que Florence et moi dans la grotte. Alors j'ai sorti la feuille de papier que je cachais au fond de ma poche. Flo m'a passé un crayon et j'ai commencé à vous écrire. Si j'avais la moindre idée de l'endroit où on nous emmène, je vous le dirais mais…

Maintenant, je suis seule. Ils viennent de faire sortir Flo. Je suis allée jeter un coup d'œil à l'entrée, pour voir si je pouvais m'enfuir. Mais il y avait un des hommes, pas loin, avec un fusil. Inutile de risquer de se faire tirer dessus puisque les prises d'otages se terminent généralement bien et que la rançon finit toujours par être versée.

C'est en tout cas ce que les autres ont dit et redit depuis le début.

Pourtant, j'ai peur. J'ai beau me répéter que ce sera une histoire fantastique à raconter à mes copines, j'ai vraiment peur. Je manque de cran, pas comme toi, papa, qui as vécu tant d'aventures dangereuses et passionnantes. Moi, je n'ai pas l'étoffe d'une héroïne, ça c'est sûr !

Je suis seule. J'écoute le silence du désert tout autour de moi. Je n'ai plus personne à qui parler. À vous, j'aurais encore plein de choses à dire, mais j'ai beau avoir écrit tout petit, ma feuille est remplie des deux côtés. De toute façon, je vous reverrai bientôt… alors, je pourrai tout vous raconter.

J'entends quelqu'un qui vient. Des voix d'hommes qui crient. J'ai peur. Je vous aime.

Yolande »

ÉPILOGUE

Paimpol - 28 novembre 2007

Vers cinq heures du matin, Tonia Grazzi, couchée sur le dos dans l'obscurité, entendit grincer le rabat métallique de la boîte aux lettres, puis la camionnette du livreur de journaux qui s'éloignait.

Elle se leva, enfila sa robe de chambre et descendit dans la cuisine. Là, elle mit son café à chauffer, se beurra une tartine puis sortit chercher le journal qu'elle lirait, comme chaque jour, en prenant son petit-déjeuner.

À la page consacrée aux nouvelles du monde, un titre lui arracha un cri étouffé.

« *ÉGYPTE. ASSASSINAT D'UN ARMATEUR. Affaire classée.*

En juin dernier, le corps criblé de balles d'un jeune businessman égyptien était découvert sur le pont d'un bateau de croisière naviguant sur le Nil. La victime, H. Mohammedi, propriétaire du navire, appartenait au milieu des affaires du Caire où sa mort a suscité une vive émotion.

Au terme de son enquête (au cours de laquelle il est à noter qu'une douzaine de touristes français ont été entendus comme témoins), le commissaire principal de la police criminelle d'Assouan a conclu à un meurtre perpétré par un ou plusieurs inconnus, vraisemblablement issus des milieux extrémistes. « Les différentes pistes explorées nous en apportent la certitude, a déclaré hier le commissaire Charaoui. Malheureusement, jusqu'à ce jour et malgré tous les efforts déployés, nous n'avons pu mettre la main sur le ou les coupables. »

Face au faisceau de présomptions rassemblées par la police, les autorités judiciaires égyptiennes ont cependant décidé de classer l'affaire. De son côté, le Ministère de l'Intérieur a annoncé que la surveillance des milieux intégristes serait accrue et la répression à l'égard des groupes fondamentalistes susceptibles de troubler l'ordre public, renforcée.

Toutes les mesures nécessaires à l'application de ces décisions doivent être prises dans les plus brefs délais. »

Tonia relut l'article plusieurs fois, puis l'entoura d'un trait rouge. Roberto, de plus en plus indifférent à ce qui l'environnait, parcourait souvent le journal en diagonale. Et ceci ne devait pas lui échapper.

Depuis leur retour d'Égypte, ils ne parlaient plus du passé ni de ce qui avait eu lieu là-bas. Tout avait été dit. Tout avait été fait. Le temps du silence était venu.

Néanmoins, décida Tonia, il fallait que Roberto connaisse les conclusions de la police égyptienne.

Même erronées, elles mettaient un point final à cette affaire et, par là, lui apporteraient peut-être un certain apaisement de l'âme.

Laissant le journal grand ouvert au milieu de la table, elle remonta dans sa chambre, se glissa aux côtés de son vieux mari. Et se rendormit.

FIN

Quadri Signe - Editions Alain Bargain
125, Vieille Route de Rosporden - 29000 Quimper
E-mail : editions.alain.bargain@wanadoo.fr
Site Internet : perso.wanadoo.fr/editions.bargain

Dépôt légal n°10 - 4e trimestre 2008
ISBN 978-2-35550-032-9 — ISSN 1281-7813
N° d'impression : 810238
Imprimé en France